裁好梧桐树 引来雏凤栖

——龙岗区易东晖名师工作室成果集萃

易东晖 / 主编

吉林文史出版社

图书在版编目（CIP）数据

栽好梧桐树　引来雏凤栖：龙岗区易东晖名师工作室成果集萃 / 易东晖主编. — 长春：吉林文史出版社，2020.6

ISBN 978-7-5472-6923-7

Ⅰ. ①栽…　Ⅱ. ①易…　Ⅲ. ①中学语文课—教学研究—高中　Ⅳ. ①G633.302

中国版本图书馆CIP数据核字（2020）第093331号

栽好梧桐树　引来雏凤栖：龙岗区易东晖名师工作室成果集萃

ZAIHAO WUTONGSHU YINLAI CHUFENGQI：LONGGANGQU YIDONGHUI MINGSHIGONGZUOSHI CHENGGUOJICUI

主　　编：易东晖
责任编辑：吕　莹
封面设计：李　娜
出版发行：吉林文史出版社有限责任公司
电　话：0431-81629369
地　址：长春市福祉大路5788号
邮　编：130117
网　址：www.jlws.com.cn
印　刷：北京政采印刷服务有限公司
开　本：170mm × 240mm　1/16
印　张：15.75　　　　　　字　数：284千字
印　次：2022年6月第1版　2022年6月第1次印刷
书　号：ISBN 978-7-5472-6923-7
定　价：45.00元

编 委 会

序言

PREFACE

在深圳市龙岗区布吉高级中学，有这样一群人，他们倡导向善、和谐、生态、共生的魅力语文教育理念，致力于让学生陶冶情操，悟道做人。教学中让学生和谐发展，互动开放；让学生爱上语文，享受课堂。同时，他们以“组建团队—搭建平台—立足课堂—开发课程—研究课题—探讨交流—提炼成果—展示推广—示范引领”为发展思路，不断进行自我完善和提升，在短时间内接连取得非凡的教育教学成绩。这支充满活力的高素质名师队伍，就是深圳市龙岗区易东晖名师工作室团队。

深圳市龙岗区易东晖名师工作室成立于2016年下半年，现有成员7名，学员20名，其中既有深圳市高考先进个人，又有龙岗区优秀教师、龙岗区骨干班主任、龙岗区优秀班主任、校年度教师，可谓人才云集。龙岗区教育局和布吉高级中学十分重视名师工作室的建设与发展。依托这两大重要平台，工作室成立以来，各项工作开展得如火如荼。他们采取“走出去”和“请进来”的方式，大力培养团队教师。比如，参加各种教研活动，大胆研究课堂教学的改革和创新，积极探索人才培养模式；理论联系实际，凝聚教研力量，开展教研活动，组织课程资源开发。

工作室以名师为核心，以高效魅力课堂研究为主体，以自主学习为主导，以精致工作为主线，以骨干教师为纽带，以提高教育教学、教育研究能力和促进教师专业成长为目的。工作室是教学研修的平台、教师成长的驿站、辐射名师效应的中心。工作室在信息化环境下开展活动，传播先进的教育教学理念和方法，充分发挥名师的示范、引领、辐射作用。近四年来，工作室努力探索促进教师专业化成长的有效途径，提升教师的业务水平，成绩显著，闯出了一条工作室建设的新道路。

他们倡导的高效魅力课堂增加了教学的吸引力，让学生意识到了教学内容的意义，感受到了教学活动的趣味，体验到了成长；高效魅力课堂加强了学习的组织和管理，用任务单和小组合作学习的方式来激励和帮助学生。

栽好梧桐树，引得雏凤栖。课题研究、各类培训和教学教研活动，真正把名师工作室建设成为优秀教师的集聚地、未来名师的孵化地、教学教育良方的生产地、教学经验成果的共创共享地。本书收录了名师工作室的部分教研成果，希望能对各地名师工作室的建设发展起到一定作用。

罗　丹

CONTENTS

目录

第一辑
打造魅力教育

第二辑
探索魅力课堂

第三辑

品味魅力语文

第四辑

积极创新科研

附　录

后　记

第一辑

打造魅力教育

语文高效魅力课堂应该是艺术的课堂。这种课堂教学艺术是超越如何“教”出观赏性，“教”出新花样的教，是能够激发学生的兴趣，对学生的自主学习进行合理的组织和指导，对不断变化的教学情境做出即时判断和处理的艺术。特别是在发生课堂“意外变化”时，老师要能够处乱不变，驾驭得当。因此，语文教学既是一门科学，更是一门艺术。在课堂教学中，要精心设计引人入胜的开头、独具匠心的提问、贯穿全课的主线、跌宕起伏的情节、余音袅袅的结尾，引导学生品味作品的文字美、情感美……使我们那亲切从容的教态、娓娓道来的讲解、恰到好处的点拨，处处洋溢着艺术的魅力，既能给学生以艺术的享受，又能使自己享受到职业的快乐，并逐步形成自己的教学风格，逐渐增强自己的职业认同感。因此，语文高效魅力课堂是艺术的课堂。

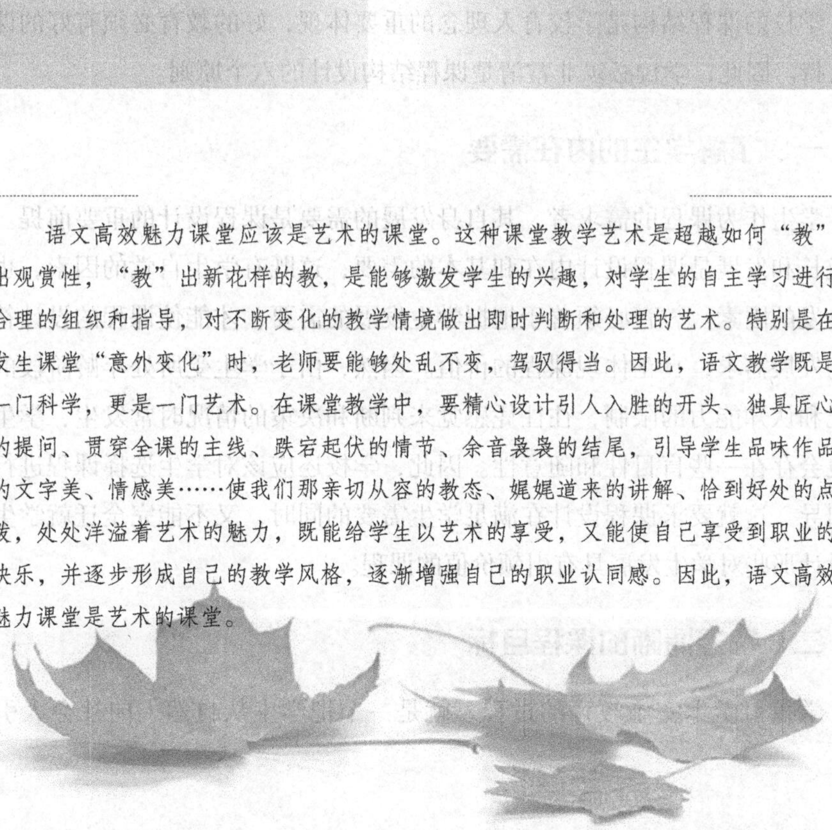

高效魅力课程结构设计的六个原则

深圳市布吉高级中学　易东晖　徐　飞

由于交通和通信技术的发展，我们所处的世界越来越像一个地球村，资源配置变得便捷高效，人们的日常需要，包括比较个性化的需要，几乎都能够得到满足。当我们站在一幅地图前时，世界各地的地形地貌尽收眼底，交通网络一目了然。在网络等现代手段的帮助下，我们可以毫不费力地迅速找到我们所需的信息资源。这种现实体现了两个原则：第一，尊重每个人自己的选择，外界完全不干扰个体的需求；第二，提供最全面的极具个性的帮助。这些时常让我联想到课程结构的特性。

学校的课程结构是学校育人理念的重要体现，好的教育必须有好的课程结构支持。因此，学校必须非常清楚课程结构设计的六个原则。

一、了解学生的内在需要

学生作为课程的需求者，其自身发展的需要是课程设计的重要前提。学生的成长和发展是课程设计内在和基本的需要，这既有学生自觉的因素，也有学生自发的因素。教育必须善于把握学生发展的需要，才能使课程的设计符合学生的发展需求，真正体现课程的价值。当然，由于学生受所处年龄阶段的心理状况和认知能力的限制，往往凭感觉来判断和决策的情况时常发生，学生的需要也会存在一些盲目性和随意性。因此，学校还应该对学生选择课程进行科学的引导。这就要求课程设计在满足学生需要的同时，又不能完全迁就学生，还要设计那些对学生发展具有引领价值的课程。

二、把握清晰的课程目标

学校对学生实施教育的过程，就是一个把学生从自然人向社会人引导过程，即人的社会化过程。教育者就是通过课程的设计来最大限度地体现教育的意图，使那些在某些方面确实具有天赋的学生能够获得开发潜能的机会。这个意义上的学生培养目标往往很难通过学生自身的认知和能力来实现，而教育者的引领却可以很好地实现这样的价值。比如，某些在表演方面具有天赋的孩子虽然很清楚自己的特殊才智，但是如果没有机会锻炼和接受较为专业的指导，在超过了天赋最佳发展期后再开始学习，就可能很难达到很深的造诣。

三、尽可能进行全面的设计

超市里商品的丰富性和可替代性，能够使人们不同类别和层次的需要得到很好的满足。我清楚地记得，20世纪90年代，每次出差我都会应亲朋好友的要求，带回各地不同特色的食品和衣服。那时，各地的差异很明显，产品的种类相对较少，因此选择机会很少，购买的物品往往不能完全符合个人的品位。随着商品流通日益广泛，到21世纪初，几乎任何一个城市的产品在其他地方都可以买到，并且同类商品的可选择性增加，因而出差捎购物品的任务就越来越少了。这表明，超市商品的丰富，改变的是消费的方式和环境；选择的视域开阔了，人们选择的能力和品位也在提高。同样的道理，一所学校丰富的课程可能会让学生眼花缭乱，但是同时会让学生学会在更加复杂的条件下进行判断和决策，也必定能够让学生获得适合自己发展的课程支持。所以，要尽可能进行全面的课程设计。

四、最大限度地满足个性需求

课程一方面能够帮助学生构建更加完善合理的知识结构，另一方面又可以最大限度地支持学生的个性发展。学校课程的价值还有一个超值的体现。有一次我接待以色列拉马特甘市兹维·巴尔市长率领的教育考察团，兹维·巴尔市长提出一个很专业的问题——如何解决落后学生的问题。我告诉他，解决这个问题的方案有很多，但我认为最好的方案是给学生提供一个开放的课程方案，让他们进行自主选择，然后学校全力支持学生做自己喜欢做的事情。如此一来，学生的注意力就会转移到有价值和喜欢投入的事情上；同时，学生也会获得成功的体验并因此获得人生的自信。所谓落后学生的问题大部分并不是智力和能力的问题，而是自信心和习惯的问题。课程的超值价值其实就是基于课程的学生的精神提升和习惯养成。所以，在设计课程时，要最大限度地满足学生的个性需求。

五、课程契合教育规律的追求

课程从根本上说，是为学生的健康成长创造绿色的生态环境，即课程必须契合教育规律的要求。教育规律是教育在发展过程中，自身所具有的本质的必然的联系。课程设计不仅应基于学校和教育者对人的认识和理解，更应基于学生发展过程中内在的本质的需要。每一门课程看似是一个教学内容和计划方案的集成，但其自身的价值应该能够经得起学生素质发展要求及历史的检验。统一的课程只是教育者的主观愿望和主观判断，无法反映学生的差异；学生发展所需要的条件、资源和环境也不可能得到满足。这如同中国的消费发展情况。在中国物质短缺的经济时代，产品的生产者决定了市场和消费，因而每个人的基本需要不可能得到充分的满足，极具个性差异的需要更不可能被满足。今天，经济进入了用户决定生产、消费和市场的时代，企业的成败与发展水平都取决于用户。同样，教育已经超越了由学校和教育者决定方向和水平的时代，教师和学校的发展都进入了以学生为中心的时代。学生发展的方向选择、资源提供、需要满足，都给教育者提出了极具挑战性的课题——必须直面学生、认识学生、理解学生、尊重学生、发展学生，这也是今天课程开发和课程开设的重要出发点。

六、应对社会趋向现代化的需要

杜威认为，儿童是教育的起点，社会是教育的归宿。正如两点之间形成一条直线，在儿童教育和社会之间，形成了教育历程。教育与社会的联系是一种客观存在。社会发展是由自身规律决定的，学生要面对的就是如何通过教育，使自己具备适应未来社会发展的素质。人们常说孩子不能输在起跑线上，但从应试教育的质量观来看，赢在起跑线上，也有可能会输在终点线上。如果今天的学校教育从来没有给学生提供看社会的机会，那么学校教育过程结束后，学生的意识和素质就会大大落后于社会。因此，学校在课程建设上，对这种问题必须有自己的解决策略。例如，学校开展的城市热点论坛活动，让学生把学校所在城市的热点问题作为自己的课题，在深入研究的基础上提出自己的观点和建议，这个活动培养了学生作为未来公民的意识和素养。又如，学生为举办学校的活动自主设计方案、到企业和社会机构去谋求资金支持等，都使自己获得了市场经济社会所需要的能力。在将来走上社会之后，他们就能非常迅速地适应社会发展的要求，获得未来发展的先机。

在课程设计和实施的过程中，我越来越感到教育方向的重要性。对那些主张搞应试教育的教育者的方法和模式，我时常有一种恐惧感，因为在那些不断做着加法的教育方式中，竟然没有人关注这样的问题：一切都是为了什么？当人们围绕那些传统的教育目标不断进行艰深和繁杂的探索时，教育就无法找到突破之路。课程设计必须使课程更加契合目标，目标引领着课程设计的方向。新课程改革提出了一个三维目标：知识与技能、过程与方法、情感态度与价值观。这对传统的以知识为核心的目标是一个极大的突破，但是当我们基于人的发展需要重新审视三维目标时，就会发现三维目标的设计是通识性的，许多与学生潜质、需要和个性发展相适应的目标根本无法体现出来。

对于课程目标的设计，我认为以“多维目标”来概括比较恰当，原因有三个。第一，三维目标具有很大的局限性，现实教学中变成了一种固化模式，可能禁锢教育者的思维；而多维目标是开放的，更能创造附加值。第二，教育可以从学科内容的实际出发，尽可能地去设计教学内容，不同的教学内容又可以有不同的目标设计，这给了教育者极大的创造空间。课程本身是一种资源，这种资源包含多大的教育价值，与教育者对它的理解和把握有很大的相关性。正如石油作为原材料，低级和简单的化工技术只能使其被加工成低级的化工产品；但是随着科学技术的进步，石油的价值被不断放大。第三，基于社会发展的需要、学生发展的需要和教育者社会认知水平的变化，曾经被定义为文化传承、知识传授与人才培养的教育也在发生变化。人才的内涵不断地发生变化，这要求学生不再只是单纯的知识的积累者、统一的教育模式和内容的接受者，而应该是多样化与多元发展的追求者。课程的目标设计也随之走向多元。

语文高效魅力课堂是艺术的课堂

深圳市布吉高级中学　徐　飞

一、语文高效魅力课堂是生命的课堂

教学要尊重个性差异，满足心理学理论关于人的“缺失需要”中的“安全需要、爱的需要”，要遵循学生的需求、欲望和特点设计课堂教学，激发学生学习的兴趣。老师要用心倾听学生的不同见解，课堂上要让绝大多数学生有独立阐述自己观点的机会，同时要善于开发和展现教师教学的魅力和风采。语文教学要以学生为主体，充分发挥学生的主体作用，采用自主、探究、互动等多种方法，让学生经历并体验知识产生和发展的过程。学生通过自我体验、探究所感悟到的知识比从教师那里接收来的知识更深刻、更生动。

一个学生在刚刚学完柳永的《望海潮》后，也用那个词牌填了一首《望海潮》。高中的孩子能写出这样的词已经很不错了，更让人惊奇的是，班上所有同学都可以在这首词中找到自己名字当中的一个字。这不仅体现出了这个学生的文学水平，更体现出了他的同学情谊。

属于学生自己的课堂才是高效魅力课堂，在课堂教学中，我们绝不能执于一策，固于一方，要既善于创新课堂教学的内容和形式，设置好学生想象的时空、互动的时空和表现的时空，努力培养学生的好奇心和想象力，又敢于放手给学生，让学生自己展示交流探究。老师要允许并鼓励学生敢于发表自己的看法，敢于向老师提出疑问，敢于质疑教材，并在质疑中做到不断自我扬弃，从而不断地超越自我、完善自我，让课堂充满发现与创造。

语文高效魅力课堂要展现生生互动、师生互动的教学魅力，让学生学会交流与合作。“生生互动、师生互动”既是一种教学魅力，也是一种课堂文化。在这一互动交流中，师生的积极情感与态度得以培养，学生的个性得到充分展现。互动交流不仅能够解决学生的问题，还能激发学生的思维，从而进一步拓展其知识的深度与广度。从某种意义上来说，师生互动交流、共同发展、相互创生的过程，也是语文高效魅力课堂建构的过程。

教育部特别强调使学生“学会交流与合作，具有团队精神”。因而，打造语文高效魅力课堂，一定要把“合作”作为一项重要课堂文化与学习方式来落实，在课堂中至少要设置一个有价值且引发学生合作（形式不限）互动的问题。合作使学生从传统教学中的接受知识者向教学活动的积极参与者转变，使学生个体从那些不同的观点及方法中得到启迪，同时能培养学生的团队精神，让学生学会分工合作，提升学生的交流与合作能力。要提升课堂魅力，教师还必须在教学设计上努力，重视预设生成；更要根据教学内容，采用多样化的教学方式；还可运用动态生成的内容，使之有利于教学目标的达成；特别是课后，要不断反思自己的教学行为。

二、语文高效魅力课堂是智慧的课堂

叶澜教授认为，教学过程是动态生成的，每节课都是不可重复的激情与智慧综合生成的过程。如前所述，我们所构建的语文高效魅力课堂是教师与学生智慧交融的课堂，在师生互动、生生互动中必将涌现出许多意想不到的闪光点。

因此，在教学过程中，教师要善于利用动态生成性资源激活教学，从多角度抓住学生的闪光点，运用教学机智进行知识、能力或情感的升华，使课堂更有魅力。教师、学生都是有思想、有个性的独立的人，并且是不断成长的个体，语文高效魅力课堂应该是个性课堂。而且，每篇课文都有自己的风格，每个人都有自己的特点，每堂课都有自己的特色。为此，在课堂教学中，教师应该因“人”制宜、因“课”制宜、因“课型”制宜，努力让学生彰显个性和优势。同时，教师还要充分发挥自己的个性和特长，切实做到灵秀的教师创造出灵秀的课堂，豪放的教师创造出豪放的课堂，幽默的教师创造出幽默的课堂，从而形成鲜明的教学个性。

教师的智慧还体现在课堂教学中的诱导教育。诱导教育能激发学生的学习兴趣，充分发挥他们的主体作用，从而培养学生主动质疑探索问题、独创思维的能力。学习过程注重质疑可以激起智慧的火花。诱导学生的质疑能力有多种方法，如在诱导预习中质疑。课前要求学生认真预习，发现疑惑，针对隐含的内容独立思考，勇于提出问题。教师要鼓励他们挖掘潜能，各抒己见，寻找真相。学习《归园田居》时，有同学对“狗吠深巷中，鸡鸣桑树颠”的“空间”写作顺序很不理解。有同学认为是依“时间顺序”写的，在大家激烈的反驳声中，一位同学却从文中找出了根据，“暧暧”意为在阳光强烈时分远观，“依依”不就是炊烟发生在傍晚吗？“狗吠”正是在寂无人声的半夜里发出的；“鸡鸣”恰好写出了黎明“雄鸡一唱天下白”的雄奇。一夜未眠的诗人披衫而起，心潮起伏：田园、田园，才是抚慰精神创伤的最好家园……同学们掌声起伏，争辩方兴。

教师既要深入课堂，又要跳出课堂。什么是跳出课堂？摄影时，人们都有过调试镜头的体验：拉近镜头，能够捕捉特写镜头，表现局部细节；拉远镜头，能够拍到整体，展现宏大的场面。跳出课堂正类似于拉远镜头，是从整体上、宏观上去思考课堂、分析课堂、研究课堂。在教学中，教师要善于思考本节课教学目标与总目标的衔接情况，思考本节课学生能力发展与总能力发展的衔接情况，思考指导本节课教学行为的理论有哪些。“流水不腐，户枢不蠹”，只有不断地调整自己思考的角度，高效魅力课堂才能“活”起来，教师的专业发展才能“动”起来。

三、语文高效魅力课堂是愉悦的课堂

高效魅力课堂应该是愉悦的课堂。宽松的学习氛围，可以使学生感到自由、安全和信任，更有利于知识的生成，能激发学生的思考欲望，开发学生的思维。教师应以尊重学生为前提，与学生真诚、平等地交流，一起合作探究。教师应该永远做学生的朋友，让学生完全可以放开，真正觉得自己是学习的主人，把潜能最大限度地激发出来，从而大大提高课堂教学效率。

“寓教于乐”可以营造课堂魅力氛围。古语说：“知之者不如好之者，好之者不如乐之者。”可见，“寓教于乐”是教学的最高层次。研究表明，情绪和情感是人因为客观事物是否符合需要而产生的体验。教师在课堂上要注意这个标准，多创设能满足学生需要的教学情境，让学生产生愉快、轻松、和谐、友爱等肯定的情绪和情感体验。语文高效魅力课堂，就是要创造民主、平等、合作、交流、幽默、轻松、愉悦的情境，让学生在美好和谐的气氛中接受教育，愉快地学习。从美学角度来看，营造魅力氛围也是一门艺术，能给学生美的感受，从而激发学生学习的动力与乐趣，如语文课堂上开展的演讲比赛、课本剧表演、解说词、辩论赛、文学沙龙、博客等活动。

营造魅力氛围，教师除了要创设教学情境外，还需要在课程资源开发方面下功夫。《普通高中课程方案（实验）》指出："课程内容的选择应关注学生的经验，增强课程内容与社会生活的联系。"因此，打造语文高效魅力课堂，要善于开发利用生活化课程资源，让学生在生活中感受和拓展知识，提高课堂的生动性与趣味性。

高效魅力课堂不但是传统意义上"传道授业解惑"的教室，而且应成为师生不可或缺的彰显生命力的地方。教师面对的是一个个鲜活的生命个体，营造好课堂的魅力氛围，尊重每一名学生，才能发挥好学生的主体作用，激发学生的潜能，从而让课堂焕发勃勃生机。

愉悦的课堂要有幽默、生动的氛围。据调查，在"你最喜欢什么样的课堂"这个问题上，"幽默、生动"排在首位。可见，学生非常期盼的，或者说对学生最有吸引力的课堂氛围就是幽默生动，这是打造语文高效魅力课堂的重点之一。所谓幽默，是指"可笑而又意味深长"。前苏联著名教育家斯维特洛夫说过："教育家最主要的也是第一位的助手是幽默。"所以，我们要争取在每一堂课上给学生微笑和幽默。

要实现幽默生动的课堂氛围离不开教师的魅力。教师的魅力是一种由教师综合素质构成的，促使学生产生积极态度的吸引力、感召力和凝聚力。教师的魅力主要分为人格魅力、职业形象魅力、学识魅力、语言魅力、情感魅力、独特教学风格魅力、个性魅力等七个方面。俄国教育家乌申斯基说过，教师人格是教育事业的一切，是任何东西都不能代替的照亮学生心灵的阳光。研究者谭玲认为，具有人格魅力的教师能够激发学生奋发向上的积极性并发掘学生潜在的素质，能够与学生建立严师益友的关系并以此促进教学相长。

四、语文高效魅力课堂是互动的课堂

课堂是教学的核心，展示是核心的精髓，生生互动是精髓的灵魂。生生互动本来是课堂文化的主旋律。生生互动就是碰撞。互动可以使课堂生动起来，互动是展示中亮丽的风景线，质疑、争辩是这道风景线中最耀眼的环节。学生之间的交流、质疑、争辩、补充仅仅是生生互动的表面。

在新课改理念下，教师被小主持人代替，小主持人与学生之间交流碰撞、一问一答，学生走马观灯似的来到黑板前，讲解、展示……然而，仔细观察后会发现，有时学生讲解后，其他学生的补充、归纳似乎是事先安排好的，缺少了及时生成和思维碰撞。实际上，这些都是因为缺少真正的生生互动造成的。

真正的生生互动是一个群体学习的过程。只有让学生经过自学，拥有自己的思想、观点、疑惑后，才能通过生生互动，实现思想的交流、思维的碰撞、情感的流露、心灵的放飞、才艺的展示。也只有这样，学生才会提升认知结构、养成健全性格、形成良好习惯。生生互动是课堂的重头戏，是学生实现其社会属性的重要途径。

实现真正的生生互动，教师首先要创设一种宽松、和谐、平等的民主氛围，让学生充分自学，实现言论自由。其次，教师要告知学生互动的主要内容及意义引导学生多对文章进行这方面的思考：是什么？为什么？什么样？对于文章要多问几个为什么，对于一位学生的讲解，其他学生可以发表自己的看法，质疑他的观点。这样做的目的就是让学生认真倾听，敢于否定，勇于发表自己的见解，培养学生的批判性思维。学生在不明白的时候，可以问为什么；学生想理解事物的本质时，可以问为什么……这样做的目的，就是让学生学会质疑。对于知识，不仅应该知其然，还要知其所以然。只有这样，学生才能真正锻炼自己的学习能力，学习才会更高效。一位学生讲解之后，教师一定要鼓励其他学生另辟蹊径、独树一帜，发表更多的见解，使他们的思维更敏捷，使他们的学习更有效，为培养学生的创新精神奠定良好的基础。

苏霍姆林斯基认为：“让学生通过自己的努力去理解的东西，才能成为他自己的东西，才是他真正掌握的东西。”高效魅力课堂教学要通过自主学习培养学生的自学能力。自主学习是综合性很强的高智能活动，让学生掌握并创造性地运用学法，自觉、自由、自知地探索，从而提高学习效率。

教师应引导学生在学习中融入自我，并通过学习展现自我。在学习新知识时，教师应该鼓励学生联系已经学过的知识，或者其他生活经验，去解决未知的问题；遇到问题要多思考、多进行相关联系，这是全方面培养学生能力的基础。教师应该让学生说出自己错误的地方，指出易错点或关键点。这是为了让学生思考、沉淀、梳理、总结、提升，帮助学生养成良好的学习习惯。另外，学生还可以应用所学知识，解决相关问题、解释生活现象，这是学以致用思想在课堂中的体现。

课堂是生长的，这表现在内容的衔接、时间的延续和师生的共同发展上。打造语文高效魅力课堂的策略应该以人为本，以学生为主体，展示学生的魅力，落实民主、平等、尊重的理念，彰显课堂魅力，展现生生互动、师生互动的教学魅力，培养学生的创新精神。课堂是平台，时间有限，但魅力无限。在日常教学中，我们要不断地探索，精心打造语文高效魅力课堂，努力通过教师的思想魅力、文化魅力、个性魅力、情感魅力、艺术魅力去影响和感染学生，使课堂充满激情，让学生的灵感不断涌现，闪耀着人文和科学的光辉。

（该文是深圳市一般资助课题“高中语文高效魅力课堂智慧构建的实践路径”的课题成果）

智慧引领　创意激趣

——如何开展高中语文第一节语法课

深圳市布吉高级中学　彭绍菊

高一是初高中的过渡阶段，在教授高中阶段第一篇文言文《烛之武退秦师》的时候，我发现，很多学生对很多现代文与文言文的语法都是一知半解，有的甚至可以说是毫无基础。于是我就在梳理完课文的前提下，给学生讲解了一些语法知识，让学生能够更为形象直观地了解汉语语法的规律，明确语法的重要性。

我先以口诀导入的形式给学生们介绍了汉语的六大句子成分，“主谓宾，定状补，主干枝叶分清楚，定语必居主宾前，谓前为状谓后补”。学生很快便能够牢记口诀，但只有口诀是不行的，学生并不能形象地了解这些句子成分，每个成分在句子中所处的位置以及每个句子成分的作用。只有理解了这些，才能更好地理解文言文中的特殊句式。否则即使背会了口诀，对于现代文和文言文的学习也无济于事。

于是我就举了个典型又贴近学生生活的例句，这是一个简单的主谓宾成分都有的句子：“我吃泡面。”刚刚把例句写出来，学生的兴趣立刻就来了，一个个原本打蔫儿的脑袋，全都抬了起来。他们兴奋地看着黑板，开始对枯燥乏味的语法知识有了兴趣。

我让学生在这个句子中找主谓宾等句子成分，他们很容易就找了出来。我又强调了一遍语法口诀，让他们一一对应，再给这个句子添加定语，于是他们开始给句子添枝加叶。“帅气的”“一碗”“香喷喷的”等词汇就分别被添加到了主语和宾语的前面。通过这样游戏式的添加，学生们明白了定语是放在主宾之前的，一般由形容词、数词、量词构成，起限定修饰的作用。就这样，句子的第一个枝叶成分迎刃而解。

随后，我又让他们给这个句子加上状语的成分。他们又七嘴八舌地开始当起了造句工程师，在谓语动词的前面加上了“早上”“在宿舍”“开心地”等状语。此时，他们就明白了状语的位置应该在哪里。

最后，我又给这个句子添加了“吃得很饱”这样一个短语，让学生领会谓语动词后面应该是什么成分。学生根据口诀很容易就能够判断出来，这是补语成分。

这样，一个完整的句子就出来了：“今早，帅气的我在宿舍开心地吃了一碗香喷喷的泡面，吃得很饱。”

每个句子的成分，学生们都能分清楚，于是我趁热打铁给了他们一组练习来巩固。其实现代汉语的语法掌握和文言文的语法巩固是息息相关的，现代汉语语法是文言文语法的承袭，两者触类旁通，只要稍做引导，便可以通晓让人感觉到深奥难懂的文言文语法。而学生最难掌握的可能也是文言文语法，这也是本节课要解决的一大难点。

我随之切入正题，开始介绍文言文的语法知识。学习文言文主要需掌握三点：字、词、句。“字”需要掌握通假字、异读字。“词”需要掌握实词虚词、古今异义词、一词多义、词类活用等。“句”就需要掌握文言文的四大特殊句式：倒装句、省略句、判断句、被动句。其他几种句式学生们都易于理解，而倒装句中的宾语前置、定语后置、状语后置、主谓倒装是让学生很头疼的句式。我又心生一计，让学生顺着现代文的思路，将前面这个现代文的例句“今早，帅气的我在宿舍开心地吃了一碗香喷喷的泡面，吃得很饱”翻译成文言文。这又点燃了学生的热情，我给他们3分钟的时间进行独立思考和分组讨论完善，然后让每组派出代表把小组翻译展示在黑板上。学生们讨论得不亦乐乎，有的甚至把《古代汉语词典》搬了出来翻查。他们尽力回顾和调动初中所学的基础知识，以及今天课堂上介绍的现代汉语的语法知识，完善自己的翻译。很多小组不仅写出了一句，还写出了好几句翻译。他们讨论质疑，唇枪舌剑，智慧碰撞，好不热闹。

3分钟之后，学生代表展示成果：

晨旦，俊丽之吾于帐中食鲜面，心甚悦。——12班万家成

吾美于晨舍食面，悦哉！——12班周小童

日初，吾食面，貌美甚，快哉，快哉。——12班李啸宇

今晨，吾之英俊者食一箪鲜美之泡面于舍，幸甚快哉！——12班黄琳

学生们的表现让我欣喜不已，他们一句比一句写得好。从他们写出来的句子中，我看出他们已经掌握了状语后置、定语后置等文言文特殊句式，于是趁热打铁，将文言文其他句式的例子和盘托出。学生一个个听得兴趣盎然，全神贯注。就这样，他们愉快地度过了高中第一节语法课，并且踏实地掌握了应该掌握的现代汉语和古代汉语语法知识，这节课可以说是收获颇丰的。

有些高中教师一谈到语法就会皱眉，认为语法如鸡肋，讲了学生听不懂，不讲学生更不懂，但实际上，语法知识是学习文言文必须具备和积累的。只有对语法烂熟于胸，才能娴熟地掌握读懂文言文篇章的技巧，做题时才会触类旁通。本节课能够让学生们对枯燥的语法知识感到津津有味，达到了本节课的教学目标，我觉得还是有可圈可点之处的。生活即语文，语文即生活。在语文教学中，要多动脑筋，善于挖掘学生感兴趣的点，让语文知识贴近学生的生活实际，这样才能让学生们享受语文，快乐学习。

（该文是深圳市一般资助课题“高中语文高效魅力课堂智慧构建的实践路径”的课题成果，发表于2018年《中学语文》）

红线串珠　匠心独运

——高中记叙文的布局谋篇

深圳市布吉高级中学　车丽贤

篇章结构是文章内容的组织和排列形式，是文章的骨架，是写好文章的关键。文章若没有骨架，血肉必没有依附，文将不成章。在作文中布局谋篇就是给作文建立骨架，所以，在作文前要对文章的结构进行合理布局，这样文章才能一脉贯通。

记叙类文章根据其叙事特点，可按一般事物发展顺序去顺叙，也可运用倒叙、插叙、补叙，注意设置悬念、先抑后扬、伏笔照应等，使行文跌宕起伏多姿，增强文章的可读性。

初中阶段一般要求写较简单的记叙文，很多学生常常把一件事从头写到尾，往往从一件事、一个生活场景去表现自己对生活的观察和理解，这是最传统的结构方式。而高中阶段则要求写较复杂的记叙文，可以打破事件发生的本来时空，通过时空的穿插，把多个时间、地点等并不连贯的素材按照表达主题的需要灵活地组织在一起，以此构成合乎逻辑的有节奏的完整内容。高中记叙文的内容更丰富，表现生活的视野更开阔，情感更饱满，思考更深入。

围绕作文题，高中生往往想写很多人很多事，头脑中会有很多很好的材料，这些材料看起来很庞杂，又都舍不得丢弃。怎么办？不妨用一条线，运用一定的技巧，把这些材料串起来。这种写法不仅能使行文清晰、脉络分明，更重要的是能给读者逻辑性和愉悦感。

记叙文的线索除了具体事物之外，还有时间线索、空间线索、人物线索、中心事件线索、感情线索等等。

一、时间线索

以时间为序，选取不同时间段的几个代表性场景，加以细致的描述。例如，2017年高考全国Ⅰ卷优秀作文《月河镇的一天》主体部分以时间为线索，依次描述了月河镇人们一天中不同的生活场景，每个场景的描述都特别注重细节，有很强的画面感：

五月的月河镇已进入初夏，白墙青瓦的老房子在晨光中透露出岁月抹不去的韵味……

市集上传来叫卖声，声声入耳，各类早餐的香味牵动着早起赶集者那疲惫的胃……

中午，太阳渐渐高升。每家每户的厨房都备上了各式各样的食材……

下午，烈日当空，镇里的人们便躲回家里乘凉……

晚饭后，小镇里最受欢迎的娱乐活动——广场舞在中心广场“亮相”了……

夜色渐深，小镇又恢复了宁静，人们在睡梦中等待着新的一天……

这篇记叙文以小乡镇呈现大中国，构思巧妙，把时序凸显了出来；同时将时空结合在一起，增强了文章形式上的美感。

又如，学生习作《深圳印象》的主体结构：

小时候，深圳是我温暖的家……

长大些，深圳是我了解世界的窗口……

而现在，深圳成了我梦想起飞的地方……

此文按照时序渐进，结构富于建筑美感，匀称明晰，写出了自己心中的深圳印象，饱含对深圳的热爱和感恩。

二、空间线索

作者或者处于固定的观察位置，然后分别观察处于不同位置的几个事物；或者处于行动之中，按照行动路线，逐个展现观察到的不同事物。例如，2017年高考北京卷优秀作文《共和国，我为你拍照》层次清晰，结构井然：

我是一位行者……于是虔诚地按下快门，将沧桑中国百年巨变的瞬间一一珍藏。

广袤的高原，草肥水美……咔嚓！镜头抓拍美丽的中国。

盛夏的大地，骄阳似火……咔嚓！光影记录富足的中国。

小小的绣坊，恬静安然……咔嚓！色彩定格强大的中国。

……为共和国拍照，我的脚步永不停歇。

此文主体三个部分，分别以简洁的段首句和精短的收束句为标志，妙线串珠，通过空间转移，把动物保护、农业发展、传统工艺巧妙地组合在一起，气象恢宏。同时，首尾呼应，浑然一体。

又如，学生习作《寻春》的主体结构：

寻春，于暖风校园中……

寻春，于翠柳浅溪边……

寻春，于新雨空山后……

如此新颖巧妙的结构使文章成为一个鲜活灵动的有机整体，三个位置从空间角度来看，从校园走向大自然，越走越宽，寻得了深远的文化意蕴，带给阅卷老师美的享受。

三、事物/人物情态线索

例如，学生习作《看山》的主体结构：

看山，看山中的一草一木。……它们以最亮丽的姿色示人，为大山披上最美的衣裳。

看山，看山中的涓涓细流。……看山中的涓涓细流，正悄无声息地为这整座山灌输一股活力。

看山，看山中的攀登者。……看他们在征服自然的同时，也战胜了自己！

此文由物及人，把由相对分散的事物或人物构成的一个个板块组织起来，连成一篇完整的文章，表达“看山”获得的种种感悟，以清晰的层次和美观的形式取胜。

又如，学生习作《美在路上》的中心思想是：“求学路上的我们，很美。”其主体结构为：

小学时，每天屁颠屁颠地背着小书包，欢天喜地和父母说拜拜，欢快地跑向学校，心里期盼着和小伙伴们玩，觉得路边的花儿也在笑，这确实很美……

初中时，每天“戴”着两个黑眼圈，左手面包，右手牛奶，踏上去学校的路，行色匆匆，自然也顾不得欣赏身边的风景，殊不知，自己便是这路上最美的风景……

高中时，每周日从家出发去学校，背个书包，拉个箱子，再带上父母的叮嘱，心里很不是滋味，脚步却径直往地铁站走去，这无疑也是一道美丽的风景线……

此文用一条明晰的线索贯穿全文，写出了求学路上的学子一天天成长、成熟的美好状态，兼顾时序，步步推进，呈递进关系。作者精心选取了三个上学路上的镜头，每个镜头从不同角度来阐释同一主题，达到了镜头的“形”与主题的“神”的完美结合。

四、中心事件线索

例如，2017年高考天津卷优秀作文《“善”“傻”家风一脉流》的写作思路是：

太爷爷是十里八村有名的善财主……

爷爷也是乡邻眼中的好人……

爸爸也做过不少“傻”事……

我会继续“傻”下去吗?

不用回答，只看行动。

此文以三代长辈对“善”这一美德的继承、发扬为脉络，以典型细节及故事叙写三代长辈行“善”的各自表现及对“善”的理解，这样的构思颇具匠心，很好地突出了“善”这一世代传承的美德。

又如，学生习作《我改变了自己》的主体结构为：

从懒惰到勤奋，我改变了自己……

从安静到活泼，我改变了自己……

从冷淡到热心，我改变了自己……

此文结构清晰明了，围绕“改变自己”这一中心事件，突出了改变的过程及改变后的状态。

五、思想情感线索

例如，2014年高考广东卷优秀作文《让记忆之花盛放在泛黄的纸片上》，记叙了奶奶和一张照片的故事：岁月流逝，照片泛黄，但奶奶记忆犹在，对爷爷深情依旧，从而赞颂了人世间永恒的真情。结构方面，从紫藤花起笔，紧接着描写了午后奶奶看照片的特写镜头，然后穿插进了奶奶对爷爷奶奶共处的美好往昔的回忆，再写“我”的观察及“我”对那份温情的感受，并于文末点题：“无论是黑白胶片还是数码相片，这些都不重要。重要的是，你在真诚地守护着一份珍贵的情感，一份美好的回忆。”全文线索清晰，行文流畅，构思巧妙。

又如，学生习作《我知道我要的那种幸福》饱含深情，选取了几个典型的生活片段，如奶奶原谅“我”的每一次犯错、病中的奶奶写“我”的名字、奶奶坚持给“我”写信、“我”去找寻病中的奶奶等，通过神态描写、语言描写、行动描写、心理描写等手法，写出了“我”与奶奶之间的深厚感情。文末点题，点明“我”想要的那种幸福，就是“牵着奶奶的手”“在平日的生活琐事中找到快乐”“陪她走出岁月迷宫”。全文语言流畅，以情为线、以情动人。

布局谋篇的过程就是选择材料、组织材料的过程，能培养并逐渐提升学生的发散思维能力、逻辑思维能力，因此，在高中记叙文的写作过程中，必须重视篇章结构、思路线索。记叙文中无论设置什么线索、设置几条线索，呈现什么样的篇章结构，都必须从表现文章的中心思想和体现材料之间的内在联系出发，灵活巧妙地确定。各个材料之间可以是明衔接，即通过序号、小标题、段首句等来衔接；也可以是暗衔接，只让镜头一个接一个地展示出来，靠读者的理解来衔接。记叙文围绕人物或者中心，选择几个精当的描写片段来体现，每个片段前面或者后面分别点题，各个片段之间既各自独立，又彼此勾连，最后汇总升华，使前面的内容拧成“一根绳”。这就是红线串珠，匠心独运。

高效·魅力·共生

——关于高效魅力课堂的思考

深圳市布吉高级中学 彭绍菊

陶行知有言："我们要活的书，不要死的书。"加入易东晖名师工作室以来，我对于高效魅力课堂深有感触，每每看到那些名师对高效魅力课堂的解读与演绎，若合一契，也感到自己在教学道路上深一脚浅一脚的教学实践，有了理论的依托。高效魅力课堂认为教师不是教书而是育人，不是管理而是"放纵"，是欣赏信任学生、对学生放手，让教育走一条自然的路。高效课堂要教会学生学习，交给学生开启知识殿堂的钥匙，是以学生参与为主体的追求效果、效率、效益的课堂；魅力课堂是以尊重学生的生命发展为出发点，为学生的学习注入动力，激发学生的学习活力，构建充满人性的温情课堂。高效魅力课堂，就是高效与魅力相融相生，达成师生共同生长的课堂。

一、相信学生、解放学生、引导学生、发展学生

高效魅力课堂就是让学生动起来，让课堂活起来，让激情扬起来，让效果好起来。教师在课堂上要充分信任学生，把时间还给学生，把方法教给学生，重视学生内在学习动力的激发，重视学生学习能力的培养，永远不怀疑和低估学生的能力。例如，在讲《史记·淮阴侯列传》时，采用常规的串讲法无法推进课堂教学，请学生逐句翻译又难以达到效果的时候，我干脆停下来，给学生十分钟时间分组分任务，请同学们讨论质疑，提出问题，点名另一组解答。这样就把课堂交给了学生，让学生自己去质疑，自己去解决问题。老师在此时扮演的角色是知识的引领者和课堂的组织者。经过这样一番调整，课堂如被吹皱的一池春水，瞬间活了起来。学生四人一组，讨论得非常热烈，小组内先释疑，再有疑问就抛给其他各组的学生解决。一堂课下来，不仅锻炼了学生提出

问题的能力，也帮助他们掌握了解决问题的办法，同时提升了学生们团结协作的能力。此时，课堂不再是教师教，学生被动学，而是充满活力的赛场，学生与学生之间有了思维的碰撞、智慧的交锋。与之类似的课堂还有许多，如诗歌鉴赏专题结束之后，我立即对学生进行一次小测验。测试结果出来之后，让测试成绩较好的学生讲评小测试卷，从自己的角度将自己的做题思路给同学们娓娓道来，跟同学之间产生了共鸣。与之相反的是，教师的讲授往往高屋建瓴，很难走进学生内心，而学生与学生之间的对话则更能打动学生的心。同时，这种形式也培养了学生学习语文的成就感和优越感，进一步提高学优生对语文学科的兴趣，督促学困生砥砺奋进，从而形成良性循环。“教是为了不教”，要敢于做“懒”教师，教师“懒”了，才能充分发展学生，才能让学生有成长的空间。只有充分引导学生、相信学生，放手让学生去做，课堂才会真正属于学生。

二、师生对话，民主互动；生生对话，合作共享；生本对话，主动探究

“好先生不是教书，不是教学生，乃是教学生学。”高效魅力的课堂便是一个充分利用师生对话、生生对话、生本对话，让学生自学、展示、反馈的过程。和学生融合在一起，教师的教学智慧也会得以最大化地彰显。互联网时代，学生在碎片化阅读中，读到的往往是碎片化、快餐化的知识。学生越来越热衷于这些快餐文化，与经典越来越远离，这便是如今倡导整本书阅读的原因。高中语文学科的核心素养包括语言的建构与运用、思维的发展与提升、审美的鉴赏与创造、文化的传承与理解，核心内容实际上就是阅读鉴赏与表达交流。“操千曲而晓声，观千剑而后识器。”做任何事情，如果没有一定的经验积累，就不会有很高的造诣。教师应该让学生走近经典，模仿经典，从而将其内化为自己的经验。例如，在引导学生读了狄更斯的《双城记》之后，我布置了“名著经典模仿秀”的作业，让学生展示自己的思考。学生们纷纷晒出了自己的作品。

狄更斯《双城记》片段：

这是最好的时代，这是最坏的时代；这是智慧的年代，这是愚蠢的年代；这是信仰的时期，也是怀疑的时期；这是光明的季节，也是黑暗的季节；这是

希望之春，也是失望之冬；人们面前应有尽有，人们面前一无所有；人们正在直登天堂，人们正在直下地狱。

经典之所以能成为经典，是因为它能穿越时间的隧道，具有恒久性、普适性。狄更斯对于当时法国大革命前后时代的描述，套用在今天这个时代也有其经典而隽永的含义。《双城记》开篇一段颇具哲学韵味，体现了事物的两面性，也体现了作者对时代思考的无奈感。显然，不少学生在品味经典的时候也对这段话产生了强烈的共鸣。他们不仅记住了这句话，也在模仿中写出了自己的思考。

学生仿写：

这是快乐的时代，这是悲伤的时代；这是美丽的时代，这是丑陋的时代；这是温暖的时期，这是冰冷的时期；这是明亮的季节，也是昏暗的季节；这是幻想之欢，也是现实之悲；人们面前有荣华富贵，人们面前一无所有；人们正在攀登高台，人们正在跌入谷底。

学生在模仿中体会到了创作的满足感与阅读的成就感，于是学习的自我效能便提升了。在“阅读—仿写—展示—创作”的良性循环中，学生的阅读能力和文字表达能力也有了螺旋式的上升。这便是师生对话、生生对话、生本对话的魅力所在。

三、教师要引领学生站上一个新高度

吴非在《课堂上究竟发生了什么》一书中说道：学生的成长，很大程度上取决于教师的价值追求，那些竭力不被世风压进平庸模子的教师，心中有“人”的教师，他的自由思想会照亮教室里年轻的心。每节课都是生命的脉动，用生命激情点燃课堂，引领学生站上一个个新高度。例如，在议论文写作的时候，审题是个大难题，学生的畏难情绪普遍比较严重。于是，我每节课花十分钟时间进行审题立意拟题的训练这个行之有效的办法，让学生上讲台拟写标题。刚开始的时候学生束手束脚，生怕审错题、写得不好，都不愿意上来写，我“煽风点火”，适时鼓励，学生有了勇气，纷纷走上讲台来展示分享自己的标题。写完标题，我帮助学生们进行审题，随后请学生给这些标题评分。经过点拨，学生们拟出了精彩的标题，如“得即高歌失即休”“先潜万丈渊，方跃九重天”“理性爱国，彰显中华气度”等，可谓文质兼美。每节课都能有十几个同学上来写标题，他们的表现获得鼓励和赞赏之后，下次课就会有更多学生争着走上讲台展示分享。如此良性循环，学生在不知不觉中站上了一个个新台阶。

学生学了《归去来兮辞》和《逍遥游》之后，对陶潜和庄子的思想有了一定的了解，庄子从自然而入道，寓道于人生，得证道于人，谓之："人生天地之间，若白驹过隙，忽然而已！"陶潜于自然与道间潜行，行道于自然，得道于山水万物，谓之："人生似幻化，终当归空无。"陶渊明与庄子有几分相似，又有几分不似，让学生们对二者进行比较，是否会有有趣的发现？于是，我引导学生从生活时代、主要思想、代表作品、文学风格、后世影响、魅力值、颁奖词等几个方面让庄子与陶渊明PK。学生们通过小组合作，分析探究，纷纷以表格、思维导图方式展示思考结果，兴趣盎然，课堂好不热闹。

杜威有言："只有应用才能检验思想，只有通过检验才能使思想具有充分的意义和现实性。思想不经过运用往往自成一个特殊的世界。"在带领学生进行古代诗歌鉴赏的时候，我一直在思考，仅仅教授学生知识点，学生真的能够将其内化为自己的诗歌鉴赏能力吗？碰到类似的诗歌，他们是否能够自如地鉴赏，合理运用知识点去解题呢？"授之以鱼，也要授之以渔"，"鱼"和"渔"都授给了学生，怎样才能让学生真正掌握这种技巧，提升这种鉴赏能力呢？寻寻觅觅中，我得到了答案：只有让学生真正成为鉴赏者，他们才能具备这种能力。而要让学生在诗歌鉴赏能力上有所提升，除了让学生学之外，还可以尝试着让学生作为一个命题者，去命制试题，这样学生才能在拟题与作答之中，真正明白如何去鉴赏诗歌。于是，我让学生结合初高中学过的诗歌篇目进行高考试题和答案的命制，评出一二三等奖，给予小奖励，学生亦颇有成就感。

诗歌鉴赏题命制大赛一等奖作品：

春　望

［唐］杜甫

国破山河在，城春草木深。
感时花溅泪，恨别鸟惊心。
烽火连三月，家书抵万金。
白头搔更短，浑欲不胜簪。

1. 对诗歌内容赏析有误的一项是（　　）。

A. 这是一首五言律诗，含蓄蕴藉，耐人寻味。

B. 这首诗的首联表面描写都城被攻破，人烟稀少，草木茂盛幽深的荒凉景象，实际深藏诗人的无限感慨。

C. 这首诗的领联借对花鸟的感觉，将诗人抑制不住的感伤之情表达得淋漓尽致。

D. 这首诗的颈联尾联极力渲染诗人在战火连绵时期收到家书时候的无比喜悦之情。

2. 首联“国破山河在，城春草木深”中的“破”“深”二字，为后人所称道，请结合诗句分析其表达作用。

3. 诗中塑造了一个怎样的人物形象，请结合诗句进行分析。

参考答案：

1. D。这首诗颈联尾联表现了战火连绵时期家书难得，表达了诗人强烈的思乡之情。

2. 答：“破”字写出了都城沦陷，城池残破，触目惊心之景色。“深”字写出了乱草遍地，林木苍苍，满目凄然之景象。

3. 答：诗歌塑造了一位站在残破的长安城中，目睹春花，耳闻鸟啼，感伤国事，思念妻儿，潸然泪下的垂垂老者形象。他希望战乱早日平息，盼望得到妻儿的讯息，无意间抓了抓那因忧伤而日渐稀少的白发，发现少得已经插不住发簪。一位思家念国、忧国忧民的诗人形象跃然纸上。

四、学生发展的一切基础是有一位善于学习与反思的老师

陶行知说过：“要想学生好学，必须先生好学。惟有学而不厌的先生才能教出学而不厌的学生。”想教出博学多才、温故知新 的学生，首先要看这位老师的知识储备是否充分，要看这位老师是否有善于学习与反思的精神。因为，只有教师愿意去追寻真善美，才有可能教出追寻真善美的学生；只有教师愿意去争鸣与质疑，才有可能教出愿意去争鸣与质疑的学生。事实上，一个人的成长很多时候得益于自我的反问与否定。正是这样的自我反问和否定，让教师有了阅读欲望，把阅读与自己的课堂教学紧密结合起来，才让阅读有了根，也才让教学实践有了更为清晰的方向。浙江嘉兴一中蒋雅云老师的名师成长记

录《一寸一寸的欢喜》中曾有这样一段话，引起了我的共鸣：比起大学教师，中学教师在深度上虽然没有过高的要求，在广度上的要求却更多更高，现代汉语、古代汉语、现当代文学、古典文学、外国文学、写作等各个方面都要有相当的知识储备。所以，多方学习，提升自我，便是每一位教师从业后迈出的第一步。海德格尔曾说："教师应当比学生更可教。"的确，教师只有比学生更善于学习，才可能真正会教。因此，一位能打造高效魅力课堂的老师必须是专业信仰坚定、专业知识精深的老师。

教师要和学生一起，在"做中学，学中做"，把自己浸在课堂里，让学生站在课堂的中央，焕发出生命的活力。教学其实就像一场长途跋涉，带着一群儿童、少年或是稚气未脱的青年，往前走，有时停下来休息，偶尔也会绕点路，甚至会走错路。虽然我可能熟悉这段路，但是每次都带着不同的人，他们最终要去不同的远方，我带领他们，直到他们有勇气踏上下一段陌生的路。教育是一棵树摇动另一棵树，一朵云推动另一朵云，一个灵魂唤醒另一个灵魂。教育之美，关乎人性，无问西东，这就是教育的魅力。高效、魅力、共生是高效魅力课堂的灵魂，让我们以知识为帆，以高效魅力课堂做桨，引领学生徜徉在语文海洋里，尽赏这广阔无垠的碧海蓝天。

高考新材料作文写作思维过程研究
——以议论文为例

深圳市布吉高级中学　丘明盛

一、读者意识

读者意识是一种较高层次的写作能力。它指的是在具体的时空背景下，受具体读者对象制约的写作总是不自由的，必须注意到读者的存在，并根据这个现实，进行文章、材料、内容甚至语气、措辞的选择。读者意识既是一种写作能力，也是一种写作思维，贯穿整个写作实践。

1. 第一位读者：议论对象

议论的对象可分为三类：第一类是与作者的观点相同或者类似的；第二类是与作者持反对态度和对立立场的读者；第三类是中立者。以作者观点为参照点对议论对象进行划分不失为客观，毕竟议论文以阐述观点为目的，观点包含价值判断，价值判断针对一定对象，或反驳，或赞同，或争取站在自己一方。但在新材料作文议论文写作中，确定这三类议论对象不是简单地一步到位，而是要根据材料具体内容、类型确定。

高考新材料作文提供的是文字、数据、图画等，要考虑到的“读者”——议论对象具有可变性，随材料实际变动，或是一类群体，或是一个个体。其材料倾向不会给出现成的价值判断，不掺杂主观情感倾向，而是把事件、人（或拟人化角色）客观展现出来。因此，在做出价值判断、确定观点、选出议论对象前，需要就材料中涉及的人物群体或拟人化角色认真分析，考量他们所处的社会环境、行为性格、文化特征等，然后再从材料整体内涵出发，整合相关信息，确定赞同或批判的一方，同时始终不离材料语境，即使是引申来语境，也是与原材料有关系的。下面就寓言故事类、事件评议类、漫画类三种材料类型进行分析。

第一类是寓言故事类。这类材料通常是将自然界的动植物或没有生命的物体拟人化，然后模拟人类社会生活情境，摆出人类生存和发展面临的问题、困境等。2009年高考全国（大纲）Ⅰ卷“兔子、松鼠学不会游泳，青蛙认为要发展特长，仙鹤认为可以学其他生存本领”，问题是在发展自身时是要扬长、补短，还是要增长其他技能。兔子和松鼠可以代表那类想以补短来发展自身的人，青蛙代表那类支持扬长的人，仙鹤代表那类增长其他技能的人。明确了三类议论的对象之后，要支持什么、反对什么、树立什么观点，就水到渠成了，不会像无头苍蝇一样找不到写作的方向。所以针对这类寓言故事类材料，要将拟人化的角色还原为各类人群，确定好心中议论的“读者”，分析问题时自然目的明确，有条不紊，层次鲜明。

第二类是事件评议类。这类材料通过叙述一件或几件事情的始末，引发相关思考，确定议论对象的关键是领会人物在事情中的行为表现所反映的精神、品质等。2012年高考全国新课标卷“修船工顺手补船洞，救了船主孩子，船主重酬”，修船工有的品质——不以善小而不为，船主有的品质——知恩图报。正面议论有两类对象，反面议论也有两类对象。而2015年高考全国新课标Ⅰ卷“女大学生小陈微博举报父亲违规开车”直接给出议论对象，要求写一封信给小陈、老陈或其他相关方。给小陈写一封信，就要考虑到小陈的身份——大学生、老陈的女儿，作为大学生有何责任，作为子女有何处境等；给老陈写一封信，就要考虑作为公民有何责任，作为父亲有何处境等；给点赞的网友写一封信，就要阐明小陈作为大学生举报违规行为和作为子女举报父亲的合理性。

第三类是漫画类。漫画的主角如是人物，则要对漫画中人物构成的事件进行高度概括，掌握事件的信息，确定人物主角，确立话题；如果是拟人化角色，首先将拟人化角色归类，确定所代表的人群，并分析其心理、行为、精神等特征，以便做进一步的价值判断。2007年高考全国（大纲）Ⅰ卷：孩子摔跤，家庭、学校、社会异口同声说“出事了吧”。不难看出事件的主角是小孩，讨论的话题是孩子“跌倒”，是旁观责问，还是从旁扶起。话题参与的对象有孩子本身、孩子家庭、孩子学校、孩子所处的社会氛围等。2010年高考全国（大纲）Ⅰ卷：三只猫吃鱼不捉老鼠，一只猫不吃鱼捉老鼠。三只不捉老鼠只吃盘中鱼的猫和一只捉老鼠不吃盘中鱼的猫形成了鲜明对比，前者可以代表一类不发挥自己本领，饭来张口、衣来伸手的人，应该贬斥；后者代表生活优裕却懂得自力更生的一类人，应该赞扬。当然也可综合考量：在享用他人成果的同时，不忘立足自身谋求发展。

2. 固化读者：阅卷老师

考场作文很关键的一个任务就是要换分数，一定要意识到读文章的阅卷老师的阅读感受；否则就是心中没有阅卷老师，不顾及这样一个特殊读者的阅读需求，写考场作文就可能出问题。从议论对象的反馈性而言，议论对象这类“读者”具有模糊性，他们只是根据考场提供的材料要求确立的，并不像报纸杂志等作品推出后，真正有相关人群参与阅读。阅卷老师才是考场作文真正的读者，他们一定会用分数做出反馈。从这个意义上说，写考场作文也是为分数而写作。阅卷老师都经过专业和系统的中文学习，他们给出的分数一来是根据评分标准，二来有个人因素的影响。评分标准是不变的，而阅卷老师的个人喜好情感倾向有差别。但无论各自有多少差别，在评价作文优劣时还是有普遍的情感判断的，即文章要雅致、中庸。文章如果采用过多网络用语和口语化的句子，会让阅卷老师对整篇文章产生轻浮的印象；如果说理言辞过于激烈，则易给阅卷老师留下偏激的印象。这样文章自然得分不高。我们崇尚写作自由表达，但也要认清，高考新材料作文写作是一种有考试限定语境的写作，需要在自由表达与限定语境中取得平衡。

对于以上事情，你怎么看？请表明你的态度，阐述你的看法。

二、确立论点

确立论点包括确定论点的范围意识和中心论点。中心论点有两个特性，即主观价值判断、意思唯一性；要根据延伸思考类、就事论事类两种类型的不同特点来切分分论点。

1. 围绕材料思考，有范围意识

高考新材料作文不直接给出写作的话题，需要我们阅读材料、分析材料、确定写作方向，这和传统的话题作文、命题作文有根本区别。材料涉及的事件、人物、环境等构成一个整体，共同诠释一定的含意，而“含意”就是写作的范围，有了写作的范围我们才不至于偏题、离题。因此，紧紧围绕材料思考，一切从材料实际出发，确立写作范围是完成写作任务的内在要求。审题要从材料的某个角度出发，整体统筹材料，采用聚焦的方式，深入辨析材料中点与面的关系；而不是抽取材料中的某个片段或角度，去做丢开材料的发散思考。虽然我们在理解材料、分析材料时注重整体性，但也并不意味着材料的局部信息不具有解读材料含意的作用，毕竟材料通常会通过一些关键词信息提示材料讨论的话题范围，正如康德所言："综合造成明晰的概念，分析使概念明晰"。我们对材料所进行的综合统筹也是建立在对局部信息的分析把握上，先把各个局部信息有机地联系起来，进而理解它们所建构的整体图景，解读出材料含意，确定写作范围。2006年高考全国（大纲）Ⅱ卷"图书阅读率持续走低，网上阅读率迅速增长"，一减一增形成对比，如果单看纸质阅读走低，进而理解材料含意是国民不爱阅读，就与后面网上阅读增长矛盾；或者单看网上阅读增长，理解为国民越来越爱阅读，与前面纸质阅读下降又有冲突。没有将两段材料联系起来会导致理解的偏差。一减一增是相辅相成、不可分割的，材料传递给我们的信息是"阅读方式发生改变，但阅读不变"。这就是写作的范围，至于要确定什么论点，如探讨阅读方式改变的原因、纸质阅读和网上阅读孰优孰劣等，都是由这个范围生发出来的。

2. 围绕材料思考，确立中心论点

解读出材料含意（写作范围），我们还不能将它看作中心论点。如果材料含意是一个问题的客观表述，没有主观的价值判断，还需做进一步的细分，使之有基本的价值判断。而这一价值判断就是议论文写作的中心论点。古代文论有言，"古人意在笔先，故得举止闲暇；后人意在笔后，故至手脚忙乱"。"意在笔先"中的"意"就是文章的中心思想，议论文写作中为中心论点。确立中心论点是写作构思的首要阶段，没有中心论点的引领，必然会"手脚忙乱"。中心论点除具有主观的价值判断特征，还有一个重要特征：有且仅有一个。陆机有云，"极无两致"，"极"就是指文章中心，没有两个，只有一个。2015年高考全国新课标Ⅱ卷"从三人中选出谁更具风采：大李是出色科学家，老王是大国工匠，小刘是摄影家"，材料含意"各行有各自风采，关键在于我怎么看"没有包含主观价值判断，所以材料含意不能直接拿来用作中心论点。按照材料要求，假如选科学家大李，那么可以确立带有价值判断的中心论点"科学家的研究发明创造直接引领我们进入生活新纪元，所以我选大李更具风采"。这一论点有两个分句，但只有一个意思。只有一个意思的中心论点构成的句子一般是主谓宾结构，有时主或宾会省略，但谓词不可缺。至于前面的状语和后面的补语，只是对意思的限定、补充，不能影响意思的唯一性。

学生练习：

材料：水从高原流下，由西向东。渤海的一条鱼正逆流而上。它冲过浅滩，划过激流，越过了湖泊中层层的渔网，躲过了无数水鸟的追逐。它不停地游，最后穿过山涧，挤过石罅，游上了高原。然而，它还没来得及发出一声欢呼，瞬间就被冻成了冰。

一位年轻人说："它逆行了那么长，那么久，它是一条勇敢的鱼。"一位老者说："这的确是一条勇敢的鱼，然而它只有伟大的精神却没有伟大的方向，它极端逆向的追求，最后得到的只能是死亡。"

冰川中有鱼，生活中有你，你怎么看？

学生甲的中心论点：我们要从实际出发，树立正确的目标，而不是一步登天。

点评：从鱼违背常规，逆流而上招致死亡的结果及老者的观点分析提炼出自己的中心论点"从实际出发，树立正确的目标"是正确的。毕竟鱼死亡的原因是它极端逆流不理智不正确的行为，论点中包含基本的主观判断：树立正确的目标，符合自己实际，才能办好事，不然会落得像这条鱼一样的下场。但后面的"而不是一步登天"是另一个意思，用在这里就破坏了中心论点意思的唯一性，而且材料也没有传达出这种意思。

学生乙的中心论点：我们需要伟大的精神。

点评：从老者的观点拿来"伟大的精神"，认同年轻人的观点。简单而完整的主谓宾结构，明确表达了自己的观点。既含有价值判断"我们需要这种不畏险阻、逆流而上的伟大精神"，也确保了中心论点意思的唯一性。

3. 围绕材料及中心论点，分解分论点

我们可以将文章整体从静态的角度切分为"凤头、猪肚、豹尾"，议论文写作的"分论点"相当于"猪肚"，也称文章的"中间"部分。马正平教授将这"中间"部分层次的运动规律概括为"渐进"和"平列"两种。高中生常见常用的议论文写作结构模式有六种："是什么"的并列；"为什么"的并列；"正反对比"的并列；略谈"是什么""怎么办"，重谈"为什么"的递进；略谈"是什么""为什么"，重谈"怎么办"的递进；略谈"是什么"，重谈"为什么""怎么办"的递进。前者是宏观的建构，后者是微观的探究，两者的侧重点不同，但都符合“猪肚”生成的逻辑性。而在高考新材料作文语境下的议论文写作，又有所不同，分论点的生成具有二维性，既要紧扣材料，也要紧扣中心论点。离开材料的生成是“形而上”，缺乏议论基础；离开中心论点的生成是“无头苍蝇”，失去了写作方向。又因字数有限定，分论点不宜过多，也不宜过少，切分出三个分论点是最适宜的。至于分论点之间的关系如何，则由材料类型而定。

三、选取论据

在探讨议论文论据使用问题前，我们有必要对议论文的分类做一个介绍，这关涉不同材料类型论据的不同使用。从思维方式和破立方式上，可对议论文进行以下分类：思辨性议论文、解说性议论文、叙议型议论文、抒情性议论文及立论型议论文、驳论型议论文。马正平教授列出了说理文（议论文）的两种类型：论证性说理文、阐发性说理文。针对高考新材料作文中的议论文写作，前者的指导性意义不大，毕竟切分的角度不是从新材料作文范畴出发的，没有照顾到不同材料类型的不同写法。后者是从说理的角度划分，也需深化认识。论证性说理文相当于新材料作文前的话题、命题作文写法，通常题目就是观点，然后举例子证明观点；阐发性说理文是就一个个问题推进阐述，类似于时评类作文写法。但当真正动笔写作时我们才会发现，论证和阐发大多时候是需要整合在一起的，只不过材料类型不同侧重不同：我们从切分分论点的角度可以将材料分为两种类型：延伸思考类、就事论事类。延伸思考类侧重论证，就事论事类侧重阐发。这样论据的使用问题就明朗了。论证需要列举一些事例证明观点，而阐发需要更多的道理论据。而这两类通常又是以道理论据为先，道理论据的充分与否关涉思维的广度和深度。简而言之，新材料作文中议论文写作使用论据是根据材料的写作类型确定的。

1. 围绕材料思考，善用灵感思维

在我们通过阅读材料、分析材料，提炼自己的观点时，无论是就事论事，还是延伸思考，都需寻找适当可用的论据。正因为有了立意的引导，我们在调用所积累的论据时就有了方向感。在考场动笔写作前，能够以最快的速度确定好所需的事实论据和道理论据自然是好，但我们通常因为有了考场时间的限定，心理处于紧张状态，很多时候很难完整地把所需论据抽取出来。所以在动

笔前和动笔中抽取论据时，都需有意识地相信灵感思维状态的存在。虽然灵感是无法控制，可遇而不可求的，但它又是逻辑性和非逻辑性的统一，如能迅速调整好心态，使自己的大脑平静下来，坚定信念，反复思考，可通过类比、联想抽取出事实论据。此外，为了让灵感思维状态出现得更快更准，要先对材料类型做好判断。如果是延伸思考类，思考的出发点就是从材料中提炼出话题概念，辨明话题概念相关的内涵和外延，再去寻找事实论据；就事论事类，则首先对事件进行事理分析，之后再根据事理需要抽取事实论据。

2. 围绕材料思考，发挥时空思维

灵感思维状态的良好呈现需依赖对材料类型的判断，具有一定的不确定性，而时空思维则是遵循时间空间的逻辑，将思路条理化，抽取素材，分析素材，运用素材，具有明确的方向性。杜威言“集中思想，靠的不是安静不动，而是保持精神力朝向一个目标”，时空思维是一种精神力，能够让我们紧紧围绕材料及立意，将思维铺延开来，寻找得当的道理和事实论据。时空就是我们通常所说的“古今中外”。“古今”可以现在为起点，观照最近发生的人、事及对其的理解，再去追寻它的历史根源及相通或相异的地方；或以过去为起点，思考过去和现在的延续性，寻找同质点或异质点，达到与材料、立意的高度吻合。“中外”可以是本国与外国，也可是本地与外地，选择相似、相同或相异的人和事，为材料和立意展开服务，达到对问题或话题概念的具体化和深化。而空间的延伸，则以人类生活领域为主，包括科学、教育、文学、经济、政治、艺术等。至于需从哪个领域抽取，或者类比哪个领域，需从材料和立意的实际出发。

2014年高考全国新课标Ⅰ卷“山羊过独木桥”是延伸思考类作文，提炼出的话题是“竞争和规则的关系”，如果确立的中心论点是“规则可以被打破，实现共赢”，可以运用时空思维找打破规则实现共赢的事例：动物界“适者生存”和人类和谐共生（自然界和人类社会领域）；一考定终身和高考招生政策多元化（过去和现在、教育领域）；一山容二虎的百事和可口，麦当劳和肯德基（经济领域）。还可以反向思考，找没有打破规则，引发恶性竞争的事例：遵循一山不能容二虎规则的360和QQ。但如果立意发生改变，论据也要随之变化。确立相反的中心论点“规则不能被打破，是竞争就是竞争”，则需找不能被打破规则的事例：赌球、NBA总决赛冠军只有一个（体育领域），毒奶、地沟油层出不穷（食品安全领域）。

3. 围绕材料思考，思维“与时俱进”

文随“时”变这一理念古今一脉相承，古有刘勰主张“故知文变染乎世情，兴废系乎时序，原始以要终，虽百世可知也”；今有新课程改革的重要理念“贴近社会、贴近时代、贴近考生实际”。要将议论文写得具有时代感，论据自然不能弃“时”而不顾。灵感思维和时空思维重在解决论据的有无问题，“与时俱进”思维则是追求论据的鲜活性和时代性。要谈思维的与时俱进，不可避免要观照社会主流价值取向。我们身处社会主义社会的新阶段，传承和弘扬的是社会主义核心价值观，我们在搜集积累使用事实论据，思考辩明道理论据时，离不开社会主义核心价值观的引导。

2015年高考新课标Ⅰ卷“女大学生小陈微博举报父亲违规开车”就是对当下事件的原生态呈现，需要我们思考法治与人伦的关系。面对这种就事论事类的材料作文，需要更多的道理论据。当今社会的法治建设逐渐完善，依法治国的理念也深入人心，所以我们在进行事理分析时无不需要紧跟法治社会脉搏。如果我们做出的价值判断是批评小陈不孝，就容易产生否定法治的情感倾向。我们可以从法治的角度看，举报自己父亲是一种法治观念的理性突破和更高境界的提升，虽然看似影响了亲情人伦的温情表达，但彰显了社会文明的进步，这是积极的意义。2016年高考三套全国卷新材料作文题全部体现了命题的时代性。2016年高考全国新课标Ⅰ卷是漫画作文：两个小孩展示成绩单，一个得100分受到家长奖励，得98分却被惩罚；一个不及格得55分被惩罚，得61分就被奖励。虽是漫画，但也属就事论事类写作类型作文。漫画关涉的是以分数作为衡量孩子进步与退步唯一尺度的家庭、学校教育问题。在进行事理分析时，需从当下应试教育和素质教育的背景出发，思考分析分数成为家长衡量孩子进步与退步的唯一标准的相关原因。Ⅲ卷中的“小羽改变创业模式实现共赢”，更需在整个社会创业热情回暖的氛围下，思考创业中创新思维的必要性和重要性，赋予创业以新时代内涵。无论是使用事实论据，还是道理论据，都要紧跟时代脉搏，彰显时代风采，这是高考新材料作文议论文写作的内在需求。

四、论证行文

论证是传统意义上议论文的三要素之一，通常可以理解为论证方法，但我们这里谈的论证是就行文思维而言的，具体探讨语言段落的生成及语言段落的逻辑层次，是建立在前面所谈的读者意识、论点、论据的基础上的。这里重点谈的是三个分论点各自的展开，通常是一个分论点一段，开头和结尾则独立成段。

1. 围绕材料和观点，强化问题思维

问题思维是对分论点的展开，目的是将事实和道理分析得更充实、透彻、深刻，通常是通过提出一些问题并且加以回答，层层剖析，由浅到深，由现象到本质。海德格尔认为“任何发问都是一种寻求”，通过不断追问、不断寻求，才能追寻到事物的本质，了解事物的存在意义。问题的出现正是思维的开始，我们经常说议论文的结构是“提出问题、分析问题、解决问题”，提出问题摆在第一位。问题是思维出现的原动力。杜威认为“没有需要解决的问题或没有需要克服的困难，思维过程就是随心任意”，“问题决定思维的目的，目的控制着思维的过程”。什么样的问题才称得上有思维逻辑性的问题？斯泰宾认为，“明知故问的问句只是形式上的问句，是一种修辞手段。一个真正的问句要求回答”。由此可见，问题的本质并不是形式上的一个问号，而是有要求回答的实质内容。

问题思维是一种分析性的思维，可以再做进一步的具体切分。马正平教授将其分为因果性分析思维、构成性分析思维和过程性分析思维。因果分析包括原因、背景、功能分析，相当于“为什么”和“会怎样”；构成分析包括类型、结构分析，相当于“是什么”和“有什么”；过程分析包括历史、环节分析。分析的目的是为观点服务的，但也需围绕材料，以免失去议论基础。

2. 围绕材料和观点，强化层次思维

前面提及通常把一个分论点作为一个段落来考虑，而在一个段落中则要考虑句子与句子的结构层次关系，论点论述是否清楚。马正平教授将语段的基本结构类型分为十种：渐进（承接、递进、解释、因果、条件、目的、总分）、平列（选择、转折、平列）。康德言：“其所有之思维，吾人不能直观之，然吾人故能直观其在现象领域中之符号。”结构层次是一种逻辑，逻辑是一种思维，它是看不见摸不着的，但可以通过一些外在符号表征出来，它们就是关联词。承接关系：又、就、便、然后、接着；递进关系：不但（不仅、不只、不光）……而且（并且）；因果关系：因此、由于、因而、以致、因为……所以等；假设关系：如果（假如、倘若）……条件关系：那么、只有……才、只要……就、不管、无论等；目的：为了、以便、用以等；选择关系：不是……就是、或者……或者、要么……要么、是……还是等；转折关系：虽然……但是、尽管……却、可是、而等；并列关系：也、又、另外、既……又、一方面……另一方面等。分句间如果是解说关系，可以不用关联词，解释一般用符号“——”或“：”；总分关系一般不用关联词，需视内容而定。关联词一方面将句子的逻辑关系可视化，另一方面表明单个复句中的分句关系及多重复句中单句间的关系。在议论文写作实践中，有意识地运用关联词是一种段落层次思维，目的是使论证议论过程条理清晰、层次鲜明。

3. 善用“重复—对比思维”，措词行文

运用“重复”，是对主题、立意的累积、强化，而运用“对比”则是对主题、立意的反差、比较、反衬，最终都加深了读者对主题、立意的印象和感受。通过“重复—对比”思维将道理讲充分，将观点说明白，将思想表达透彻，其思维路径主要有四种：选择内涵相同的事实论据展开“重复—对比”（举例论证）；选择内涵相同的道理论据论据展开“重复—对比”（道理论证）；通过因果思维——原因分析、背景分析、功能分析、措施分析展开“重复—对比”（因果论证）；通过“过程—辩证”分析展开“重复—对比”（归纳论证）。问题思维贯穿写作实践始终，两者属不同的侧面呈现。这里又需回到材料类型问题上，延伸思考类材料和就事论事类所采用的论据侧重不同，因此其“重复—对比”思维路径的侧重也不同。前者以事实论据为主，侧重事实证明；后者以道理论据为主，侧重道理证明，而后两种路径共用。

让人文魅力浸润学生的心田

深圳市布吉高级中学　易东晖

一、传统文化与德育

1988年1月，诺贝尔物理学奖获得者瑞典科学家汗内斯·阿尔文在演说中说："如果人类要在21世纪生存下去，必须回到两千五百年以前，去吸取孔子的智慧。"中国传统文化所具有的生命活力，使中国传统文化历久不衰，生生不息。这是世界上任何一种文化都不可比拟的。所以，虽然21世纪的中国在很长一段时间内还是发展中国家，与发达国家的物质文明差距还将必然存在，但是中华民族的优秀传统文化完全可以以其独特的优势自豪地傲立于世界文化之林。

联合国教科文组织提出，现代教育的四大支柱是使受教育者学会求知、学会做人、学会生活、学会与他人合作。我们从实践中认识到，教学生学会做人是素质教育的首要任务。教育工作要挖掘中华传统文化的教育功能，使之在社会经济转型期为一代新人的成长与成才开辟出一条新路。中国传统美德讲究谦让、容忍、协调、平衡和稳定，认为"天时不如地利，地利不如人和"。古圣先贤不以追求财富为最高目标，"修身、齐家、治国、平天下"是其共有的人生准则。语文教学中有不少诗文作品写到古人的立身行事，体现了古人的思想、人格、理想、志趣，有他们对人生、社会的看法，有他们的人生轨迹，也有他们评价、判断是非善恶的标准，后人可以从中认识到古人的人生观、价值观。

我国历代的仁人志士，为了自己的祖国，不惜赴汤蹈火，甚至舍生取义，留下了许多可歌可泣的事迹。这些隐伏在文字当中的启人心志的人生观、价值观，对于帮助学生形成正确的世界观、有效地对学生进行爱国主义教育具有重大意义。在中学语文教学中，用这些思想、事例对学生进行潜移默化的教育，就会使青少年在学校学习的过程中逐渐从关心父母、亲人开始，学会关心他人、集体，进而能够关心国家和民族的命运，关心人类的前途，最终成为对他人、对世界有爱心，对事业、对奉献有诚心，摒弃假恶丑，追求真善美的“四有”新人，成为具有开放头脑、博大胸襟、健康身心，能迎接21世纪国际社会挑战的一代新人。

二、传统文化与美育

在中学语文教学中，帮助学生树立正确的审美观，培养与提高学生的审美能力，即进行审美教育，是语文教学的目的和任务之一。人都有审美需要，这是一种积淀的内在心理结构。英国美术批评家克莱尔·贝尔说“艺术是有意味的形式”，这一形式主宰着作品，能够唤起人们的审美情感，正好与人的深层文化心理结构相同。审美需要一旦发现了与其内在心理结构相同的外在形式，便会产生超出功利需要的审美情感。在中国原始文艺出现的山顶洞时期，砾石、石珠、犬牙等表现了山顶洞人对艺术的需求和审美。到了周代，“礼乐相济”既是社会制度，又是道德法规，同时也是一种审美教育的方式。首创中国古代教育独立体系的孔子，开设的教育科目为“六艺”，即“礼、乐、射、御、书、数”，把美感教育作为一项重要的教育内容。他特别重视乐教和诗教的作用，主张“礼所以修外”“乐所以修内”“诗可以兴，可以观，可以群，可以怨。迩之事父，远之事君，多识于鸟兽草木之名”，并且提出了审美教育的最高标准，即“思无邪”。语文教材本身包含着丰富的审美因素，它呈现出多姿多彩的美的形态：既有和谐婉约的柔美，也有奋发昂扬的壮美；既有催人泪下的悲剧美，也有令人捧腹的喜剧美。不同的文学样式也各具独特之美，如戏剧的冲突美、杂文的犀利美等等。

三、传统文化与书写

培养学生听说读写的能力是中学语文教学的基本任务，让当代中学生写一手好字也是提高学生素质的重要一环。我国的传统教育十分重视书写教学，在宋代的私学中，学生必须先摹欧阳询《九成宫碑》，后临“书圣”王羲之书帖。凝神执笔，端坐桌前，默临古帖，这本身就是一种高雅的生活情趣。投入地练字，追求一种使人获得心灵净化与升华的物我两忘、主客合一的审美体验，直取其“至真”“至美”的精神奥秘，尽在学书之中。

古人云，“字如其人，人如其字”“夫书者，心之迹也”。学生认认真真地练习写字，可使品行受到影响和斧正，踏踏实实地学会做人。更为关键的是，扎实有恒的练字要求还可让学生的意志受到考验和磨炼。宋代朱熹《童蒙须知》云：“凡写字，未问写得工拙如何，且要一笔一画，严正分明，不可潦草。”“学贵有恒”，处世接物亦要“有恒”。可见，书写教学是培养学生高尚情操、优秀品质，以及正确人生观、价值观、审美观的重要途径之一。在书写中磨炼学生的精神意志，去培养“人性”，不失为传统文化对现代教育的意义所在。

四、传统文化与语文教学

千百年来，文人笔下流泻而出的美文不可胜数，其语言表现力达到了炉火纯青的地步。诗词的语言含蓄优美，如《琵琶行》把学生带到了弥漫着激越琵琶声的月夜江边；散文的语言精巧酣畅，如《前赤壁赋》让学生走进了“清风徐来，水波不兴”的幽静中，开始对人生的有限与长江的无穷产生思考；戏曲的语言蕴藉典雅，如《牡丹亭》中的“良辰美景奈何天”，使学生目睹了杜丽娘的寂寞无奈；小说的语言生动形象，如《红楼梦》中的“两弯似蹙非蹙笼烟眉，一双似喜非喜含情目。态生两靥之愁，娇袭一身之病。泪光点点，娇喘微微。闲静时如姣花照水，行动处似弱柳扶风”，让一个眼中露着点点忧愁、娇美动人的林黛玉站在了学生面前。古代文学作品中的语言丰富多彩，韵味无穷。阅读、学习、欣赏、掌握这些佳作，自己驾驭语言的能力就会在潜移默化中得以提高。

“教育是文化传播的过程。”传播传统文化就是要用传统文化教育和影响学生。求真向善是学生的深层心理要求，求知欲旺盛、可塑性强是他们的特点。中学时期，经历单一、思想单纯、生活单调的学生需要思想的启迪、情感的陶冶和精神的铸炼，这些都离不开传统文化的滋养和熏陶。为此，应该用传统文化为他们打造一点“精神的底子”，使他们在潜移默化中培养情操，发扬优秀精神，并终身受益。语文学科具有积淀丰厚的人文魅力，因而，应让人文教育贴近学生的精神世界与情感世界，进而达到浸润学生心灵的效果。

（该文发表于《中学语文》杂志）

以人为本　尊重差异

——龙岗区名师工作室主持人香港高级研修班学习总结

深圳市布吉高级中学　易东晖

2018年11月4日至9日，我有幸参加了由龙岗区教育局组织的区名校（园）长名师名班主任工作室主持人赴香港高级研修班。近一个星期的学习中，我们参观了香港各级各类优质学校，聆听了涉及教育教学各个方面的专题讲座，有非常大的收获。

我们知道，香港教育的特色是法治化、多元化、社会化、国际化、素质化和均衡化，对内地教育的发展重要的参考价值。我们一行25人在龙岗教师进修学校雷斌主任的带领下参观了香港三所优质学校：香港圆玄小学、宏信书院和圣保禄学校。香港教育研究发展中心詹华军总监和朱兴强主任全程参加了此次学习交流活动。我们参观校园，深入课堂，交流研讨，学习考察，感受到了不一样的香港教育。

我印象最深刻的是香港教育注重以人为本，尊重差异的教育理念。我们参观第一站圆玄小学时，就切实体会到，这种理念无处不在。我们一进入圆玄小学，张校长就带我们去看“鸭妈妈让小鸭子上台阶”的雕像，张校长告诉我们：教育要以人为本，要放手让小孩自由发展，学生的确是有差异的，要尊重差异。我们知道教育有“三个不能超越”：学生的生命健康不能超越，学生的人格尊严不能超越，学生的智力差异也不能超越。其中，学生的智力差异不能超越最为重要，这要求我们具有这样的学生观：学生发展的潜力是无限的，学生当下的能力是有限的。教学中我们多一把评价的尺子，未来就多一批人才。之后，张校长在“一流特色学校的建设”报告中也谈到要因人而异，加强德育与多元智能的培养。

差异是永远存在的，教育不是为了消灭差异，也不可能消灭差异。但这种差异不再是原来的差异，而是在已有基础上的发展、提高与飞跃。基于“差异”，这是差异教育的逻辑起点。差异化教育与所有教育一样，是要用理想的教育实现教育的理想。

差异化教育不是传统意义上的照顾学优生、放弃学困生的淘汰制分化教育，而是一种发掘学生优势，给每个学生提供处于最近发展区且乐意接受的、具有挑战意义的学习内容的扬长补短式教育。

宏信书院带给我们的是多元文化的融合：凡事包容，凡事相信。“凡事包容，凡事相信”要求老师对学生的教育要有足够的耐心。学校非常尊重个体差异，关怀学生的精神生命。校长告诉我们，教师有责任教导每一名学生树立这样的观念：无论任何境遇、任何水平，始终要认知自己、悦纳自己，尊重生命、爱惜生命。夸美纽斯曾说：“孩子们求学的欲望是由老师激发起来的，假如他们是温和的、循循善诱的，他们就容易得到学生的好感，学生就宁愿进学校而不愿待在家里。”在教学中，通过鼓励学生参与教学活动，可以让学生爱上学习和思考，提高其创造性。

尊重差异，为学生提供最适合的教育，尊重学生的独特性和差异性，促进学生良好个性品质和独特性的形成与发展，是教育的理想和目标。生命个体的不同是一种合理性的存在，学生个体内和个体间的差异是一种教育生态资源，是开展差异化教育实践的逻辑起点。人的差异是客观存在的，必须照顾学生的差异，提供适合其发展的教育教学，要走“差异化发展”的路子。

有句话说得好：晚开的花和早开的花一样美丽。教育一定要因材施教，让学生自己寻找发展的空间。圣保禄学校的箴言是“为一切人，成为一切”，即普助世人，无分种族、宗教及社会阶层，旨在协助学生迈向一个学习的新纪元。他们的价值取向是诚信、喜悦、朴实、勤奋及卓越。他们以学生为中心，尊重差异，提供学习经历，让学生就不同目的、意见和兴趣取得平衡，得到持续发展。他们真正在践行以人为本、尊重差异的教育理念。

好教育是适合学生发展和需要的教育，是尊重学生个性差异的教育。现行的班级授课制有优势，也存在明显的缺陷。其最大的优势是提高了教育的效能，其缺陷是弱化了个性教育，使学困生得不到切实的帮助。

不少学校，按考试成绩把不同学生分为火箭班、熊猫班、实验班、名优班、平行班等不同层次的班，还美其名曰因材施教、分层教学。单一以学习成绩分层，有潜能的学生伤不起！而大部分学生不得不从小生活在“牛娃”的阴影下。

其间我们还听了七个专题报告：主要是圆玄小学张志鸿校长主讲的《一流特色学校的建设》，香港教育研究发展中心总监詹华军先生主讲的《教育的国际化》，香港教育局兼职高级统筹主任连文尝校长主讲的《团队建设与学校文化建设》，香港中学语文教育学会主席黄凤意主讲的《课程发展的理念和推行策略》，培桥小学吴佳筠校长主讲的《个别差异与小组合作》，还有原香港教育局副计划总监叶祖贤主讲的《新形势下的校长》。这些专题报告包含学校建设、教师发展、团队建设、小组合作、课程发展等内容。作为工作室主持人，我感到非常实用，非常切合我们学校的实际，这对于今后的教育教学将产生深远影响。

每名学生都是有思想感情、内心体验、生活追求、独特性和自主性的活生生的生命个体。关注个体的不同，尊重生命的差异，满足生命成长的需求，是对学生生命个体的关怀，是差异化教育的前提。“尊重差异”，就是要充分承认学生在学习潜能、发展基础和个性倾向等方面的差异，充分认识未来社会对人才资源的多元需求，为培养个性化发展与社会化发展相统一的、有一定专长的人才打下坚实的基础。“差异化教育”，是基于学生的差异，遵循教育规律和学生的认知规律，提供适合学生需要，促进学生个性发展、主动发展、充分发展的教育。它以测量学生差异、了解学生需求为起点，以创造高价值、满足学生差异化需求为终点。“差异化教育”要求教师尊重学生差异，开发和利用差异资源，实现其教育价值；要求学校提供灵活多样的课程，倡导多元评价，让每一个生命个体在原有的基础上都获得最大程度的发展。

香港之行收获颇丰，我们既开阔了视野，又更新了理念，还明确了方向。我们相信学生在“以人为本，尊重差异”的多元才能理论的指引下，一定能够拥有自信的心态、勇毅的态度、创新的精神及负责任的美德，一定会对家庭、社会、事业做出积极的贡献。我真心感谢龙岗区教育局给我们这次学习的机会。

适合的，才是最好的教育。我将持之以恒、坚定不移地探究差异化教学，满足学生差异化需求，促进学生个性发展、主动发展、充分发展，让每个生命都绽放出精彩！

第二辑

探索魅力课堂

教师要不断挑战自我，更新教学观念，与时俱进，让课堂充满活力。只有充满魅力的课堂，才能对学生有吸引力，让学生愿学乐学。作为一名教师，单单靠自己的爱心、细心、耐心去培育祖国明天的幼苗，是远远不够的。信息时代让多媒体这个宠儿破茧而出，利用多媒体声、光、色、影俱全的功能，将静止的图片设计成色彩明快、形象活泼、动作有趣、声音优美的动画，有利于激发学生的学习兴趣。在高中语文课堂教学中，学生在创造力、竞争力等方面都会受教学模式等因素的影响，因此，高中语文教师需要在创新课堂教学方面积极展开工作。比如，在语文课堂教学中加入经典美文的元素，往往可以使学生适当地放松心情，认真感受语文带来的乐趣。语文课堂是教育学生的主阵地，是教师的主战场，是祖国花朵茁壮成长的地方。信息技术的运用是良好教学效果的催化剂，会让学生的头脑闪现出创新的火花，让语文课堂充满灵动之美。高中语文教师要学会在语文课堂教学中，发挥经典美文魅力，让学生们对经典美文的阅读、鉴赏及运用产生兴趣，创造出新兴的语文课堂教学模式，让语文教学发挥更大的作用。

《记梁任公先生的一次演讲》创新教学设计

深圳市布吉高级中学易东晖名师工作室

本课选自人教版高中语文必修一的第三单元第三课，本单元是记叙性散文的教学单元。本文是一篇略读课文，它围绕梁任公先生的一次演讲，选取了几个给作者深刻印象的片段，表现了梁启超幽默、洒脱、有学问、有文采、热心肠的学者形象。文章语言简练风趣，篇幅短小精悍，感情真挚自然。高一的学生通过历史教科书对梁启超的政治形象比较熟悉，文章所表现的梁启超在生活中的形象无疑会引起他们的阅读兴趣。与之前的《记念刘和珍君》《小狗包弟》相比，文章篇幅短小、线索清晰，也更易于学生把握和理解。学生可能存在的问题是，浅尝辄止，对文章开掘不深。

一、教学设想

本文借事写人，抓住形象特点，运用准确生动的语言描写和动作描写表现人物，使阅读者如见其人。更为难得的是，作者在写人记事的过程中，加入自己的评论和感受，让人明白，梁先生讲演的“趣味”，不但在于其有学问、有文采，更在于其忧国忧民的家国情怀。这样在记叙的基础上议论，收到了画龙点睛的效果。

二、教学目标

本单元的教学目标是通过对人与事的记叙，仔细揣摩人物的言行、心理，体察或隐或显的情感倾向。

（1）通过知识性批注交流，感受中国文化的博大精深。掌握抓住形象特点运用准确、生动的语言描写人物的写作方法。

（2）从精彩生动的片段描写入手，揣摩语言，把握梁启超的形象。体会作者对梁任公先生有学问、有文采、热心肠等独特人格魅力的敬仰之情。

（3）学习运用批注式阅读的方法来阅读文章，提高自主学习的能力。

（在目标的设置上，一改过去重技巧、轻过程，重结果、轻感受，重“讲”、轻“学”的做法，尽量解放学生，实现从“以教师为主”到“以学生为主”，“让学生活动起来”的观念转变。）

三、教学方法

1. 批注阅读法

新课标重视培养学生品味语言的能力、自主感悟的能力，批注阅读可以提高学生品味语言的能力、思考力和鉴赏评价能力，是一种有效的学习策略。

2. 导读法

新课标提倡自主学习理念，运用导读法，意在指导学生自主学习文本。

3. 探究法

新课标认为，促进高中生探究能力的发展应成为高中语文课程的重要任务，运用探究法，意在培养学生探究问题的能力。

四、教学过程

1. 导语

我很欣赏书本中的一段话：“先生是一个称谓，同时是一种修为，一份崇敬，（对被教育者和同行而言）同时他还是一种精神，一百多年来国民意志的接力和薪火相传有赖先生。”这是中信出版社的《先生》一文中说到的，民国时期的大师级人物大都用“先生”这个词称呼。“今吾朝受命而夕饮冰，我其内热与？”——《庄子·人间世》。根据这句话，猜戊戌变法中的一个重要人物。

饮冰室主人梁启超。“内热”是因为“受命以来，夙夜忧叹，恐托付不效，以伤先帝之明”。可见，此句表达的是作者的忧国忧民之情，梁实秋先生却说“梁任公先生晚年不谈政治，专心学术”。那么，任公先生真是风声雨声概不入耳，国事天下事概不关心吗？

（切入一个点，抓住一条线，扣住本节的难点，设疑。引导学生深入思考问题）

投影介绍梁启超。梁启超被公认为是清朝最优秀的学者，中国历史上一位百科全书式的人物，并且是一位少有的在退出政治舞台后仍能在学术研究上取得巨大成就的杰出人物。梁启超学术研究涉猎广泛，在哲学、文学、史学、经学、法学、伦理学、宗教等领域均有建树，其中史学研究成绩最为显著。

2. 走进文本：感受先生讲演的魅力

（1）“听指导，明方法”，介绍批注式阅读方法。王国维曾说，中国古代的诗词好读在于文字里面有“我”，“我”和文字是交融的。梁先生在讲演韵文的情感时，他本人和诗歌的情感也是交融在一起的，所以他会有至性至情的流露。运用批注法进行阅读，即让读者与作者的思想感情交融在一起，更有助于加深对文章的理解。

介绍批注式阅读的常用“类型”。明确：①感受式批注：阅读时记录下自己的感受和不理解的地方，此种方式利于深入文本，把握文章核要。②点评式批注：对文本的内容或语言做出个性化的评价。③联想式批注：意在培养发散思维，通过对文本内容的理解联想到其他的知识，如发生在自己身上的一件事，之前看过的一本书、一篇文章等等。

（2）“乐共享，我快乐”，课堂交流同学们的“一读”情况：知识性批注。

提问：对于戊戌变法、宣纸、箜篌、短小精悍、博闻强记（志）、涕泗横流、热心肠（语境意）及《桃花扇》《闻官军收河南河北》等重点，教师要详细解答，学生做好相关批注。

（重在让学生感受中国文化的博大精深，激发学生对中国文化的热爱之情。）

（3）“晒批注、展成果”，课堂交流同学们的“二读”情况：进行感悟性批注。预设：①梁任公先生晚年不谈政治，专心学术。批注：民国政局动荡，梁启超作为维新派的领袖，看惯了政治与利益之间的丑恶联系，不谈不是不关心，而是失望叹息，转而学术一是怡情，二是低头走路。②高等科楼上大教堂里坐满了听众，随后走进了一位短小精悍秃头顶宽下巴的人物，穿着肥大的长袍，步履稳健，风神潇洒，左右顾盼，光芒四射。批注：作者简单的几笔便为我们呈现了一幅内容丰富的画面：坐满了听众——对于梁启超先生的仰慕人数之众，对于人物的刻画栩栩如生。③我记得他开头讲一首古诗：箜篌引：公无渡河。公竟渡河！渡河而死；其奈公何！这四句十六字，经他朗诵，再经他一解释，活画出一出悲剧，其中有起承转合、有情节、有背景、有人物、有情感。批注：梁先生的深度即体现在这里，十六字后面的内容便有十几页的文字，十六字后面的场景便有半部电影，十六字后面的体会便是梁先生内心的浩瀚。④他敲头的时候，我们屏息以待；他记起来的时候，我们也跟着他欢喜。批注：带入感极强，如果你此时是坐在座位上，那么你会觉得自己就置身于梁启超的讲台之下，在梁先生记忆起来的瞬间，你前倾的身子才会在座位上有所着落。这样的写法甚好，可学。

（目的在于：其一，引导学生自主学习，提高学生对语言的品味与感悟能力。其二，培养学生表达与交流的习惯。其三，通过文本对话、生生对话、师生对话等形式，对文本做深入的、个性化的解读。）

（4）"敢质疑、有创新"，课堂交流同学们的"三读"情况：批判性阅读。（其目的在于培养学生独立思考问题的能力和创新能力。）

3. 问题探究，感受梁先生的家国情怀（任选一）

（1）探究梁任公的"哭"与"笑"：《桃花扇》一段讲的是左良玉哭崇祯皇帝。崇祯皇帝死于1644年，这篇演讲的时间大约在"民国"十年，即1921年左右，距崇祯皇帝之死约300年，为何梁先生讲到这里竟能"悲从中来，痛哭流涕到不能自已"？同样，他讲到《闻官军收河南河北》的时候，又为何"于涕泗交流之中张口大笑了"？请谈谈你的看法。

（资料补充：《桃花扇》"高皇帝"一段、梁启超与戊戌变法）

（2）对于一般人而言，《箜篌引》是一个普通的悲剧故事，梁却讲"有人物"。如果我们在"戊戌六君子"中要找一个对应的"公"，你以为是谁？为什么？

（补充《箜篌引》的故事，其目的是引导学生深入人物的内心世界，与人物做精神层面的对话，理解人物的精神世界，提高学生分析人物的能力和探究问题的能力。）

4. 总结梁任公的形象

练习：作者从哪个"镜头"中，认识了怎样的梁任公先生？

第一个"镜头"：外貌描写。由形而神，精悍潇洒。

第二个"镜头"：开场白。幽默风趣。

第三个"镜头"：讲《箜篌引》。有学问、有文采。

第四个“镜头”：细节描写。“敲”，有学问。

第五个“镜头”：表演。热心肠。

（教师点拨，师生交流各自看法。）

5. 谈谈你的收获，即“我有得”

（其目的在于引导学生形成课后反思的习惯。）

总结：作者说，梁任公先生晚年不谈政治，读后我们发现，他的内心始终不忘国与民。也许，他与庄子有一点相似——“眼极冷，心肠极热”，所以自号“饮冰室主人”。

集体朗诵《少年中国说》节选部分。

6. 迁移训练

请你为大师修改句子。分析下面摘自文中的三个句子，如果有语病，请修改。

（1）“大约在民国十年左右”……

（2）“我很幸运地有机会听到这一篇动人的演讲。”

（3）“不少人从此对中国文学发生了强烈地爱好。”

（4）清华学校请他做第一次的演讲，题目是“中国韵文里头所表现的情感”。此句中引号的用法是否规范？

（其目的是唤醒学生质疑的勇气和信心，提高学生的创新能力。）

《烛之武退秦师》教案

深圳市布吉高级中学　丘明盛

一、教学目标

（1）了解《左传》的写作时间、作者、内容和地位。

（2）通过圈点勾画，反复朗读，积累常见文言实词和词组“军”“行李”“厌”“以为”等；辨别常见文言虚词“其、以、之”的用法；积累特殊文言句式判断句、省略句、宾语前置句的用法。

（3）反复诵读，体会烛之武外交语言的艺术，感悟烛之武在国家危难之际置个人安危于不顾，维护国家安全的爱国主义精神。

二、教学重、难点

1. 教学重点

在具体例子分析辨别中把握常见文言实虚词和句式的意义和用法；理清文章的写作思路，把握文章的思想内容；正确分析烛之武的人物形象。

2. 教学难点

理解烛之武说的五层意思及其说服秦穆公退兵并且主动派人守卫郑国的语言艺术。

三、教法、学法

1. 情境教学法

通过展示秦晋围郑示意图，引导学生设身处地地感受郑国面临生死存亡的危机感；通过角色代入，感受烛之武的大勇、大智和大爱。

2. 点拨法

通过对重要动词的点拨，带动课文的理解，积累文言实词的活用用法和古今异义；点出古今异义词，结合课文原话理解；以归纳法积累文言文中常用词语，例如先确定“其、以、之”各自的不同用法，后从课文中找例子，在比较中积累。

3. 诵读法

安排听范读、学生齐读、指名读等方式，重点读烛之武说服秦穆公的部分。

4. 圈点勾画法

用课件展示每一段的重要动词和古今异义词，让学生自己把解释写好。

5. 讨论法

安排时间给学生讨论确定课文中烛之武说辞的五层意思，以及“其、以、之”各自不同用法的归类。

四、课时安排

3课时。

五、教学过程

1. 导入新课，检查预习

（1）导入：中华人民共和国成立初期，中国经济落后，在一些外交场合，周总理经常会面对一些尖锐的提问。比如，①有人问：“在你们中国，明明是人走的路为什么却要叫马路呢？”周总理回答：“我们走的是马克思主义道路，简称马路。”②有人问：“我们美国人都仰着头走路，为什么中国人总是低着头走路呢？”周总理回答：“这有什么奇怪，美国人走下坡路，当然是仰着头走。我们中国人走的是上坡路，当然要低着头走。”周总理以巧妙的外交辞令化解了外交场面的尴尬，显示了高超的语言表达艺术。两千多年前，烛之武冒着生命危险去其他诸侯国进行外交活动，不仅全身而退，还漂亮地完成了使命。他靠一番言辞说服了强敌，其中的语言艺术值得我们学习。

（2）预习检查：烛之武凭借什么说服强大的秦国退兵并且驻兵守卫郑国？三寸不烂之舌，也就是高超的语言艺术。

2. 梳理字词，疏通文意

（1）介绍《左传》，点出其写作时间、作者、内容和地位。

时间：春秋末年；作者：鲁国史官左丘明；内容：记载东周前期二百四五十

年间各国政治、经济、军事、外交和文化方面的重要事件和重要人物；地位：是我国第一部叙事详细的编年体史书。

（2）示范诵读，自主诵读。

录音范读，注意停顿、节奏；齐读课文。

（3）动词为点，其他为面；翻译带解，问题促析。

第1段——重要动词：围、贰、军（名做动）；古今异义词：以（因为）。问题：①为什么秦晋要围攻郑国？②秦晋围攻的原因是否一样？重要句子翻译：以其无礼于晋，且贰于楚也。

第2段——重要动词：退（和题目“退”不一样）、为、亡、许；古今异义词：若（如果）、使（派）、师（军队）、之、过、然。问题：①郑文公让烛之武见秦君，烛之武为什么一开始推辞？②烛之武为什么最后又答应见秦君？重要句子翻译：吾不能早用子，今急而求子，是寡人之过也。

第3段——重要动词：缒（名做动）、鄙、陪、共、为（给予）、封（前一个“封”）、肆、阙、图、说；古今异义词：夜、既、敢、以为、东道主、行李、乏困。问题：①烛之武用了哪五层意思来说服秦伯撤军？②其中哪层意思最关键？重要句子翻译：①若亡郑而有益于君，敢以烦执事。②焉用亡郑以陪邻？邻之厚，君之薄也。③既东封郑，又欲肆其西封，若不阙秦，将焉取之？

第4段：重要动词：敝（形做动）、易、去；古今异义词：微、夫人（词组“夫”＋“人”）、因、所与（所字结构）、知、其（还是）。问题：晋文公为什么不愿向秦君进攻？重要句子翻译：因人之力而敝之，不仁；失其所与，不知；以乱易整，不武。

分段进行：学生自主解释列出字词，老师提问解释留白的词；学生借助课文注释或资料，自主说出译文；老师提问梳理内容；提问学生阅读的疑难之处和解决情况，以及重要句子翻译。

（4）分析烛之武的人物形象。

答应见秦君——深明大义，夜缒而出——勇敢，说服秦伯退兵——机智善辩。

引导学生找出烛之武做的事，然后从中概括出来。

3. 归纳知识，课外拓展

这样可以调动学生学习的积极性和主动性，培养他们梳理学习的习惯。

（1）“其、以、之”用法归纳。

其：①代词；②语气副词，还是。以：①介词，因为；②介词，拿，用；③介词，把；④连词，来。之：①代词；②用于主谓间，取消句子独立性（语法标志：“之”＋动词或形容词）；③结构助词，的（语法标志：“之”＋名词）。

先给出用法，再让学生从课文中找相应例子。

（2）文言句式整理。

①是寡人之过也（判断句）；②亦去之（省略句）；③何厌之有（宾语前置句）。

引导学生把握住句式的特点——判断句的外在标志“也”和翻译标志“……是（或不是）……”；宾语前置句中“之”复指前置宾语，举出初中所学“何陋之有”，类比分析。

（3）课后习题三。

引导学生边读边理解，尝试说出段落大意。老师点出文段的核心观点：国家之间没有永远的敌人，只有永远的利益。

板书：

烛之武退秦师

人物	情节	性格
烛之武	答应见秦君	深明大义
	夜缒而出	勇敢
	说服秦伯退兵	机智善辩

六、教学反思

作为高中的第一篇文言文，本人在教学中应重在引导学生养成批注赏析的良好学习习惯。老师应该为学生指明学习方向，充分调动他们学习的自主性和积极性。在讲解字词的时候，教师可采用以动词为点，来带动其他文言知识理解的方法。在解决字词后，要引导学生对内容进行赏析，以确保学生充分理解文章内容，感受到了人物高超的语言艺术，并可以进一步准确分析人物的形象。这样的教学程序确保了文言文教学“文”和“言”的融合，但同时也要注意避免模式化。

《初高中记叙文衔接之写人》教学设计

深圳市布吉高级中学　刘　阳

一、教学目标

（1）灵活运用人物描写的方法。

（2）选择典型事件突出人物性格特征。

二、教学课时

1课时。

三、教学过程

（一）导入：《猜猜他是谁》

A. 他是节目主持人，大家都认识他。他的脸很有特点，嘴也长得与众不同，他的头发造型很时尚。

B. 他是著名的节目主持人，样子长得挺滑稽：高高的个子，两条腿瘦得像两根火柴棒；一张马脸，额头宽宽的，仿佛能停得下一辆小轿车；眼睛有点小，一笑起来就变成一条细缝；他的嘴巴特别大，吞下一个鸵鸟蛋准没问题。哦！对了，他留着狮子一般的卷发，精心染了几缕黄色，自以为帅呆了，他最擅长使用“兰花指”……

明确：根据A的提示，学生猜不出；根据B的提示，学生能猜出是李咏。

（二）赏析作品中的人物，总结人物的描写方法

例1：《林黛玉进贾府》（节选）

一语未了，只听后院中有人笑声，说：“我来迟了，不曾迎接远客！”这个人打扮与众姑娘不同，彩绣辉煌，恍若神妃仙子：头上戴着金丝八宝攒珠髻，绾着朝阳五凤挂珠钗，项上戴着赤金盘螭璎珞圈，裙边系着豆绿宫绦，双衡比目玫瑰佩，身上穿着缕金百蝶穿花大红洋缎窄褃袄，外罩五彩刻丝石青银鼠褂，下着翡翠撒花洋绉裙，一双丹凤三角眼，两弯柳叶吊梢眉，身量苗条，体格风骚，粉面含春威不露，丹唇未起笑先闻。

典型性格：泼辣张狂、口齿伶俐、善于阿谀奉承、见风使舵、喜欢使权弄势、炫耀特权和地位。

方法：语言描写、外貌描写。

例2：《儒林外史》（节选）

晚间挤了一屋子的人，桌上点着一盏灯；严监生喉咙里，痰响得一进一出，一声不倒一声的，总不得断气，还把手从被单里拿出来，伸着两个指头；大侄子上前问道："二叔！你莫不是还有两个亲人不曾见面？"他就把头摇了两三摇。二侄子走上前来问道："二叔！莫不是还有两笔银子在哪里，不曾吩咐明白？"他把两眼睁得溜圆，把头又狠狠地摇了几摇，越发指得紧了。奶妈抱着哥子插口道："老爷想是因两位舅爷不在跟前，故此惦念？"他听了这话，两眼闭着摇头，那手只是指着不动。赵氏慌忙揩揩眼泪，走近上前道："爷！别人都说得不相干，只有我能知道你的意思！你是为那灯盏里点的是两茎灯草，不放心，恐费了油。我如今挑掉一茎就是了。"说罢，忙走去挑掉一茎。众人看严监生时，点一点头，把手垂下，登时就没了气。

典型性格：爱财如命。

方法：语言描写、动作描写、神态描写。

（三）详细总结人物的描写方法

1. 外貌描写

外貌描写又称"肖像描写"，是指对人物面容、神态、姿态、身材（身影）、衣饰、风度等的描写。外貌描写的方法有以下几点：

（1）根据写作目的选重点。根据作文的内容、写作目的，有重点地选择某一方面来描写，应该突出描写最能体现人物特征的部分，好的外貌描写着墨不必过多，甚至只有一两个词，就能起到画龙点睛的作用。

（2）同中求异抓特征。外貌描写最忌两点：一是没有特征，概念化，脸谱化。二是语言贫乏，陈词滥调。同样写人物，眼睛也有大小、形状、色泽等的不同，更有眼神中喜悦、好奇、惊恐、疑惑、关切等各种不同的情绪流露。

（3）前后照应写变化。鲁迅先生在《祝福》中多次刻画祥林嫂的外貌，其中写到脸色的就有三次：初到鲁家时“脸色青黄，但两颊却还是红的”；二进鲁家，“脸色青黄，只是两颊上已经消失了血色”；五年后，被赶出鲁家，沦为乞丐时的祥林嫂“脸上瘦削不堪，黄中带黑，而且消尽了先前悲哀的神色，仿佛木刻似的”。

2. 语言描写

语言描写是对人物说话，从内容到词汇、句法腔调、声音等的描写，有独白和对话两种手法。独白是人物自言自语。对话是两个或两个以上的人物之间的交谈，是语言描写中运用得最多、最普遍的一种手法。语言描写的方法有以下几点：

（1）罗列选优法。“选优”，要以最少的语言，表达最丰富的内容。“选优”，也包含着不能让所有的人说同样的话，不能用作者自己的语言代替人物说话。总之，优劣的标准是：能否突出人物的个性，能否揭示人物的性格特征。

（2）神态配合法。譬如，“他平静地回答……”“他一字一顿地说……”等，像这样以语气、语调、神态配合对话的描写方法。

（3）侧面描写法，即借助他人的话语来揭示人物性格特征的对话描写方法。

（4）前后变化法。

3. 动作描写

动作描写又叫“行动描写”，即对人物的动作、行为、活动的描写。这种方法对刻画人物有着非常重要的作用，是表现人物性格及塑造人物形象的主要手段。动作描写有以下几个方法：

（1）回顾描摹。作文所写的人物，既然值得我们写，就应该是我们脑中留下较为印象深刻的。写作前，我们要竭力回顾他们的音容笑貌、所作所为，特别是那些令人难以忘却的动作举止，在某件事全过程中的一举一动……要抓住几个主要细节，具体描摹。

（2）借助修辞。读过《故乡》的人，都不会忘记鲁迅先生笔下杨二嫂的形象：“一个……五十上下的女人站在我面前，两手搭在髀间，没有系裙，张着两脚，正像一个画图仪器里细脚伶仃的圆规。”

（3）精选动词。写人物动作，离不开动词，善于写作的同学，会从现代汉语丰富多彩的词库中觅取最合适的词语。此外，在动词前后可以加上适当的限制和修饰性词语，使动作的幅度、速度、力度等较细致地表达出来。

（4）具体描写人物的连贯动作。

（5）矛盾冲突中写行为。

（6）侧面烘托。

4. 心理描写

心理描写是指对人物在一定环境中心理状态、思想活动的描写，以揭示人物的精神世界和性格特征。那怎么写别人的心理活动呢？下面介绍一种“体验揣摩法”：首先，我们写的是熟人，因而就有可能在事后向你倾诉他当时的思想斗争、内心活动；其次，我们会从周围的亲朋好友中听到对某人内心活动的议论；再次，我们常可以从事情的结局推导出某人处于事情发展过程中的思想活动；最后，我们还可以假设自己处于相同情况下，进而揣摩可能产生的思想活动。心理描写的方法具体有以下几种：

（1）内心独白法，即人物直接倾吐自己内心想法的方法。

（2）作者描述法，即作者对人物心理做客观描绘的方法。作者一般是以第三人称描述人物的心理。

（3）间接写心法，即通过描写人物的言行、神态或特定景物，间接反映人物心理活动的方法。

（4）梦幻描绘法，即通过梦境或幻觉描绘心理活动的方法。

5. 小小细节传神韵

略。

（四）怎么描写人物

（1）要选择自己熟悉的人来写。

（2）要抓住人物的性格特征来写。

（3）要围绕中心思想来写。写某个人时首先心里要明确主要是为表现这个人的什么特征和思想品质，然后再围绕这个中心选取典型事例进行描写。

（4）要学会描写人物的方法。

（5）一定要注意反映人物的本质特征，注意人物所处的环境。人离不开事，写人必须结合写事。

（五）课堂练习

写一写你身边最熟悉的同学，不超过200字。大家猜猜看，写的是谁？

（六）作业布置

《我的老师》。

意象为先 猜写品评

——浅谈一种高中古诗词教学思路

深圳市布吉高级中学 胡鹏

一、对2018年高考全国新课标卷语文三套试题中古诗词鉴赏题的思考

2018年高考全国新课标语文三套试题，考查了两首唐诗、一首宋诗，就公开资料和一些考生的反馈来看，诗歌鉴赏题有一定“难度”。然而让人困惑的是，在古诗词鉴赏题分值降低，诗歌并无晦涩字词、深奥典故的前提下，为何还会出现这种情况？这从高考层面反映了高中古诗词教学的低效，说明很多学生并没有真正掌握鉴赏诗歌的能力，说明古诗词教学与考试脱节，单纯讲“套路”、讲技巧、讲答题模式存在不足之处。没有对意象给予足够的关注，从而沟通诗词的语言、情感与技巧；没有置身其中、身临其境，带着“猜写”与“品评”的思维走进诗歌，从而揣摩、把握诗歌的主旨、诗人的情感，这怎么可能真正地读懂诗歌呢？鉴赏评价就更无从谈起了。“意象为先，猜写品评”思路与能力的欠缺，直接导致了学生对古诗词的陌生。下面通过对三首古诗词考查点的简单分析，概述这一教学思路。

2018年高考全国新课标Ⅰ卷古诗词鉴赏试题：

野 歌

［唐］李贺

鸦翎羽箭山桑弓，仰天射落衔芦鸿。
麻衣黑肥冲北风，带酒日晚歌田中。
男儿屈穷心不穷，枯荣不等嗔天公。
寒风又变为春柳，条条看即烟蒙蒙。

14. 下列对这首诗的赏析，不正确的一项是（ ）。（3分）

A. 弯弓射鸿、麻衣冲风、饮酒高歌都是诗人排解心头苦闷与抑郁的方式。

B. 诗人虽不得不接受生活贫穷的命运，但意志并未消沉，气概仍然豪迈。

C. 诗中形容春柳的方式与韩愈《早春呈水部张十八员外》相同，较为常见。

D. 本诗前半部分描写场景，后半部分感事抒怀，描写与抒情紧密关联，脉路清晰。

第14题B选项是对“穷”字古今异义的考查，另外三个选项实际上都高度关涉“意象”这一考查点。A选项中，接连出现“弓箭”“鸿雁”“麻衣”“北风”“酒”等意象，这些意象组合在一起，已经比较直观地指向了现实生活，考生完全可以稳稳抓住这几个意象去思考：诗人为何要“打猎”？为何会穿着“麻衣”？又为何会在北风中“喝酒”？稍有一些古诗词知识储备（哪怕仅仅掌握少部分课内古诗词）的考生，联系生活，即可大致判断“诗人排解心头苦闷与抑郁的方式”这一表述不会有问题。同理，C选项抓住“柳”这一意象，发现《早春呈水部张十八员外》中“绝胜烟柳满皇都”与《野歌》中“为春柳”“烟蒙蒙”都是“烟柳”，从而联系课内“烟柳画桥”、常见语“杨柳如烟”，即可判断这都是在用比喻的修辞形容春柳。D选项也是，《野歌》前半部分出现大量意象，这怎么不是“描写场景”？后半部分意象减少，转向抒情，这与古诗词“起承转合”的写作结构是一致的，进而比较容易地判断选项的正确性。

2018年高考全国新课标Ⅱ卷古诗词鉴赏试题：

题醉中所作草书卷后（节选）

［宋］陆游

胸中磊落藏五兵，欲试无路空峥嵘。
酒为旗鼓笔刀槊，势从天落银河倾。
端溪石池浓作墨，烛光相射飞纵横。
须臾收卷复把酒，如见万里烟尘清。

15. 诗中前后两次出现“酒”，各有什么作用？请结合诗句做简要分析。（6分）

第15题，直接鲜明地考查了“酒”这一意象的作用，诗人为什么要用这一意象？这是由营造氛围、创设技巧、表达情感的需要决定的，或者说，选用这一意象，也就基本客观地决定了这几个方面。

2018年高考全国新课标Ⅲ卷古诗词鉴赏试题：

精卫词

［唐］王建

精卫谁教尔填海，海边石子青磊磊。
但得海水作枯池，海中鱼龙何所为。
口穿岂为空衔石，山中草木无全枝。
朝在树头暮海里，飞多羽折时堕水。
高山未尽海未平，愿我身死子还生。

15. 一般认为，诗最后两句的内容是以精卫的口吻表达的，你是否同意这种解读？请结合诗句，说明你的理由。（6分）

该诗可以说是对“精卫”这一意象的考查。在解读诗歌的过程中，牢牢把握这一意象，以这一意象为中心，勾连诗歌的语言、情感与技巧，解决几个关于这一意象的问题：诗人为什么要用这一意象？是怎么用的？这样用有什么好处？那么试题的答案也就基本呼之欲出了。“精卫”意象内涵丰富，考生不必全面掌握。但围绕上面几个问题，应该可以约略推测出诗人对这一意象的歌颂与赞美，从而把握诗歌主旨。

二、“意象为先，猜写品评”教学的理论基础及对学生古诗词鉴赏能力提升的有效性

古诗词首先是用“意象”叙事抒情的，意象的形象性是古诗词重要的文体特征之一。在一定程度上甚至可以说，没有意象就没有诗歌，无意象不成诗。此外，古诗词抒情的个性化特征与人们情感表达、情感需要的张力，是古诗词重要的情感特征。中国古典诗歌讲究的是“一切景语皆情语”，我们在鉴赏诗歌时，往往要联系意象来解读。古典诗歌教学中，我们也不难发现，意象往往有着自己较为固定的意义。比如，古典诗歌当中的“柳”，它的意象内涵非常丰富和多元，但是相对稳固。更为关键的是，它与现实生活紧密相连，与外国诗歌、现代诗歌都有很多相通之处。“柳”的原始意象内涵是“美女”，

这在中国古诗词中有很多例子；即便到了现代白话诗歌中，这一原始意象内涵依然被保留了下来，如徐志摩《再别康桥》中“那河畔的金柳，是夕阳中的新娘”，这与柳树的外在特征和诗人想象是有密切关系的。由于“柳”“留”谐音，古人在送别之时，往往折柳相送，以表达依依惜别的深情。这一习俗始于汉而盛于唐，汉代就有《折杨柳》的曲子，以吹奏的形式来表达惜别之情。柳永在《雨霖铃》中以“今宵酒醒何处，杨柳岸，晓风残月”来表达别离的伤感之情。王昌龄《闺怨》中“忽见陌头杨柳色，悔教夫婿觅封侯”，这一“柳”的意象涵盖了爱情、家园与离别等诸多内涵，但都不必强记硬背，从诗歌中完全可以自行解读出来。

意象是诗人营造氛围、创设技巧、表达情感的重要载体，它比古诗词的平仄韵律等格律方面的知识更贴近学生，更容易被理解和学习，继而可以通过“猜写”与“品评”这一桥梁，有效地帮助学生加深对古诗词的理解，进而提升学生的古诗词鉴赏评价能力。

附录：《题扬州禅智寺》《越中览古》《春夕》三首诗“猜写品评”教学的课堂实录片段。

师：同学们，古诗词鉴赏历来是高考的重点难点，也是一直困扰同学们的问题，主要表现为对鉴赏术语不理解、对诗人的情感把握不准等。今天我们想从创作的角度来反推诗人的想法，看看能否从作者的角度、写作的角度提升我们对鉴赏术语的理解和认识，提升我们的诗歌鉴赏能力呢？

师：下面请一位同学说说诗歌有哪些鉴赏术语，也就是表达技巧。

生1：白描、工笔、借景抒情、托物言志……

师：有些杂乱。想想具体在写景上又有什么表现手法？

生1：列锦、比喻。

师：不错，这都是景色描绘的方法。诗人在创作时会不会有意识地去运用这些方法呢？

师：请大家齐读一下这首诗（杜牧《题扬州禅智寺》）。

（生齐读）

师：应该在颈联上补上一个什么词呢，或者直接说，一个什么意象？

生2：夕阳。

生3：斜阳。

生4：白霜。

生5：黄花。

生6：伊人。

师：同学们最欣赏哪一个？

生7：我个人认为白霜是最好的，因为霭和霜同为气象，同时霜又是秋季所固有的气象。

师：不错，但我认为这个词有一些瑕疵，就是与白鸟出现了重复。有没有同学能够改一下呢？

生8：清辉。我想到了杜甫的《月夜》中“清辉玉臂寒”一句，可以有色彩，更有感觉，而且对仗也好。

师：非常棒，“清辉”指清冷的月光，这就把时间推移了，比“残阳”显示时间更晚，说明诗人和弟弟在楼上伫立的时间更久，孤独、凄凉的感情更加浓厚。

（生鼓掌）

师：再让我们回头看一下，“夕阳”“斜阳”和“残阳”又有什么区别呢？

（无人回答问题）

师：都是傍晚的阳光。重点落在修饰语上。“残阳”给我们透露出一种意象，包括之前同学的黄花也是点明了意象。“残阳”一词既点明了时间，又渲染了一种感伤孤独萧瑟凄凉的氛围。这种氛围又透露出作者伤感的情怀。作者在选取这个意象的时候是经过细思的，要表达出情感，同时营造氛围，更加感人，所以我们要反推出诗人在创作时的想法，鉴赏诗歌的时候要抓住那些意象，抓住诗人想表达出的情感和诗歌的特点。

师：我们来看下面两首诗（李白《越中览古》、崔涂《春夕》）中有什么表现手法，空缺处可以补充哪个意象。

生9：用典，借古伤今。

师：其中还有对比。当中尾联应该填什么词呢？

众：寒鸦。

（生鼓掌）

师：很好。我个人也认为寒鸦能够更好地表现出这首诗的情感，凸显当中凄凉的气氛，越凄凉越好，还有什么像寒鸦一样表达凄凉的词呢？

……

生10：我有个提议，寒鸦还有一个好处就是秋冬和春夏的阴凉与温暖的对比。

师：非常好。

《一个文官之死》教学设计

深圳市布吉高级中学　周　游

一、教学目标

（1）能通过人物细节描写把握人物的性格特征。

（2）理解切尔维亚科夫之死的个人原因及社会因素。

（3）培养学生独立自由的人格精神。

二、教学重难点

（1）把握契诃夫语言的讽刺艺术。

（2）理解文学作品中人物的典型性及其现实意义。

三、课时安排

1课时。

四、教学过程

1. 导语

法国作家莫泊桑曾在《项链》中说过一句话：“生活是多么奇怪，多么变幻无常啊！一件微不足道的小事可以把你断送，也可以把你拯救出来！”生活的样子千差万别，富贵是生活，贫贱是生活，微笑是生活，眼泪也是生活。今天，我们将一起走近一个普通人的生活，看他经历了怎样一段离奇的人生。

2. 整体感知

（1）首先检查一下大家的预习情况，让我们一起来了解一下这位主人公，看看简历PPT，请概述主人公的一生。

主人公简历：

姓名：切尔维亚科夫

性别：男

年龄：不详

国籍：俄国

职务：庶务官（机关单位里的办事员）

性格："挺好"（稍作分析，结合《封锁》中的"好人"提问：怎样的人叫作"挺好"的人？明确：此处有讽刺义，循规蹈矩、老实、普通、常态）

经历：生平不详，一喷丧命（一生概括，注意表达清楚时间、地点、人物、事件）

板书：

一个文官

↘

五次道歉↓　　一个喷嚏→　　一条命

↗

一个将军

（2）切尔维亚科夫的一个喷嚏，让他不安到连连道歉，道了几次？（生答，五次）对，道了五次歉，还因此丢了小命。

化用时下流行的说法，或许我们可以将之称为"喷嚏门"事件。就像陕西农民周正龙的"老虎门"事件，几张老虎照片闹得满城风雨，甚至多人愿意用脑袋担保。"老虎门"虽没有一人人头落地，但切尔维亚科夫却是真丧了命。

可是，同学们，难道我们不打喷嚏吗？怎么打的？打了喷嚏后有什么感觉？请几名学生回答。

3. 提出问题，深入分析

（1）切尔维亚科夫怎么打喷嚏？还觉得心旷神怡吗？他是怎样打的？

明确："他的脸皱起来，眼珠往上翻，呼吸停住……他取下眼睛上的望远镜，低下头去，于是……啊嚏！！！"他打到了前排一个小老头儿的秃顶和脖子上了，而那个小老头儿是交通部的文职将军。

（2）请四名学生朗读切尔维亚科夫打了喷嚏之后的情节，朗读的同学注意语气，其他同学注意人物细节描写，人物细节描写主要有哪些手法？

请学生点评朗读效果。

（3）切尔维亚科夫打了一个喷嚏之后的心理活动是怎样的？

一点儿也不慌→心慌了→惶惶不安→脸色发白→肚子里似乎有什么东西掉下去了。

（4）切尔维亚科夫是怎样的语气，将军是怎样的语气？为什么？

明确：“没关系，没关系……”“您好好坐着，劳驾！让我听戏！”“够了……我已经忘了，您却说个没完！”“简直是胡闹……”“您简直是在开玩笑，先生！”“滚出去！！”小牢骚→不耐烦→大发雷霆。

在切尔维亚科夫眼里，上层的达官贵人有着神圣不可侵犯的威严，他们的言行举止都代表着一种意志、命令和心理威胁，对他产生一种现实的压迫感。作为社会底层的小公务员，他有着很强的“自卑情结”，不敢得罪上层阶级，畏惧他们报复，所以战战兢兢、小心翼翼地想补救。

（卑微、胆怯、可怜、可鄙的性格、罪恶感、恐官心理、奴性心理）

（5）当时俄国社会背景下的文化心理（PPT写作背景）。

明确：小说写于19世纪80年代。当时沙皇政府为了镇压民粹派而实行高压政策，警察和官僚飞扬跋扈，社会非常黑暗。政府暴戾无道，扼杀自由；百姓饱受压制，怨声载道；整个社会被恐怖笼罩，人心惶惶。上尊下卑的封建枷锁死死地将人束缚住，社会等级制度森严，官场中强者倨傲专横，弱者唯唯诺诺。各种各样的恐惧感、焦虑感压抑着人们，重逾千斤。切尔维亚科夫的不安源于他得罪了大官，害怕被报复，可见当时社会的黑暗与专制导致人民内心的恐惧、压抑与扭曲。

PPT举教师拜见契诃夫的例子进行说明：

告别的时候，那位教师把契诃夫枯槁的小手握在他那双干瘦的手里，说道：“我来您这里的时候好像是去找政府当局，怕得发抖，像火鸡一样卖弄，我想表现一下，让您知道我并非等闲之辈。现在我要告辞了，却把您看作是一个什么都懂的亲近的好朋友……什么都懂，真了不起！谢谢您，我怀着愉快的思想离去：大人物更纯朴，并不是莫测高深，在灵魂上比我们周围的人更接近我们。再见！我永远不会忘记您。”

（高尔基回忆契诃夫）

可以看出小人物那点可怜的自尊和对于他们心中的大人物的畏惧，实则是强烈的自卑心理。

（6）话又说回来，切尔维亚科夫到底是怎么死的呢？

（典型性：荒诞的现象、普遍的真实）

对于笔下的切尔维亚科夫，作者又怀着怎样的感情呢？

（讨论）是讽刺多还是同情多？

明确：作者笔端流露出的讽刺远远多于同情，讽刺他们不知自尊，在有权有势者面前卑躬屈膝，批判他们本身的软弱无能。本文不仅描写了小人物的卑微生活，更揭示了小市民的麻木、畏惧和奴性心理，“哀其不幸，怒其不争”，暗示人们不能再这样庸俗无聊地生活下去。

4. 拓展探究

（1）还能想到哪位作家的哪部作品可以和契诃夫充满多重意蕴的讽刺手法相媲美？

PPT出示：

鲁迅《孔乙己》：孔乙己一到店，所有喝酒的人便都看着他笑，有的叫道，“孔乙己，你脸上又添上新伤疤了！”他不回答，对柜里说，“温两碗酒，要一碟茴香豆。”便排出九文大钱。他们又故意地高声嚷道，“你一定又偷了人家的东西了！”孔乙己睁大眼睛说，“你怎么这样凭空污人清白……”“什么清白？我前天亲眼见你偷了何家的书，吊着打。”孔乙己便涨红了脸，额上的青筋条条绽出，争辩道，“窃书不能算偷……窃书！……读书人的事，能算偷么？”接连便是难懂的话，什么“君子固穷”，什么“者乎”之类，引得众人都哄笑起来：店内外充满了快活的空气。

《孔乙己》一文多次有意重复写“笑”。从“我”——一个小伙计觉得在沉闷单调的咸亨酒店，“只有孔乙己到店，才可以笑几声”；写到孔乙己满嘴酸腐气“引得众人都哄笑起来：店内外充满了快活的空气”；再写到在众人的挖苦中，孔乙己狼狈的样子，逗得“众人都哄笑起来：店内外充满了快活的空气”；而后写孔乙己给孩子分茴香豆时，一群孩子在他“多乎哉？不多也”的摇头中笑着走散；最后，则依旧是掌柜和其他人“都笑了”，而孔乙己的腿已经断了。小说每次写孔乙己，总是选取“笑”这一场景，突出人物可笑的一面，而生命也就在这一次次笑声中走向毁灭。人物命运及其间所蕴含的巨大的文化悲剧也在这笑声中格外鲜明地昭示出来。这里的笑，是带着深深悲剧性的笑，一如契诃夫《痛苦》中的幽默。

《阿Q正传》：阿Q要画圆圈了，那手捏着笔却只是抖。于是那人替他将纸铺在地上，阿Q伏下去，使尽了平生的力气画圆圈。他生怕被人笑话，立志要画得圆，但这可恶的笔不但很沉重，并且不听话，刚刚一抖一抖地几乎要合缝，却又向外一耸，画成瓜子模样了。

阿Q正羞愧自己画得不圆，那人却不计较，早已掣了纸笔去，许多人又将他第二次抓进栅栏门。他第二次进了栅栏，倒也并不十分懊恼。他以为人生天地之间，大约本来有时要抓进抓出，有时要在纸上画圆圈的，惟有圈而不圆，却是他"行状"上的一个污点。但不多时也就释然了，他想：孙子才画得很圆的圆圈呢。于是他睡着了。

关于《阿Q正传》，鲁迅曾说，最初是载在《晨报副刊》"开心话"一栏里。"因为要切'开心话'这题目，就胡乱加上些不必要的滑稽"，但后来，"伏园也觉得不很'开心'，所以从第二章起，便移在'新文艺'栏里"。小说对主人公阿Q的刻画的确处处透着滑稽幽默，如他的"精神胜利法"。然而，阿Q无疑又是悲剧性人物，而且他的悲剧不仅是他个人的，在对阿Q的行为发出笑声后，我们突然意识到，其实我们同时也是在嘲笑自身的弱点，嘲笑国民的一个普遍弱点。巨大的悲哀就在这对笑声的意识中汹涌而出，滑稽终于变得"不很开心"，甚而带着深重的悲剧感。

（2）我们常说，这些小人物给人"哀其不幸，怒其不争"的感觉，他们固然不幸，因为出身不是一个人可以决定的，可是，他们该争些什么呢？

（自己的尊严与地位、自由的精神、独立的人格）

5. 总结

要成为一个真正的人，首先自己得把自己当作人，活得像个人，不把自己拘囿于任何有形或无形的牢笼中。正如契诃夫所说，人需要的是"整个地球，整个大自然，在那广大的天地中，人才能尽情地发挥他的自由精神的所有品质和特点"。只有保持了独立的人格与自由的精神，人才能真正成为"万物之灵长"。

PPT结语：

我们即便普通，也要战斗；我们即便渺小，也要尊严。

不要让一串假项链，消磨了你的青春；

更不要让一个喷嚏，断送了你的生命。

板书：

一个文官的死

契诃夫

一个文官　　　　　　软弱、奴性：讽刺（笑）

↘　↗

五次道歉↓　　一个喷嚏　→　一条命　　　　V

↗　↘

一个将军　　　　　　卑微、不幸：同情（泪）

典型性：荒诞的现象、普遍的真实

《定风波》教学设计

深圳市布吉高级中学　掌健平

一、教学目标

（1）抓住关键词句，感知本词内容。

（2）学习词人乐观旷达的人生态度，提升学生的人生观。

二、教学重点

理解内容，感悟形象，熟读成诵。

三、教学难点

理解“归”向何处，体会作者豁达的胸怀和作品旷达的意境。

四、课时安排

1课时。

五、教学过程

（一）导入新课

2000年，法国《世界报》组织评选1001—2000年间的“千年英雄”，全世界一共评出12位，入选的中国人只有一个，他就是——苏东坡。

（二）作者简介

他是一个大文豪、大书法家、大画家，一个造酒实验家，一个工程师，一个瑜伽术修行者、佛教徒，一个儒家政治家，一个皇帝的秘书、酒仙，一个心肠慈悲的法官，一个在政治上坚持己见者，一个月夜的漫步者，一个生性诙谐、爱开玩笑的人。

据统计，在他的作品中曾经引用过一万多本书中的材料，他是个百科全书式的人物。

（三）初读感知，解读小序

朗读小序，作者在小序里交代了哪些信息？

答：交代了时间（三月七日）、地点（沙湖道中）、天气（雨、晴）、人物（拿着雨具的仆人、苏轼及同行者）、事件（途中遇雨）、写作缘由（因为途中遇雨引发感慨而写）。此词是“因事感怀”，作者因一事有感，发而成词。

（四）品读赏析，领略词境

1. 苏轼与自然

（1）在本词中，作者写了哪些自然界的景物或不利的条件？

答：穿林打叶声——下大雨；

竹杖芒鞋——条件艰苦；

料峭春风——冷。

（2）在这些景物塑造的环境中，作者的心情如何？何以见得？

答：舒适、惬意。

穿林打叶声——下大雨——吟啸且徐行：快乐；

竹杖芒鞋——条件艰苦——轻胜马：心情轻松；

料峭春风——冷——斜照相迎：暖。

（3）苏轼与自然在这里是一种什么样的关系？

答：不为物役的和谐关系。

其他作品佐证：

惟江上之清风，与山间之明月，耳得之而为声，目遇之而成色，取之无禁，用之不竭。是造物者之无尽藏也，而吾与子之所共适。

——《前赤壁赋》

2. 苏轼与社会

（1）这些恶劣的自然环境有什么深刻的寓意？其中运用了哪种修辞手法？

答：穿林打叶声——下大雨：社会之风雨；

竹杖芒鞋——条件艰苦：被贬至黄州；

萧瑟处——风雨中：宦海浮沉，人生坎坷；

双关。

（2）面对社会中的风风雨雨，苏轼又是以怎样的态度来面对的呢？词中的依据是什么？

答：超脱旷达；

一蓑烟雨任平生：“任”——藐视祸难；

也无风雨也无晴：“无”——超脱旷达。

3. 苏轼与自我

（1）你如何理解词中的“归去”？

答：道家思想：出世。

“某现在东坡种稻，劳苦之中亦自有其乐，有屋五间，果菜十数畦，桑百余木，身耕妻蚕，聊以卒岁也。”陶渊明：清静无为、归隐山林、淡泊名利。

苏词论证：夜饮东坡醒复醉，归来仿佛三更。家童鼻息已雷鸣，敲门都不应，倚帐听江声。长恨此身非我有，何时忘却营营。夜阑风静縠纹平，小舟从此逝，江海寄余生。——《临江仙》

（2）为何没“归”？儒家思想：入世，为民请命。

① 少年时，父亲苏洵游学，母亲程氏亲授儒家经典。

② 科举考试《刑赏忠厚之至论》：刑赏都应不失忠厚，具有很浓的儒家“仁”的思想。

③ 关注社会民生，为民请命的道义担当：曾先后在八个地方做官，皆政绩卓著，深受百姓爱戴。

苏轼的思想体系中，儒道佛兼容并蓄，以出世的态度做人，以入世的态度做事，基本思想还是在儒家的用世观念内。

（3）既然这里的“归”并不是归隐，那么苏轼要归往哪里呢？

他在无情地剥除自己身上每一点鄙俗的成分，渐渐回归于清纯和空灵，体味自然和生命的原始意味，找回了一个真正的自己——回归自我。

（五）表达交流

有这样一段话：“他开辟了一个波澜壮阔的人生境界，其中有苦难、叹息、笑噱，但更多的是一种佛陀拈花似的微笑，一种由高贵品性和苦难人生历程锻铸的宁静和澄明，一种凡人难以步趋的潇洒和从容，一种在苦难中体证生命价值的深沉，一种饱经忧患对人生与社会保持热情的豪迈与豁达。”请借鉴这种评价方式，写一段你对苏轼的认识和评价。

（六）播放黄绮珊演唱的《定风波》

略。

（七）拓展延伸

阅读下面一首宋词，然后回答问题。

卜算子·黄州定慧院寓居作

［宋］苏轼

缺月挂疏桐，漏断人初静。
谁见幽人独往来，缥缈孤鸿影。
惊起却回头，有恨无人省。
拣尽寒枝不肯栖，寂寞沙洲冷。

【注】本词是苏轼经历乌台诗案，被释放出狱，贬为黄州团练副使，寓居定慧院所作。

1. 前人在评论这首词时曾说，“恨”字是全词的关键，词中“恨”的内容是什么？你是否同意“关键”之说？为什么？请结合全词做简要赏析。

答：“恨”的内容是封建社会文字冤狱对人才的摧残。同意。本词上片描写“缺月”“疏桐”“漏断”“人静”“幽人”“孤鸿”这些特定景物，正是由“恨”而生，由于含恨，所以必然产生“拣尽寒枝不肯栖，寂寞沙洲冷”的徘徊心境。

2. 请结合全诗，从塑造形象、表现作者心境的角度，对“拣尽寒枝不肯栖”一句做简要赏析。

答：本词托物言志，借写缥缈孤鸿的具体形象来表现幽人（作者自己），把自己的主观感情物象化。孤鸿遭遇不幸，心怀幽恨，惊恐不已，拣尽寒枝不肯栖息，只好落宿于寂寞荒冷的沙洲，从而表达了作者贬谪黄州时期的孤寂处境和高洁自许、不愿随波逐流的心境。

3. 词中作者说自己是“幽人”，应怎样理解？

答：“幽”有深沉、囚拘之意，“幽人”之说，感情沉郁忧愤，意指自己是个犹如囚禁的谪居之人。

4. “拣尽寒枝不肯栖，寂寞沙洲冷”两句，用了怎样的表现手法，隐含了作者怎样的思想个性？

答：托物言志，借孤鸿不肯栖树而选择沙洲湿地，表现自己宁愿在贬谪中饮恨孤寂，也不愿趋附权势的刚直、倔强。

（八）课后作业

建议阅读：林语堂《苏东坡传》。

（九）板书设计

定风波

苏轼

处自然——吟啸徐行

感人生——超脱旷达

见自我——回归自我

拉近古诗词与学生的距离

——苏轼《浣溪沙·彭门送梁左藏》教学反思及课堂实录

深圳市布吉高级中学　胡　鹏

一、教学反思

在落实新课标“学科核心素养”上，古诗词的教学是一个重要板块。中华优秀古诗词承载着的文化基因及其本身的文学特质，对学生语文核心素养的提升，尤其是“审美鉴赏与创造”和“文化传承与理解”两个方面，有着独特的意义。

在进行古诗词教学时，我一直试图抓住古诗词的文化特质与审美特征，将其文化与审美传递给学生。针对很多学生读不懂古诗词从而“不喜欢”古诗词的情况，我也一直希望能够在联系现实的基础上以生动活泼的形式与学生共同赏析玩味古诗词，而不是老师单向和片面地讲解。本次的教学设计，也是基于这两个要点构思的。

课堂导入以图片的形式，联系当下娱乐热点“扑街炫富”，结合我个人的学习、研究经历，迅速吸引学生注意，让学生建立起“苏轼—老师—文本—‘我’”的直观体验联系，效果很好。只是时间仓促，没有结合词的具体内容进行展开。

这是一首送别词，属叙事类。基于这一点，我重点通过几个核心动词，让学生梳理和把握词的基本内容。过程简洁紧凑，让学生较快地理解了词的基本内容：词人的朋友梁交奉诏书进朝言事，可能要奔赴边塞，梁交的妻子及词人都对他依依不舍，词人想象朋友梁交进朝言事的风采，并期待他带着功业回来。由此，学生算是“走进”了“词内”。

在理解词的基本内涵的前提下，我试图通过多样化的诵读来强化学生对词的情感及其背后文化因素的理解，也就是让学生“走出”词作。在这一环节，我设计了正读、齐读、老师范读、吟诵、唱读等多样化的形式。但由于时间仓促，给学生的空间和时间太少，学生没有参与进来。这一环节最后成了老师个人的表演，没有充分调动学生的积极性。这应该是本次微课的一大败笔。

为了兼顾考试，我特意模仿高考题设计了一道选择题。由于未给学生足够的思考时间，这一环节也草草收场。事后证明，专家的意见是正确的，青年教师基本功微课比赛，应更多地关注板书、教学语言、教学思路及对文本的精细、独特解读，而不是关注考试。这也是值得吸取的一个教训。

最后，我设计了“写词”与“送词”的环节，本是要重点突出的一个板块，却因前面没有把控好时间，也是草草收场。结合前面几个环节，我深深体会到，课堂时间的把控是青年教师需要提炼的重要基本功：多长时间讲多少内容、如何分配时间以突出重点，都是值得思考和磨炼的。

突破口能否再小一些，有趣一点，更有张力？能否再多给学生思考和展示的时间与空间，把讲台交给学生？老师的身份能否再“隐蔽”一些，把控力能否再强力一点？透过这样一节二十分钟的微课、一首小词，我“拉近古诗词与学生的距离”的教学目标，真的又近了一点吗？那个能拉近这个距离的“点”，我似乎还没有找到。“路漫漫其修远兮，吾将上下而求索。”

二、课堂实录

图片介绍教师对苏轼的了解。（结合时下流行的“扑街炫富”，老师跌倒时倒出了各类苏轼作品及其相关研究书籍数十本）

（1）齐读课题“送你送到小村外，建功立业你真棒”——苏词的“真”与“谑”。

导入：这首词很通俗，即便放在苏轼的时代也是比较通俗的，甚至可以当场让歌姬唱出来玩。诗词是情感的载体，古人今人的情感都是相通的。今天让我们一起来赏析一下这首小词，看看苏轼是如何送别友人的，他们有什么想说的。

（2）秒懂文本。

请同学们穿越回去，置身其中，化身其人，想诗人之所想、见诗人之所见，确定时间、地点，人物、事件。同时，串联你认识的词组，抛开不认识的。

（3）齐读诗歌。

自由诵读，读两三遍。

提问刚才的问题（选择老家在四川、黄冈或者惠州的同学）。

师：请迅速地找到人物。

生：好像没看到人物。

师：苏轼是人物吗？梁左？皇帝？还有一个人比较关键，“娇泪”是谁？

生：苏轼。

师：这不太好啊，是梁左的妻子。

师：地点在徐州，事件是送别。叙事为主，我们要抓住其中的动词，写景的诗歌，我们要特别关注其意象。

师：请找出动词。

师：没有找出来就继续读一下。

（老师范读）

生：见、发、洗、上、论、带、归。

师：非常全，那我们读的时候需不需要读得那么全呢？看我找了哪些词：催发、上殿……注意：我们找动词，要找到与之相关的内容，构成词组才行。

师：虚实结合，我们班的同学如果考试的话应该可以拿到满分了，对吧，非常漂亮。

师：怎么理解这个“生羽翼”？

生小声说：飞黄腾达。

师：生羽翼并不是长了翅膀，而是成了凤凰、仙鹤一类的高贵鸟类。

师：接下来我们换一种方式来读一下这首诗，不用规范地读，可以用你的方式、你的方言去读，看看能读出什么不同的点。

师：老师这个时候要放飞自我了（唱歌：在“上殿云霄生羽翼”处情绪激昂），其实老师在每次读的时候感觉都不一样，但是我会想到……你们会想到什么？

生：送别、爱国……

（师乐）

师：词外之意基本上是这样的思路：真情—思路—报国—戏谑。

师：我们在自由读的时候，就能知道原来古人和今人的感情是相似的。

作业：诸君能否为我作一首词。不必强求格律，但要保住韵脚。要注意直接描写、侧面描写……

齐读教师作的词：

浣溪沙·用东坡长公韵赠南头中学论词诸君

不是眉间一点黄，哪能相识在凤冈，一课之聚太匆忙。

六月青云君必上，做题不惧有风霜，归来胸腹是书香。

附教学文本：

浣溪沙·彭门送梁左藏

怪见眉间一点黄，诏书催发羽书忙，从教娇泪洗红妆。

上殿云霄生羽翼，论兵齿颊带风霜，归来衫袖有天香。

《六国论》与议论文写作创新教学设计

深圳市布吉高级中学 张慧芊

一、学习目标

（1）学习议论文脉络清晰、论证严密的写作特点。

（2）学习并使用分层论证、假设论证、联系现实的论证方法。

（3）掌握文中重要文言知识点。

二、学习重点

（1）学习议论文脉络清晰、论证严密的写作特点。

（2）学习并使用分层论证、假设论证、联系现实的论证方法。

三、学习难点

学习并使用分层论证、假设论证、联系现实的论证方法。

（一）导入新课

上课之前先看一则时事：八旬老人李某坐动车去看病，女儿只给她买到了半程的坐票。半程过后，老人被刚上车的女大学生拿着车票座位号“请”了起来。老人的女儿要求挤一挤合坐在一起，被女大学生拒绝，双方起了争执。后来一名中年男子给老人让了座。老人的女儿说：“年轻人啊，应该多学学。”女大学生觉得很委屈：“坐自己的位置错了吗？”

对这件事，大家一定有自己的看法，那么如何条理清晰、思维严密地表达看法呢？今天我们就来向宋朝的一位著名散文家学习，看他是如何发现错综复杂的历史事实之间的内在联系，抽丝剥茧、层层剖析，然后脉络清晰地写成一篇论文的。学完之后，我们试着用他的方法写一篇作文。

（二）作者介绍

苏洵，字明允，自号老泉，眉州眉山（现在的四川眉山县）人，北宋著名散文家。主张言必中当世之过，为文见解精辟，论点鲜明，论据有力，语言锋利，明快酣畅，纵横捭阖，雄奇遒劲，很有战国纵横家的风度。后人因其子苏轼、苏辙都以文学闻名，故称他为老苏，将他们三人合称为“三苏”。父子三人均被列入唐宋八大家之中。著有《嘉祐集》，本文选自《嘉祐集笺注》。

（三）解题

（1）六国，是指战国七雄中除秦国以外的齐、楚、燕、韩、赵、魏六个国家。秦国本来是个弱小落后的国家，经过商鞅变法，逐渐强大起来，积极向东方发展，夺取六国的土地。六国也曾合纵对抗秦国，但各有自己的打算，所以这种联合并不稳固，被秦国以远交近攻之策瓦解，相继灭亡。

（2）战国七雄地图（见课本）。

（3）文体：论是古代常用的一种文体，分为两种：

①政论：主要用于发表作者对时政的见解和主张。

②史论：通过评论历史，总结历史教训，为当时的统治者提供治国借鉴。

《六国论》属于政论还是史论？史论。

（四）写作背景

宋朝是我国历史上比较软弱的一个王朝。宋太宗以后，国势就渐渐衰弱。宋朝初年，北边已经有契丹；宋仁宗时，西边又出现了西夏。宋朝受到这两个国家的威胁和侵犯，却不敢进行坚决的抵抗，只能用屈服妥协的办法，向其纳银输绢换取和平。宋真宗景德元年（1004年），宋朝与契丹（后来称辽）缔结澶渊之盟，答应每年给契丹白银十万两、绢二十万匹。宋仁宗庆历二年（1042年），契丹派使者到宋朝，要求割给他们晋阳（现在山西省太原市）和瓦桥（在河北省雄县易水上）以南十县的土地，结果定盟由宋朝每年给契丹增加白银十万两、绢十万匹。庆历三年（1043年），西夏向宋朝上书请和，宋朝每年赠给西夏白银十万两、绢十万匹、茶三万斤。宋朝这样一再向敌人屈服妥协，结果增加了敌人的财富，削弱了自己的力量，带来了无穷的后患，实际上并不能换得和平。

（五）文本研读

1. 整体把握：速读课文，感知文体和文章内容，并梳理结构脉络

第一部分（第一、二节），提出论点，并做理性分析，从不赂者和赂者两方面论证论点。

第二部分（第三、四节），以历史事实论证中心论点，分别从赂者和不赂者两方面进行论述。

第三部分（第五、六节），总结历史教训，点明写作目的。

联系时事评论材料，你会如何谋篇布局？

生A：开头：引材料＋提观点100字；

诚然：让步分析100字；

但是：分析材料，论证观点200字；

设想一下：假设分析150字；

无独有偶：联系现实（充实内容，增加深广度）150字；

结尾：重申观点，升华主题100字。

2. 研读第一部分

（1）全文的中心论点是什么？

明确：六国破灭，非兵不利，战不善，弊在赂秦。

（2）本部分是从几个方面论述这一中心论点的？

明确：A.赂秦力亏，破灭之道也；B.不赂者以赂者丧。

（3）联系时事材料，提出自己的观点。

明确：A.女大学生应当让座；B.不应当。

3. 研读第二部分

（1）这两段文字是怎样围绕中心论点展开论述的？

明确：以历史事实论证中心论点，分别从赂者和不赂者两方面进行论述。

（2）第3自然段的论证结构与层次是怎样的？

明确：分总结构，分别从赂秦的面积、态度、实质、危害四个方面层层深入地论证分论点一。

（3）联系时事材料，我们可以怎样围绕观点有层次地展开论证？

明确：A.不应当让座：自己买了车票，有权利享有该座位；老人女儿态度强硬，属于道德绑架。可从老人女儿的言行、心态、实质、危害层层深入论证。

例：然而，让不让座是本人的意愿，如果以强硬的态度强求他人让座，这就是不正当的做法，这种做法不会使别人心甘情愿地让座，只会使别人更反感你的行为，甚至无形中改变了他原本想要让座的意愿。胁迫别人做不想做的事，否则就指责别人，这难道不是道德绑架吗？

那位女大学生作为出钱买票的乘客，有权决定是否让座，即使没有让座，也不应该受到李老女儿的指责。车程遥远，长途跋涉，女大学生也会有体力不支、身心俱疲的时候，没有让座也是想要休息一下，这也是无可厚非的。也许让座是举手之劳的行为，但是举手之劳不能成为道德绑架的说辞。况且，如果女大学生答应了与老人挤一个座位，那座位太窄，坐着不舒服，有可能非但不会有利于老人，反而会加重他的病情，这也是大家不希望看到的。

（4）本段是怎样论述赂秦的危害的？主要运用了什么论证方法？

明确：本节先总述秦国在攻取之外，接受韩、魏、楚献地的情况：小则获邑，大则得城；后用比较的方法，指出秦受赂所得比战胜所得要大百倍，而三国赂秦所失比战败所失也要大百倍，可见赂秦带来的损失之大。再具体形象地描述赂秦者是怎样陷入力亏的境地的：今日割五城，明日割十城，写奉之弥繁得一夕安寝以后，秦兵又至的逼人情势，这样就自然地引出结论，揭示以地事秦的危害和必然后果。对比论证的方法。

（5）第4段主要运用了什么论证方法？联系时事材料，我们可以怎样使用这种方法？

明确：用“向使”引起假设，总结六国情况，使论证更加深入全面，中心论点更加鲜明有力；同时，又为下文进一步假设做铺垫，从反面将论证推进一层。

联系时事材料：

例1：假如老人女儿在请求帮助被女大学生拒绝后，没有与其发生争执，就让父亲站着……

例2：假设女大学生一开始就爽快地答应了要求……

例3：假如女大学生发生争执后，迫于道德压力让座……

4. 研读第三部分

（1）第5自然段与前面段落是什么关系？是怎样展开论述的？

明确：第五自然段与前面是总—分—总的关系。用假设论证，具体地说，假如六国不赂秦而自强，而对秦齐心协力作战，那么，他们就不至于灭亡。

（2）第6自然段哪些语句隐晦地批评了当时宋朝的时弊？我们可以怎样联系现实？

明确：作者对历史事实分析后的议论，明确了六国赂秦的根本原因，同时也切合当时北宋王朝的实际情况，委婉地劝谕当权者面对北方的威胁，应放弃屈辱的妥协政策，不要重蹈历史的覆辙。

联系时事材料：

例1：不只让座，这些年一直争论不休的“你有钱也就该”的问题也深陷其中。马云不只一次遭到逼捐，很多人觉得捐款是有钱人的义务，不捐就该受人唾弃。还有吴京，因为《战狼2》的热映，许多网民认为吴京从中获利颇丰，不满吴京只捐了一百万赈灾，要求吴京捐一个亿。可是他们不知道《战狼2》也赌上了吴京的身家，那时的吴京也拿不出这么多钱。吴京明明因爱心捐了一百万，却遭到千万网民的谩骂。为社会做出了无私的贡献，反而受到道德的谴责，这对他们来说是不公平的。道德绑架他人使原本充满善意的行为变了质。

例2：当今时代，越来越多的人在面对选择自身利益还是社会道德时，选择了前者：老人摔倒没人扶，每个人都怕碰瓷；一个女童过马路时，不幸撞倒无人问津，结果女童被货车压死。如果我们每个人心中多一些爱心与担当，在老人摔倒时伸出援手，老人就不必在街头受苦；在女童被撞倒时将其扶起，就拯救了一个生命。而事例中仅是区区一个让座，有那么难吗？

例3：冷漠一直是当今社会存在的问题。无独有偶，最近发生在重庆万州的公交车坠江事件，也是冷漠在作怪。当时车上的人如果去制止那位女乘客，那么一车的人都可活命。俗话说得好：赠人玫瑰，手有余香。在别人需要帮助时帮一把，而不是用冷漠去冰封温情，这样才能使人间处处有温暖。

5. 课后作业

学习《六国论》的论证结构与方法，针对时事材料写一篇脉络清晰、逻辑严密的议论文。

（六）教学总结

文章首段破题，极为简洁，分析论点，思考全面，层次分明，让自己的立论牢牢站立，这是学生最应该学习的。

分析问题部分有两段，分别从两个分论点的角度进行了论证。第3段是针对第一个分论点进行的论证，首先运用了对比论证的方法；其次是引用论证，有三组对比；最后是结论部分，分两层：第一是总结六国灭亡的教训，第二是借古讽今。第一层，先假设六国“并力西向”，秦无以招架，得出六国失败的原因是“为积威之所劫”，教训是“为国者无使为积威之所劫”。第二层，包含很多对比，六国与秦，爵位相等，国力相抗，结局不同；宋与六国，国力更强、国土更广，若重蹈六国覆辙，就比六国更加糊涂了。讽谏之意十分明了。

本文思路清晰、逻辑严密、方法多样，学生练习议论文的写作，完全可以仿照学习。

《卜算子·咏梅》比较阅读教学详案

深圳市布吉高级中学　刘 静

一、教学目标

（1）掌握欣赏咏物词的基本方法。

（2）通过知人论世的方法理解毛泽东词为何“反其意”，进一步分析陆游、毛泽东词的异同。

（3）初步培养学生“反其意而用之”的思维逻辑能力。

二、教学重点

通过“如何反其意”“为何反其意”的分析，体会两位作者的不同情怀。

三、教学难点

培养学生“反其意而用之”的思维逻辑能力。

四、教学方法

小组探究法、启发点拨法、练习法。

五、教学课时

1课时。

六、教学过程

1. 课堂导入（略）

2. 读懂原意：陆游《卜算子·咏梅》

（1）解读起点：物——读梅。

（2）解读发展：人——似梅（心有灵犀一点通）。

（3）解读高潮：志——理想。

3. 唱出反意：毛泽东《卜算子·咏梅》

（1）独立思考：请运用咏物诗词的鉴赏方法完成下表。

	梅花	人
自身特点	俏	傲然、乐观积极
所处环境	风雨、悬崖、百丈冰	严峻考验
所做选择（志）	不争春只报春、笑	无私、自信、乐观

（2）探究合作：毛泽东对陆游的词“反其意而用之”，那么他是如何“反”的呢？比较毛泽东、陆游的《卜算子·咏梅》，从词中找出相关词语来完成下表。

对比项	陆游	毛泽东
形象（梅）	寂寞凄凉、饱受摧残	傲雪俊俏、气宇轩昂
感情格调	低沉孤高	乐观向上

（3）探究合作：毛泽东为什么要“反其意而用之”？

4. 角色互换

如果有一台时光穿梭机，能够让陆游和毛泽东互换时代，当不同的人面对相同的历史境遇时，你认为他们会有什么样的选择？

在你的记忆中，你有过什么困境？你当时是如何面对困境的？如果你现在遇到这个困境，你的选择会改变吗？

5. 课堂小结

（1）咏物诗的步骤方法：

①形———志。

②物———人。

相似点

（2）知人论世：

①人——身份、经历、性格等。

②世——时代背景。

6. 作业（略）

板书：

	陆游	毛泽东
物	寂寞、孤独、无主、愁、香	俏、不争春只报春、笑
	↓　↓　↓	↓　↓　↓
人	不被赏识、不得重用、有才华	傲然、无私奉献、乐观
志	独善其身 ←	兼济天下
	反	
	知人	论世

边塞诗《凉州词》与《征人怨》比较阅读教学设计

深圳市布吉高级中学　韩慧萍

凉州词

［唐］王翰

葡萄美酒夜光杯，欲饮琵琶马上催。
醉卧沙场君莫笑，古来征战几人回？

征人怨

［唐］柳中庸

岁岁金河复玉关，朝朝马策与刀环。
三春白雪归青冢，万里黄河绕黑山。

一、教学目标

（1）知识与技能：了解边塞诗。

（2）过程与方法：从意象、场景、人物形象、写作背景、诗人自身等角度比较分析两首边塞诗情感不同的原因，并进而掌握比较阅读边塞诗情感的方法。

（3）情感态度与价值观：能对边塞诗中呈现的战争有更客观而全面的理解。

二、教学重点

运用比较思维探究这两首边塞诗情感不同的原因。

三、教学难点

理解边塞诗表达出的多种情感。

四、教学过程

（一）导入

（1）展示学生画的人物形象，两首诗各选取一幅有代表性的画。

我们一起来猜一猜画中人物形象来自哪首诗。

（2）人物形象倾注了诗人的心血，可以传情达意，我们一起来学习其中的情意吧。

（二）初读感知

（1）为什么要这样对应呢？从诗中找出对应的词。这些词一般在哪些地方出现？哪种类型的诗歌中会用到它们呢？

《凉州词》：____________________

《征人怨》：____________________

（2）如果这两位士卒要歌唱一曲，你认为他们各自会唱首什么歌呢？（从你熟悉的歌曲中挑选几首供他们选择）

《凉州词》：____________________

《征人怨》：____________________

（三）细品差异

我们很明显地感到，两位士卒歌唱的曲调风格大不相同。《凉州词》中的士卒唱得既低沉又激昂，悲壮豪迈；而《征人怨》中的士卒却一路低沉。为什么同样是士卒，表达的情感基调却大不相同呢？我们一起来细品文本。

1. 关注意象

诗名	意象	特点	情感基调	意象与情感基调的关系
《凉州词》			悲壮豪迈	
《征人怨》			悲怨低沉	

2. 关注场景

诗名	场景	特点	情感基调	场景与情感基调的关系
《凉州词》			悲壮豪迈	
《征人怨》			悲怨低沉	

3. 关注人物形象塑造

诗名	人物形象	特点	情感基调	人物形象与情感基调的关系
《凉州词》			悲壮豪迈	
《征人怨》			悲怨低沉	

《凉州词》中的将士是左手举杯，右手握剑，半醉半醒，嘴里还叫嚷着“杀敌报国、死有何惧、死又何妨”的即将上战场的“李白”型将士。

《征人怨》中的士卒则是头发干枯杂乱、衣衫外铠甲重重、身配腰剑、手握刀环与马鞭、满眼愁苦、满面倦容、精神不振、思虑重重的日常戍边士卒。

王国维说：“词中所写的形象（境界）都不是对事物做纯客观的、无动于衷的描写，而是贯穿作者的理想，即按照作者的观点、感情来选择、安排的。”

正如同样的下雨天，有人喜欢，有人厌恶；同样写边塞诗，有人笔下是豪气冲天的将士，有人笔下是期期艾艾的无奈征人。这与个人的经历、性格有着莫大的关系。

4. 关注诗人

诗名	诗人经历	特点	情感基调	诗人与情感基调的关系
《凉州词》			悲壮豪迈	
《征人怨》			悲怨低沉	

资料：两人的经历、性格等。

王翰：青年时豪放不羁、自歌自舞，贬为道州司马，后卒。其自身性格豪爽、不拘小节，因此诗中多人生应及时行乐的旷达情愫，笔下多豪放壮丽的诗句。

柳中庸：大历年间进士，为柳宗元族人。其诗多以边塞征怨为主，意气消沉。

5. 关注时代背景

诗名	时代背景	特点	情感基调	时代与情感基调的关系
《凉州词》			悲壮豪迈	
《征人怨》			悲怨低沉	

《凉州词》写于盛唐时期，盛唐气象明显。盛唐时国力昌盛，国人内心自信，边防强大，护边需求大，幕府现象盛行。

《征人怨》写于中唐时期，受“安史之乱”影响，国运衰微，文人自身感触到时代的变化，难有盛唐气象。

（1）由此可知，这两位士卒唱出的不同曲调，背后大有原因，主要受________、________、________等多种因素影响。

（2）完成下面的表格。

诗名	多样情感
《凉州词》	
《征人怨》	

（3）增添画作要素并为其着色。（以色彩来体现情感）

（四）感知情感

由上述多个角度的比较分析可知，影响一首边塞诗情感的要素是多样的。同理，站在不同的立场看待边塞诗中呈现的战争，如家人的角度、士卒的角度、将领的角度、统治者的角度、国家的角度、历史的角度等，会产生多样的情感。

举例如下：

杨炯《从军行》：宁为百夫长，胜作一书生。

王昌龄《从军行七首（其一）》：更吹羌笛关山月，无那金闺万里愁。

高适《燕歌行》：战士军前半死生，美人帐下犹歌舞。……

君不见沙场征战苦，至今犹忆李将军。

常建《塞下曲四首》：髑髅皆是长城卒，日暮沙场飞作灰。

……

唐朝战争、元清战争、“一战”“二战”、美国对伊拉克的战争、当下无形的战争……

战争给人们带来太多的面孔，选择一两个立场或战争，来谈谈你对战争的看法。

（五）情景写作（写家书）

家人、士卒、将领、统治者，四选二，各写一封家书。

晚唐时期，征人们已在西北苦寒之地征战多年，此时正值寒冬季节，天寒地冻，粮食短缺，吐蕃回纥等又来不断骚扰……

____

____

（六）课后作业

学以致用，从多个角度比较分析这两首边塞诗的情感。

从军行

［唐］王昌龄

青海长云暗雪山，孤城遥望玉门关。
黄沙百战穿金甲，不破楼兰终不还。

陇西行四首·其二

［中唐］陈陶

誓扫匈奴不顾身，五千貂锦丧胡尘。
可怜无定河边骨，犹是春闺梦里人！

（七）课外延伸

远方的大漠与胡笳，脚下温热的土地，每个人心中都应有一首旷远的歌谣。选择你最喜欢的一首边塞诗，并配乐朗诵。

《有无相生》创新魅力教学设计

深圳市布吉高级中学　易东晖

一、教学分析

本篇课文出自人教版选修教材《先秦诸子选读》第四单元“《老子》选读”部分。从《老子》一书中抽出任何一章，都能看到老子的思维特点和语言特点——论及事物的两个方面又融会贯通，以格言来凝结卓绝的智慧。所选章节集中展示了老子对世界人生的辩证思考，突出展现了《老子》一书在语句的整饬和说理的形象性等方面的特点。在教学本文时也要清楚地看到学生的学习困难，从而有的放矢地开展教学活动：第一，学生对文本的阅读满足于翻译和背诵，不能主动给自己提出更高的学习要求，如获得认识方法和精神滋养；第二，学生对语言的理解停留在表面，不能具体分析思想的形成过程和表述方法；第三，学生对老子的思想可能一知半解甚至歪解曲解，教师应带领学生以现代观念去审视传统思想。

二、教学目标

（1）把握老子的人生智慧及启示意义。

（2）体会老子关于事物相反相成、对立统一的哲学思想。

（3）培养学生客观看待问题的精神，培养学生对中国传统文化的热爱。

三、教学重点

理解老子的人生智慧及其启示意义。

四、教学难点

辨析本文的观点内涵，探析本文的哲理意蕴。

五、教学方法

朗读法、点拨法。

六、教学过程

（一）导入新课

由《道德经》导入。道家经典《老子》又名《道德经》。“道”指那种很远之处可以看清楚人面目的宽广大路；“德”表示目不斜视，双脚不偏离道路，直达目标。后期在下面加个心字，表示不但要如此做，还要如此想。两个字都与“眼睛”“行走”有关，所以，可以说，《道德经》是一部告诉我们如何看世界、指导我们如何在世间行走的文化经典。

“道”是老子思想的核心。“道”就是自然、路、道理、法则、规律。老子说：“道生一，一生二，二生三，三生万物。”道是万事万物的本源。老子认为自然界和人类社会都是运动的，天地间的事物都是对立统一、互相转化的。他主张让心灵虚空，心如止水，不被外界的纷繁所搅扰，获得真正的平静，如信步林间，如垂钓水旁。老子还主张“道法自然”，无为而无不为。

（二）整体感知

1. 齐读课文，梳理内容层次

结合注释，疏通文段大意，注意强调重点字词句的知识。联系生活实际，谈谈你对选文内涵的理解和认识。

（1—2）——认识世界；

（3—4）——认识自己；

（5—6）——认识人生；

（7）——生存之道。

2. 找出本节文选涉及的相反或相对的概念

结合相关链接三、四段，将老子关注的那一面用括号标出来。

丑（美）、恶（善）、有（无）、难（易）、长（短）、高（下）、自见、自是、自伐、自矜（知人、胜人）、为（无为）、事（无事）、味（无味）、大（小）、多（少）、怨（德）、安（危）、成（败）、始（终）、坚强（柔弱）……

3. 品析语言，看看老子是如何成功“唱反调”的

（1）第一组句子：通过朗读体会其句式特点和作用。

① 有无相生，难易相成，长短相形，高下相盈，音声相和，前后相随。

② 自见者不明，自是者不彰，自伐者无功，自矜者不长。

③ 是以圣人终不为大，故能成其大。是以圣人犹难之，故终无难矣。

④ 夫轻诺必寡信，多易必多难。

⑤ 有之以为利，无之以为用。

⑥ 知人者智，自知者明。

（2）第二组句子：翻译句子，说说它是如何讲道理的。

① 三十辐共一毂，当其无，有车之用。埏埴以为器，当其无，有器之用。凿户牖以为室，当其无，有室之用。

② 企者不立，跨者不行。

③ 合抱之木，生于毫末；九层之台，起于垒土；千里之行，始于足下。

点拨：举日常生活中的事物为例，连用比喻，告诉我们常被忽视的道理，很有说服力。排比反复，增强气势；肯否判断，充满自信；状语后置，强调后者；对称的语言，对称的思想。

（三）探究疑难

1. 辨析老子的“反面论”

示例：对“难易相成”的分析。

“为之，则难者亦易矣；不为，则易者亦难矣”，可见做与不做，以及用什么样的态度去做事是难易转化的条件。对“知足者富”的完善：“做人要知足，做事知不足，做学问不知足”，这里的知足应该是指精神上的富足。

（1）分析：有无相生、长短相形、高下相盈、前后相随。

（2）完善：自见者不明、为无为。

（3）如何理解“柔弱胜刚强”的道理？

点拨：用“弱”来避开“强”的锋芒，养精蓄锐，蓄势待发，走向最终的胜利！柔弱非懦弱。柔，含有无比的韧性和持续性；刚强，非形容今日之精神，而是形容事物的硬度等性质。

用身边事例解读，两张漫画《动与静》《黑与白》。

2. 探析老子的思想

重点阅读第五则、第六则，探讨从反面去观察事物的意义。

有利的转化：难易小大；

不利的转化：安危成败。

点拨：用老子所说的道理来谈谈你对苏轼《赤壁赋》中“客亦知夫水与月乎……而卒莫消长也”一段话的感受。

（四）拓展延伸

老子“有无相生”的思想在诗歌、建筑、音乐、园林、书法、绘画等方面的运用。

（1）《红楼梦》中写林黛玉得知宝玉将与宝钗完婚，吐血而亡。临终时最后一句话是：“宝玉，你好……”同学们来体会有无相生的妙处。

读者产生无尽的猜想：“你好狠心啊！”“你好不守信用啊！”“你好自为之吧！”“你好痛苦啊！”等等。我们看到了一个对宝玉又爱又恨、又理解又埋怨的痴情女子形象。如果作者将话写完，我们便一目了然，失去了自己的猜想，索然无味，并且这种表述黛玉病危难言、含恨而终的柔弱可怜形象不符。这一例，便可见文学创作中“有”和“无”相生的妙处。

（2）宋代马远《寒江独钓图》分析。

提示：一位老翁俯身垂钓，船旁以淡墨寥寥数笔勾出水纹，四周都是空白，望去江水浩渺，寒气逼人，空疏寂静，萧条淡泊，真令人思之不尽。作者以空白的背景表现出壮阔的万里烟波，意境缥缈，虚实结合，是宋朝时文人画的典范。

（五）运用巩固

（1）思考：如果把选文中的某一句送给一个人，你会选择哪一句？你会把这句话送给谁？你的理由是什么？这个人，可以是你自己、同学、老师、家人、陌生人，甚至是古人。大家可以出声诵读，也可以默默品鉴。

应用一：为之于未有，治之于未乱。——老子《道德经·第六十四章》

习近平总书记《干在实处　走在前列》一书中说，中国的哲学是时间的哲学，应在时间流中去探讨事物的衍生规律，获得处理问题的智慧。比如，中医讲究“治未病”，病要在未得时医治，等显现出来已经晚了一步。要有忧患意识，居安思危。凡事预则立，不预则废。处理问题，治国理政，要学会“下先手棋”等。《老子》讲“为之于未有，治之于未乱”就是这个意思。当前，我国经济社会的发展正处于全面深化改革的重要历史时期，呈现出许多不同以往的新特点、新情况，对于各种问题，要防患于未然，化解于无形。即便形势很好，我们仍要保持清醒的头脑，能敏锐发现问题的苗头。

应用二：图难于其易，为大于其细。天下难事，必作于易；天下大事，必作于细。——老子《道德经·第六十三章》

习近平总书记多次引用老子《道德经》的名言，体现了他实干兴邦的思想。习近平总书记指出，成功的背后永远是艰辛努力，大事全是由小事积累起来的，要把小事当作大事干，一步一个脚印往前走，只要坚韧不拔、百折不挠，就一定能够成功。我们推进改革的原则是胆子要大、步子要稳。对改革进程中已经出现和可能出现的问题，困难要一个一个克服，问题要一个一个解决，既敢于出招又善于应招，做到“蹄疾而步稳”。“蹄疾而步稳”就是对老子“图难于其易，为大于其细”的另一种表述。

（2）观看《最后的编织》，运用老子的观点谈感受。

（3）课堂小结。老子的智慧，我们的处世之方。这节课我们从老子这里学到了什么，请选取一点来总结学完本课的感悟。

（六）布置作业

（1）举出能够反映本课老子思想的成语、俗语、格言、诗句、事例。

（2）摘录本文中的精彩语句并联系阅读和生活经验写下自己的认识。

（3）推荐阅读：林语堂的《老子的智慧》。

第三辑

品味魅力语文

“语文的外延与生活的外延相等。”这是美国教育家华特的观点。每一个民族的语言文字学习活动，都高度关乎该民族的生活、生产活动。魅力语文、高效语文、乐趣语文，语文内容的精髓，需要教学者与学习者一起去细细品味，像是慢饮一盏清茗。对一篇文章、一个句子、一个词、一个字，带着生活的情感去品味，我想，语文的魅力和乐趣也就有了。

就教学而言，有魅力和乐趣的语文教学需要多些新尝试、多些研讨、多些反思和感悟。对于教过的课文，老师们应该及时反思，加以研讨，在兼顾考试的基础上，尝试让语文回归生活的魅力与乐趣。

本辑所选录的13篇文章，即是这一理念基础的共同体现。所选文章分别从高效魅力课堂的概念阐释、操作要求，以及多个具体教学案例的研讨、反思等方面，生动地解读了“品味魅力语文”这一理念的深刻内涵。

《兰亭集序》教学新突破

深圳市布吉高级中学　易东晖

《兰亭集序》是王羲之在绍兴兰渚山下以文会友写出的美文。文章不论写景抒情，还是议论述志，都让人耳目一新。但因文章时代久远，加上内容是探究人生哲理，比较深奥，对于十五六岁的中学生来说，要理解王羲之抒发的情感、理趣有一定的难度。在此次教学中，我采取了新的教学方法，取得了很好的效果。

一、词语积累，涵泳语言魅力

《兰亭集序》集合了诸多优美的元素，如盛事、佳句、美文、奇人、妙书、哲思。要教好课文，重点是如何让学生体会、进入这样美妙的境界。教学时，我采取古文阅读和成语教学相结合的方式来进行，取得了很好的效果。导入新课后，我要求学生找出需要重点积累的文言词语。学生们积累了很多字词，有“茂林修竹”的“修”，是“高高”的意思；有“所以兴怀”的“兴”，是“发生，引起”的意思；有“信可乐”的“信”，是“实在”的意思；有“不能喻之于怀”的“喻”，是“明白”的意思；还有“终期于尽”“茂林修竹”“少长咸集”“曲水流觞”“放浪形骸”等等。

这样的教学充分调动了学生自主学习的积极性。在解释“情随事迁”“游目骋怀”等成语所在的句子时，我提醒学生理解该成语在具体语境中的含义，如“游目骋怀”中“游”和“骋”的活用，字面上的意思是“游目，目光由近到远，随意观览瞻望。骋怀，尽情开放胸怀”；还可以形象地理解为让眼睛去旅游，让胸怀去驰骋，意为纵目四望，开阔心胸。学生在语境中理解和掌握了文言词汇，这样取得的学习效果远远高于教师教给学生。

二、美点寻踪，咀嚼教材魅力

积累词语后，我便引领学生分析文本。我主要从三个关键句入手，引出对作者情感变化的分析。这三个重点句是：①仰观宇宙之大，俯察品类之盛，所以游目骋怀，足以极视听之娱，信可乐也。②向之所欣，俯仰之间，已为陈迹；况修短随化，终期于尽。③故列叙时人，录其所述，虽世殊事异，所以兴怀，其致一也。重点突破了这提纲挈领的三句话，使教学过程清晰，重点突出。现呈现部分课堂实录，供大家批评。

师：《兰亭集序》的情感有起伏变化，请大家结合刚才分析的句子从文本中找出直接表达情感的三个词。

生："信可乐"的"乐"，"岂不痛哉"的"痛"，"悲夫"的"悲"。

师：找得很好。（板书：乐、痛、悲）

师：请大家找出体现"乐""痛""悲"原因的句子，并回答：第一，兰亭聚会，俯仰之间，作者"乐"在何处？第二，课文写了短暂人生中的哪些"痛"？你是如何理解这些"痛"的？作者是痛苦、痛心，还是痛惜？第三，作者的"悲"与"痛"是一样的情感吗？作者"悲"的到底是什么？同学们注意要求，独立思考，小组合作交流。

首先，赏析兰亭之乐。

师：兰亭聚会，俯仰之间，作者"乐"在何处？

生：从"群贤毕至，少长咸集"中可以看出，年龄大、年龄小的贤才都聚集在一起，当然快乐。

师：你从人雅中悟出了作者心情的快乐。

生："仰观宇宙之大，俯察品类之盛，所以游目骋怀，足以极视听之娱"，能看到美好大自然繁多的物种品类，浩渺广大的宇宙，心情自然快乐。

师：你从景雅中悟出了作者心情的快乐。请找出对美景具体描写的句子。

生："此地有崇山峻岭，茂林修竹，又有清流激湍，映带左右"，风景如画，美不胜收，也很让人高兴。

师：赏心悦目的美景到底美在何处呢？

生：有山，有水，有竹林，有阳光，这些景物清新明亮，又充满生机活力，怎么不美呢？

生：“虽无丝竹管弦之盛，一觞一咏，亦足以畅叙幽情”，即使没有音乐相伴，喝一杯酒，赋一首诗，还可以畅谈内心深藏的情感，岂不乐哉。

师：“流觞曲水”是文人雅士高雅的活动，说的是事趣。请大家注意“信可乐也”的朗读。

生：“信可乐也。”“信”要重读，实在是很高兴，要读出愉快的情感。

师：作者用简洁典雅的语言写出了兰亭优美的自然风光。天朗气清，惠风和畅写的是辰雅；崇山峻岭，映带左右写的是景雅；群贤毕至，少长咸集写的是人雅；流觞曲水，一觞一咏写的是事雅；仰观俯察，游目骋怀写的是美好心情。此景美到极致，让我们一起来品读。

师：（小结）汤显祖在《牡丹亭》中也写道：“良辰美景奈何天，赏心乐事谁家院？”兰亭集会如此良辰、美景、赏心、乐事。兰亭雅聚，怎不快乐？

其次，探究兰亭之痛。

师：课文第三段写了短暂人生中的哪些“痛”？你是如何理解这些“痛”的？这种“痛”是痛苦、痛心，还是痛惜？请各个小组展示观点。请大家先齐读第三段，再回答问题。

生：作者的“痛”也就是“死生亦大”这件事。由“人之相与，俯仰一世”可以看出人生的短暂，再由“修短随化，终期于尽”，也可以看出人的寿命短暂。作者因为生命短暂而痛。

师：生命短暂是从哪个句子中看出来的？

生：“况修短随化，终期于尽。”意思是何况人寿命的长短因造化而定，终将以生命的结束为最终的结局。

师：很好，还有其他句子体现生命的短暂吗？注意三个关键词语“虽”“犹”“况”表述的三层意思。

生：“快然自足，不知老之将至。”

师：作者在什么情况下“不知老之将至”呢？

生：在快乐的时候，也就是“暂得于己，快然自足”的时候。

生：还有“向之所欣，俯仰之间，已为陈迹”。一切都将过去，这也是一种痛。

师：是的，一切都将过去，感情突变，让人顿生世事无常之感。还有其他同学补充吗？

生：“或取诸怀抱，悟言一室之内”，一个人如果抱负不能施展，只能在室内对坐而谈，也可痛。

师：他们在一室之内谈论什么内容呢？他们在谈论玄学。王羲之生活的魏晋时期，国家长期分裂动荡，天下名士，朝不保夕，时常感到恐惧和悲伤。为了保全性命，他们消极避世，看破红尘，经常发出生死无常和世事无常的感慨。

生：哦，“趣舍万殊，静躁不同”，就是当时有的人追求的一种安静的生活方式。

师：不错，课文说道，不知不觉中光阴荏苒，不知老之将至，等到时过境迁之后，往日的美好已为陈迹。此情此景，不免令人感慨万千，发出人生苦短的悲叹，内心自然痛苦。让我们再齐读第三段，感受这种痛惜之情。

（生齐读该段）

师：人老、事迁、景陈和寿短，岂不痛哉？那不是一般的痛苦、痛心，而是痛惜，所以作者在文中说“死生亦大”，这是一种号啕大哭之痛。

最后，感悟兰亭之悲。

师：作者在俯仰古今中的“悲”与“痛”是一样的情感吗？作者“悲”的到底是什么？请同学们齐读第四段。

生：感觉是不一样的，“痛”是痛惜之情，是对人生短暂、世事无常的痛惜。至于“悲”，由“固知一死生为虚诞，齐彭殇为妄作”可知。因为东晋名士多崇尚老庄哲学，不积极出世，不务实际。他们认为死就是生，生就是死，作者对此做出了批评。

师：谁来翻译“固知一死生为虚诞，齐彭殇为妄作”？

生：本来知道把死和生等同起来的说法是不真实的，把长寿和短命等同起来的说法是妄造的。

师：作者对“一死生”和“齐彭殇”的看法进行了批评。还有其他分析吗？

生：昔今兴感若合一契，大家都逃脱不了这一命运，因而，作者认为是悲的。

师：是啊，把长寿和短命等同起来的说法是极端荒谬的，“一死生，齐彭殇”这是当时多数人共有的对生死的认识，作者在这里否定了这种生死观。因为魏晋人士崇尚无为，空谈玄理，不切实际。士人大都寄情山水，留恋山林，追求消极无为、秉烛夜游的生活，他们思想消极、无所事事，把生死等同。

师：作者否定了这种观点，体现了认识的积极性，他告诉我们要珍惜短暂的生命时光。能介绍一些珍惜时光的诗词名句吗？

生1：盛年不重来，一日难再晨。及时当勉励，岁月不待人。

生2：百川东到海，何时复西归。少壮不努力，老大徒伤悲。

师：同学们都有丰富的文化积累，懂得珍惜时间，非常不错。那么，作者“悲”的到底是什么？

生：今人看到古人对死生发出感慨的文章，就为此悲伤感慨，也说不出是什么原因。

师：是啊，今之视昔也是这样的，“后之览者，必将有感于斯文”。从古至今，人们面对生死都会发出同样的感慨。这就是古今之悲。请齐读第四段。

师：（小结）这篇诗序，记叙了兰亭集会“一觞一咏”之乐，以及人生短暂的失声之痛，作者没有随波逐流，消极无为。我们认为他的“悲”不是“悲伤”“悲痛”，而是“悲叹”。他卓越的书法成就，便是他积极面对人生的最好写照。

这部分教学把“文”和“言”结合起来了，做到了“文”“言”并重；既突破了语言文字关，又有非常多的文学品析。第一，从用词的角度品析。要求找出认为用得好的字词来分析。这个角度比较容易把握，学生能快速找出词语，进行品析玩味。第二，从表达方式的角度品析，了解本文记叙、议论和抒情有机结合的特点。学生感受到，文章开篇叙述简洁，三言两语，就交代清楚了记叙的要素。而有关写景的描写，寥寥数语，便为我们勾勒出一幅林茂山高、有山有水的暮春水墨山水画卷。

三、赏析对联，静思课堂魅力

在课文内容归纳时，我将对联引进课堂，以激发学生兴趣。由学生自由撰写对联，激扬文字，点评课文，表达感受，收到了意想不到的效果。我设计了这样一个环节：“概括内容，情趣理致”。先展示他人的对联：“群贤毕至，一觞一咏成就兰亭华章，信可乐也；少长咸集，几俯几仰参悟人生哲理，岂不悲哉？”然后要求学生自己创作（课前就有预习布置）。

这一环节将课堂推向了高潮，课堂上收获了以下对联：“览昔人之佳作临文嗟悼，感斯文之所述世殊事异”“天朗气清惠风和畅赏兰亭，茂林修竹清流急湍叙幽情”“静坐不虚兰室雅，清游自带竹林风”等等。有的作品虽然对得不是很好，但锻炼了学生的思维。对联的确是一种重要的语文课程资源，因其具有独特的形式、丰富的内容、铿锵的节奏和优美的文采，历来为广大群众所喜闻乐见。课堂上我还展示毛体对联给学生辨认，学生的积极性非常高。

欣赏对联后，我又拓展教学，让学生思考：

（1）王羲之面对美景，先是快乐，继而悲痛，还想到了死亡。这是不是有些消极悲观？怎么评价这种思想？

（2）列举出古往今来对生死问题做出深刻思考的诗句。

（3）整理关于王羲之的作文素材。

四、探究写作，感悟人文魅力

感悟《兰亭集序》中的人生哲理后，我水到渠成地对学生进行人文精神的熏陶，精心设计了这样两个微型写作题：写一段文字表达你对生命的思考，以“对话王羲之”为题写一篇随笔。现摘录一名学生的练笔：

死生亦大　生命永恒

大自然中，生与死我们都是无法控制的，每天都有新生事物的降临及旧事物的逝去。人的一生由生开始，由死结束。有的人害怕死亡，想长生不老；但这无法实现，倒不如像王羲之那样，在有生之年积极乐观地活着，珍惜时间，成就伟业。生与死只是一瞬间的事，长远的则是生与死的过程，司马迁说过：“人固有一死，或重于泰山，或轻于鸿毛。”正值青春年华的我们，只有热爱生命，积极努力，正视生死，才能真正理解王羲之“一死生为虚诞，齐彭殇为妄作”的深刻含义。

这个环节中出现了一些言之有物、言之有情、言之有趣的好文章，凸显了学生良好的精神追求。在春风化雨、润物无声的古诗文教学中，我对学生进行了人文精神的培养，学生收获的是成长，我收获的是成功。

《兰亭集序》的教学告诉我：构建魅力课堂，课堂的主体是学生，课堂的学习过程是动态的、生成的、民主的、人文的、合作的、探究的、交流的，因而是高效的。真正的高效魅力语文是在培养起学生对语文热爱的基础上，让学生学习语文、运用语文、享受语文，最终提升学生的语文能力和素养。语文教学要让学生陶冶情操，悟道做人；要让学生和谐发展，互动开放；还要让学生积极思考，勇于创新。只有充分展现语文魅力，语文课堂才会有实效。

让魅力语文和真语文同行！让语文真正展现无穷魅力！

（该文发表于《中学语文教学参考》2018年第6期）

质疑·激活·唤醒

——新课标背景下《荆轲刺秦王》教学尝试

深圳市布吉高级中学　刘丽凡

“书卷多情似故人，晨昏忧乐每相亲。”语文课堂，本应是快意文字，激扬生命之所在。然而在文言文课堂上，我们也会见到这样的现象：学生兴味索然、无精打采，教师口干舌燥、疲惫不堪。课堂气氛沉闷，教学效果可想而知。

面对这篇叙事波澜起伏、情节紧张精彩的经典篇章，如果把重点放在解字释词翻译课文上，就会虽重视了知识的积累与落实，但课堂教学势必只是在文本的表面滑行，肤浅而无趣。其实，《荆轲刺秦王》中有大量矛盾与留白，正是引导学生运用批判性思维审视语言文字作品，研究和发现语言现象和文学形象，形成自己对语言和文学独到认识的绝佳文本。因此，我尝试以学生质疑为基点，通过学生的研读质疑、教师的梳理和师生的释疑等环节，激发学生的学习兴趣，培养学生的思辨能力和创新思维能力。

一、于无疑处存疑

课前，教师布置学生以小组为单位对文本提出疑问。这就要求学生一定要吃透文本，既要通过工具书查阅疑难字词，又要反复阅读文本，并进行深入的思考。问题整理汇集如下：

（1）行刺时，秦武阳去哪里了？

（2）荆轲等待的是什么人？

（3）荆轲为什么要答应行刺秦王？

（4）太子及宾客皆白衣冠送之是为荆轲发丧吗？那么太子等人怎么知道荆轲必死呢？（行动前穿丧服去送别未免太不吉利了吧？）

（5）荆轲的真正计划是什么？生劫还是死擒？

（6）从易水送别的场面看，荆轲此去凶多吉少，但他为什么还要去？

（7）荆轲是爱国英雄吗？

（8）荆轲失败的原因是什么？

学生提出的问题五花八门，这显示出学生已经进入文本研读，有自己的思考与发现。此时，如果教师对学生质疑的问题不进行分析归类，直接把问题呈现于课堂，就会导致学生所获得的知识不系统，课堂教学的重难点不突出，教学的层次不清晰。

因此，教师一定要对学生的问题进行梳理，将学生的问题根据原有的教学设计分类。这些问题其实都围绕着“荆轲”这一人物形象发出，在此，我把学生的问题分为两大类：内容理解类（1、2、4）与主题探究类（3、5、6、7、8），并与两个主问题“荆轲为什么要答应刺杀秦王”“如何评价荆轲其人及其行刺行为”相结合，在课堂上跟学生一起研讨，引导学生对荆轲这个人物形象进行更全面、更透彻的理解。学生获得的不仅是语言素养的养成，而且是大胆假设、认真推断、仔细求证等审辨式思维能力的锻炼。

二、于有疑处探疑（教学实录）

很多学生对“廷刺秦王时，秦武阳去哪里了”这一问题感兴趣。抓住这一兴趣点，教师让学生大胆地进行分析与推测，教学过程如下：

师：这次提交的问题中，提出“廷刺时，秦武阳去哪里了”这一问题的同学是最多的，我们发现文本只在荆轲觐见秦王时提到“秦武阳色变振恐”，此后对秦武阳再无描写。那么秦武阳到底去了哪里呢？

生1：吓傻吓蒙了。

生2：逃走了。

师：何以见得？

生3：老师，快看，他吓得趴在地上呢？（一名学生突然指着教材上的插图，像发现宝藏似的惊呼。）

同学们像发现了至宝，都纷纷认真看起插图来。

师：不错，××同学的观察很细致，教材中的插图来自汉代画像砖，图中这样表现秦武阳是否合理？

生3：合理。秦武阳见到秦王就“色变振恐”，说明他是一个“外强中干”的人。所以一打起来，他就成了死棋。

师：立足文本，有理有据。有没有其他可能呢？

生沉默，这里学生遇到了思维的瓶颈。我带领学生细读文本，希望能从文本中觅到蛛丝马迹，结果下面这段话引发了我们的思考：

荆轲奉樊於期头函……秦王谓轲曰：起，取武阳所持图！

生4：秦武阳捧着装有地图的盒子走在后面，到了大殿台阶之下，秦武阳“色变振恐”，荆轲笑着回头看着秦武阳，然后“前为谢曰”。那么就存在着一种可能，当荆轲走上前（走上大殿），秦武阳在荆轲（或秦王臣子）的示意下就此止步，没有上殿。也可能秦武阳为完成使命，勉强尾随荆轲上殿，当荆轲从秦武阳手上拿过地图呈现给秦王看时，那么也就意味着秦武阳的使命已经完成，秦武阳就没有必要待在殿上。因此他有可能在秦王或者其他臣子的示意下离开了大殿。

生5：有可能在荆轲手持匕首刺向秦王的时候，秦武阳想冲上大殿助荆轲一臂之力，但是被大殿下手执兵器的宫廷侍卫控制住，只能眼睁睁地目睹荆轲从刺秦王到被斩这悲壮的一幕。

师：同学们能立足文本，深入挖掘，大胆推测，分析非常精彩。作者用寥寥几笔便勾勒出一个栩栩如生的“秦武阳”，留下大量的空白让后人去填补，这就是记叙类文言文章法中的“剪裁”，文章的剪裁大都服务于主要人物及主旨的表现。在本文中，你认为“秦武阳”对表现荆轲这一人物形象起到了怎样的作用呢？

生5：衬托了荆轲，秦武阳的怯弱怕死，正反衬了荆轲的勇敢、机智。

生6：为行刺失败埋下伏笔，没有及时得力的援助，导致了行刺的最终失败。

师：不错，同学们关注到了“衬托”这一表现手法，也在试图总结荆轲失败的原因。其实，对比和衬托在全文中大量使用，荆轲的失败是多因素的。有一个人，在文本中与荆轲形成了鲜明的对比，也在很大程度上导致了刺杀的失败。

生齐答：太子丹。

投影幻灯片：荆轲为何要为太子丹卖命呢？（从易水送别的场面看，荆轲此去凶多吉少，但他为什么还要去？）

师：这是同学们关注的第二大问题。其实这两个问题本质上是一样的，即荆轲为什么要答应刺杀秦王？

生7：士为知己者死，女为悦己者容。太子丹把荆轲当作上卿，因此荆轲愿意为太子丹卖命。

生8：荆轲在被太子丹看重之前只是一个混迹于市集的草根，但他胸怀大志，一心想施展“一朝成名天下知”的抱负，刺秦是个大好的机会，成则英雄，败亦留名，因此义无反顾。

生9：是为了兑现对樊於期的诺言。樊於期因为荆轲一番言辞而毫不犹豫献出大好头颅，如此信任，荆轲能不用性命实践诺言吗？

师：文章选自《战国策·燕策》，有删节，为了探究荆轲的真正意图，我们有必要了解背景，补充阅读《刺客列传》《战国策·燕太子丹质于秦》相关篇章。

投影补充1：《荆轲刺秦王》的故事发生在战国末期的公元前227年，即秦统一中国之前的六年。当时，秦于公元前230年灭韩，又于公元前228年破赵（灭赵是公元前222年），秦统一六国的大势已定。地处赵国东北方的燕国是一个弱小的国家。当初，燕王为了结好于秦国，曾将太子丹交给秦国做人质。而“秦遇之不善”，太子丹于公元前232年逃回燕国。为抵抗强秦的大举进攻，同时也为报“见陵”之仇，太子丹想派刺客去劫持秦王，“使悉反诸侯之地”；或者刺杀秦王嬴政，使秦“内有大乱”“君臣相疑”，然后联合诸侯共同破秦。荆轲刺秦王的故事，就是在这样的背景下发生的。荆轲刺秦王失败之后，秦大举攻燕，于公元前226年破燕，公元前222年灭燕。

补充2：荆轲者，卫人也。其先乃齐人，徙于卫，卫人谓之庆卿。而之燕……荆轲既至燕，爱燕之狗屠及善击筑者高渐离。荆轲嗜酒，日与狗屠及高渐离饮于燕市，酒酣以往，高渐离击筑，荆轲和而歌于市中，相乐也……其之燕，燕之处士田光先生亦善待之，知其非庸人也。……（田光）欲自杀以激荆卿，曰：“愿足下急过太子，言光已死，明不言也。”因遂自刎而死。

补充3：丹之私计，愚以为诚得天下之勇士使于秦，窥以重利；秦王贪，其势必得所原矣。诚得劫秦王，使悉反诸侯侵地，若曹沫之与齐桓公，则大善矣；则不可，因而刺杀之。

师：在六国时期，士作为地位低下的阶层，游历各国。若君主赏识，则留下来供驱使；若不赏识，则另寻他国。荆轲作为卫人，在燕国受到田光赏识，被推荐给太子丹，行刺当然谈不上是爱国精神的体现。田光之所以自刎而死，固然是“长者为行，不使人疑之”，想要“以死明不言”，打消太子丹的疑虑，彰显自己的节操，但更是对荆轲的激励，想要以自杀来促成荆轲帮助太子丹完成复仇之愿。同时，田光向太子丹推荐荆轲，也使荆轲找到了发挥才干、一展抱负、成就侠义之名的机会。没有田光的推荐，荆轲也许最终能被太子丹找到并托以重任，但事情肯定不会这么顺利，太子丹也未必会对他这么信任、倚重。因此，田光是襄助荆轲成就侠义之名的第一人。再加上樊於期以项上人头作为信任之资，可以说，荆轲是为他的知己们而死，而他的知己们又何尝不是将生命托付于荆轲？这就是一种侠义精神，就是“道之所在，虽千万人吾往矣；义之所当，千金散尽不后悔；情之所钟，世俗礼法如粪土；兴之所在，与君痛饮三百杯”，是仗剑走天涯，抛弃当时和后世人眼中的理性、趋势与格度，去追求浮动不稳的生命过程，将壮丽的死亡视作最光耀的归宿。

师：那么，荆轲就是带着赴死的决心去的吗？荆轲为什么会失败呢？（投影）

生1：荆轲自己唱：“风萧萧兮易水寒，壮士一去兮不复返”，说明荆轲在出发前就知道这一去非常凶险，不抱回来的希望。

生2：对。文中还写道：“太子及宾客知其事者，皆白衣冠以送之。”送行的人也提前为他送丧。（生笑）

师：为什么说是“送丧”呢？

生2：白衣冠就是穿着丧服戴着丧帽。

师：课本上对“白衣冠”没有注释，其他人也觉得是丧服吗？

生3：我觉得不是，这一支浩浩荡荡的送丧队伍为荆轲送行等同于暴露行刺机密，可能荆轲在半路上就会被拦截下来。

师：其实“白衣”在古代有三种义项：白色的衣、古代无功名的人的代称及替官府办事的小官。很明显，课文里的“白衣冠”其实是指太子丹和众宾客换华服为百姓之服，是一种增加保密性的措施。

师：那么你们认为荆轲为什么会失败呢？请小组讨论，派代表总结发言。

生6：我们小组认为是因为荆轲准备不足、助手不力造成的，文章中说“荆轲有所待”应该是在等待一个能够协助自己的人，荆轲在“太子迟之”的情况下意气用事，导致了行刺以失败告终。

师：抓住了荆轲的性格弱点。好，请坐。

生7：荆轲的剑术一般，功夫平平也是失败的因素之一。试想，在秦国的大殿上，心理素质超常的荆轲手持利器是有备而来的，对手秦王是毫无戒备的。荆轲绕着柱子追逐秦王，几圈下来就由优势变为劣势，由主动进攻退为被动防守，这只能说明荆轲剑术平平。

生8：我们觉得是因为荆轲想生劫秦王。荆轲与太子最初定下的计划就是上策生劫，下策杀之。但在秦王“自引而起”逃脱后，荆轲拿着匕首逐秦王，匕首却没有碰到秦王身上，直到被秦王断其左股，才引匕首提秦王，所以荆轲一直没有改变生劫的初衷，延误了绝佳的时机。

师：推测合理，请坐。还有其他原因吗？

生9：我们觉得太子丹的急躁、用人又疑人等性格缺陷无疑也是荆轲失败的原因。

师：荆轲刺秦失败的原因主要有：主观上，荆轲珍爱侠士声誉而导致意气用事（不是等客与之同行，而是负气独往），所以荆轲本人并不过硬的剑术和他的性格是主要原因；客观上，太子丹政治素养的缺失和自身的性格缺陷，以及秦武阳临阵退缩的意外变故，也是原因之一。还有一个重要的原因是，秦统一天下是历史发展的必然趋势，即使荆轲劫持或者刺杀了秦王，秦国统一天下的步伐也是不会停止的。从这个层面上说，荆轲刺秦从计划实施的那一刻起就注定了失败的结局。虽然荆轲刺秦失败了，但其身上表现出来的闪光点无疑激励了后世无数仁人志士。

三、质疑课后的反思

中学阶段的学生思维具有很强的批判性，喜欢怀疑和争论，喜欢探索事物的根本原因，不愿采取轻信盲从的态度。借助工具书和课文注释能够读懂文章的同时，学生已经不满足于知道刺秦“是什么、怎么样”的线性陈述，而是更关注“为什么”的因果逻辑。学生关注的焦点从“秦武阳去哪里了”到“荆轲刺秦王为何失败”，体现出学生在语文课堂情境中被激活、被引发、被唤醒了。教师引导学生将文本与拓展补充材料、插图与教材结合起来思考，在探究的过程中扩大了学生的阅读面，更是对学生阅读兴趣与思维活力的激活、引发和唤醒。讨论的问题也许没有标准答案，但发现问题、思考问题、解决问题的过程，恰恰是对学生思辨能力和创新思维能力的培养。

新课程理念下，教师要放手让学生充分参与课堂，尊重学生的学习发现，并让学生在参与的过程中体验到学习的快乐，获得心智的发展。在这样的课堂情境中，教师不仅是学生学习的组织者、引导者，也是课堂学习的参与者与受益者。只有教师与学生共同合作、互相激活、互相唤醒，才能真正让语文课堂成为有生命力的魅力课堂。

从“雕虫”到“雕龙”，这条路有多长?

——《卜算子·咏梅》教学反思

深圳市布吉高级中学　刘 静

2018年，我参加青年教师基本功竞赛中的教学设计比赛，赛后李琛老师在第一次语文小组活动中指出了我在比赛时教学设计的不足之处，并且亲自示范如何设计出一堂有层次、有生长性、有人格力量的《卜算子·咏梅》古诗比较教学活动。李琛老师言传身教，让我对古诗词教学有了一个新的方向。于是，在李琛老师的建议下，我重新设计并执教了《卜算子·咏梅》诗词比较阅读。

下面我将从课前预设、课堂实况、课后提升三个方面来反思我的教学设计。

一、课前预设

在教学设计方面，我经历了三次“翻新”。

第一次设计的关键词是“爱国”，但是在《卜算子·咏梅》中显示不出，如果用“爱国”来串联，非常牵强附会，这是基本的常识错误。第一次设计没有抓到好的切入点。

第二次设计的关键句是“反其意而用之”，但是在如何读懂诗词中，依然是模糊不清，分析得很混乱，个人对诗词的把握不到位，不能准确地把它展示给学生。另外，在练习设计中，为了凸显“反其意而用之”，出现了现代文的广告代言练习；在作业设计中，出现了文言文散文，这是古诗词教学，脱离了文体的要求，目标不明确。第二次设计抓到了一个切入点，但是在教学环节设计中出现了诸多问题。

第三次设计，也就是最后上课时呈现的教学设计。教学目标有三个：一是掌握咏物词的基本方法；二是通过知人论世的方法理解毛泽东词为何“反其意”，进一步分析陆游、毛泽东词的异同；三是初步培养学生“反其意而用之”的思维逻辑能力。这三个教学目标应当是环环相扣、逐步推进的。

第一个教学目标的达成是以读懂陆游的《卜算子·咏梅》为基础的，同时结合以前学过的篇目来得出咏物诗词的基本鉴赏方法，重点抓住“物”“人”的相似点，由“形”到“神”的转换，最后再上升到作者所表现的“志”。

第二个教学目标的达成首先是通过对毛泽东《卜算子·咏梅》的鉴赏来检验学生是否已经掌握咏物诗词的基本方法；其次，通过学生的合作探究来探讨毛泽东“如何反其意而用之”，以加深学生对咏物诗鉴赏角度的理解；再次，通过“为什么要反其意而用之”引入“知人论世”的方法辅助学生理解作者创作诗词的背景，通过两人笔下“梅”的所指对象明确检验学生是否理解作者的诗词创作背景；最后，为了让学生更加深刻地理解陆游、毛泽东两人的性格差异，选了陆游的《示儿》、毛泽东的《仿陆放翁》来拓展认知。

第三个教学目标在教学设计时放在了对毛泽东“如何反其意”的练习及课后作业中，希望能够让学生初步感受“反其意而用之”的逆向思维。

最后，在教学设计中的“情景迁移、角色互换”环节有两个设计：一是陆游、毛泽东互换时代，会如何选择？这个设计的预设是希望学生能够得出“性格决定命运”的结论；继而过渡到第二个设计：如果你在困境中，你会如何选择？希望能通过这个设计对学生的人生价值观有所提升。

二、课堂实况

理想很丰满，现实很骨感。在将自己的教学设计真正地呈现于课堂后，我还是明显地感觉到了自己设计方面的不足。

在导入环节，我通过“司马光砸缸”的故事引入并提出疑问为什么这个故事能够流传千古？让学生来回答，学生经过思考之后找出“逆向思维”这个关键词，我继而引出本节课的主题词“反其意而用之”。

在第二个环节，读懂陆游《卜算子·咏梅》这一环节，师生共同研读此词，学生对教学内容掌握良好。在读梅时，能够找到“梅的自身特点”“所处环境”“梅的选择”，以及“寂寞”“无主”“香”“驿外”“断桥”“黄昏”“风雨”“不争”“一任”“香如故”等关键词，从而大概把握梅的情感。但咏物诗词不仅仅是写物，更重要的是写人。在掌握咏物诗词的鉴赏方法上，学生把握得较好，能够通过已经学过的《爱莲说》得出咏物诗词的鉴赏方法。于是，我让学生通过“物”的外在、内在特征推导出“人”的外在选择与内在品质，继而转入对“志”的分析。

在第三个环节，首先让学生通过咏物诗词的鉴赏方法来品读毛泽东的《卜算子·咏梅》，学生很容易分析出本词乐观、自信的品质。接下来要解决毛泽东如何反其意，通过对陆游和毛泽东笔下梅的形象、感情基调来分析两者之间的差异，学生能很容易地感受出陆游的寂寞与毛泽东的昂然，课堂落实情况较好。那为何要反其意呢？那就要了解作者、了解作者的写作背景，继而到知人论世。我给学生3分钟的时间阅读陆游、毛泽东的相关资料后提炼关键词。大多数同学能够在预定的时间内找出相应的词。接下来再问陆游和毛泽东笔下的梅指的是谁，这一问题也就迎刃而解了。为了让学生深入理解陆游和毛泽东两人性格、时代差异而产生的不同诗风，我又引导学生品读了陆游的《示儿》和毛泽东的《仿陆放翁》。

在第四个环节，通过陆游与毛泽东互换时代的情景设计，学生对不同人面对相同的历史境遇的表现时，产生了不同的看法。有的同学认为时势造英雄，时代的印记大于个人；有的同学认为性格决定命运。但此时下课铃声响起，没能继续下一个关乎学生自身的话题。

三、课后提升

在整节课的目标设计中，我预设了诗词教学的重点——对学生人生价值观的影响，但是在实际教学过程中，对时间把控得不准，增加了陆游《示儿》、毛泽东《仿陆放翁》两首诗的比较，这一目标未能显示出来。所以，在课堂上呈现的一直都是没有脱离文本，未能走入生活，走入精神层面，一直都是在展示“雕虫小技”，没有实现对学生的人格有所提升，从而实现“雕龙”这一教学目的。

同时，在对咏物诗的品析过程中，我缺乏对两首词的深度挖掘，没有把咏物词的核心明朗地展示给学生，所以我认为即便有时间对学生进行人格的提升，学生应该也是茫然不知所措。这一缺憾与我自身对文本的解析程度密切相关，受我自身文化修养及人生境界所限，这也是我需要提升的一个方面。

我在教学目标中设定让学生初步把握“反其意而用之”的思维方式，但仅仅是从毛泽东对陆游的词的反写上来看的，这一思维训练还远远不够。我在课堂上没有具体地告诉学生方法，因此这一项目标落实得并不理想。另外，我在作业中设计了一些咏梅诗的鉴赏理解，主要目标是检测学生对“咏物诗”鉴赏方法的把握程度，以及进行“反其意”的逻辑思维训练。但是，我认为学生在这“反其意”的思维层面没有明显的生长点，依旧是用以前的知识储备答题。

每一次的公开课都是一次最好的成长，我自己都能够很清晰地看到我的进步！我很开心，也很庆幸，自己身边有这样一群志同道合的真挚地热爱语文教学的朋友，与我一起怀着赤子之心，向着未来笃定前行！

“趣”来“情”往：走出云雾，走近古人

——关于中学古诗词教学的一点思考

深圳市布吉高级中学　胡　鹏　深圳市翠园中学　史云梅

我国是“诗的国度”，历代优秀古典诗词流传至今，浸润着人们的心灵，传承着中华民族的伟大精神。当下，传统文化日益受到重视，古典诗词作为为中学语文教学的重要内容，是高考的必考内容之一。

然而，我们日常的古诗词教学，往往不经意间疏离了古诗词的基本特征，继而与古诗词所体现、蕴含的审美精神和承载的文化体性产生了距离感。这也在一定程度上导致部分学生难以体味古诗词的美，从而失去了对古诗词的学习兴趣。不但教学大纲要求的古诗词基本知识（工具性）难以落实，学生所应获得的精神陶冶、思想教育（人文性）也往往成为空谈。在日常古诗词教学中，教师应当特别关注其本身的审美特质和精神意蕴，以多样化的教学手段发掘其中的趣味性，让学生在读懂的基础上，走出古诗词外层的迷雾，建立与古人探讨、对话的自主鉴赏模式，走进古人的时代、文心，最终实现对古诗词全面、多维理解与审美，体悟古诗词的美与情。

一、古诗词教学中存在的几个问题

古诗词教学，往往单纯指向了考试，以“考点”为依归，片面而枯燥地将诗词语言、情感、技巧等内容灌输给学生，割裂了诗词的美，脱离了诗词的本真。建立在这一基础上的诗词教学模式，往往会出现如下几个问题：

（1）较少对诗歌基础知识，如平仄声韵、文化内涵、发展历程等的系统讲解。由于高考不考文学常识，这就成为日常教学中极易被忽略的内容。

（2）忽视诗歌语言、语义的丰富多元，倾向于单一性的把握。受考试性质的限制，本身具有丰富意蕴的古诗词往往会被做唯一性的理解。经常有中学生

抱怨："我就怕文言文、诗歌，看着就头疼，读不懂。"因此，不少学生读不懂古诗，经过多番教学、训练后，也只是根据所谓的"技巧"敷衍几句，对诗歌的鉴赏分析则显得内容空泛笼统，不知所云。

（3）忽视诗歌的内在美，偏重其字面含义、表层情感的理解。没有有效引导学生走进古诗词传达出来的情感内核，只是用现代汉语对古诗词做简单的翻译解释，很难让学生融入古诗词的情境之中。

这让人不禁反思，如何让学生真正自主地读懂诗歌、走近古人，从而感悟、体认其中的美感与精神呢？笔者以为，以"趣味"为手段，以"情感"为中心，在了解诗歌时代文化背景的基础上，走近古人，更有助于学生提升诗词的文化修养，领略其中蕴含的丰富情感和精神价值，获得美的享受。

二、古诗词教学应有的基本理念与形式："趣味"手段，"情感"中心

任何学习的主体都是学生，古诗词教学的最终目的也是为了学生对传统文化体认与传承。古诗词本身的凝练性、跳跃性、多义性等特点，决定了其与现代学生之间具有一定的隔阂和距离。这就必然要求古诗词教学需要具有浓厚的趣味性，只有这样，才能激活诗词文字潜在的魅力，才能激发学生探求思索的动力。同时，古诗词是以抒情为主要手段、重在抒情的文学体裁，把握诗歌情感是不能疏忽的中心环节。在日常教学中，我参考借鉴前辈的经验，总结归纳了如下几点主要形式：

1. 回归吟诵传统，强调朗读教学

诗歌，尤其是古典诗歌，是一种和韵文学，只有吟诵品读才能感受到它的韵律美。古人学诗、学文，无不重视吟诵。课堂上，笔者注意透过不断的、重复的、有情境的、带有情感态度和审美意识的吟诵，营造一种审美的氛围，使学生真正体味古诗词的美，让学生在吟诵中获得自己的审美体验。这需要教师设计一些环节：教师示范读，读出抑扬顿挫，读出诗歌的情感，诵读中带入自己的感情，以此感染学生；通过多媒体技术，指导学生吟诵，根据诗歌内容、情感，采用分组读、个人读、齐读、男女生读等多种形式，将诗歌的韵味读出来；如果条件允许，举办古诗词朗诵比赛、课外的古诗文吟诵沙龙等活动都是有积极意义的。反复吟咏诵读，可以创造学生读诗的环境，培养学生读诗的热情。

2. 走进情感，首先走进文字，通过形象思维形成画面

古诗词的每个字、每个意象都有其特定含义，有着深厚的审美意蕴。在讲解（或者学生自主查阅）每个字词、意象的表面含义后，在熟读的基础上，要鼓励、启发学生大胆想象，联系自我，勇于用自己的思想、情感认知和文学基础，自主地解读古诗词。学生运用形象思维，去想象诗歌的情境、内涵，会形成一幅画面。所谓“诗中有画，画中有诗”，让学生在这一想象、品读过程中，体味中国古代诗画艺术的共性，不但对学生更深地理解诗歌内涵有帮助，对提升学生的文化素养也是有积极意义的。在读懂文字、形成画面后，需要结合学生的生活实际，调动他们的生活情感体验，通过启发联想和想象，让学生自主咀嚼、感悟古诗词中透露出来的鲜活气息，以入古诗词之意境，品其精神内涵，得其神韵情感。

3.“玩味”诗词，让诗词走进生活，让学生走向风雅

自古至今，诗词一向被赋予高雅的标签。然而，诗词并不是只有少数人才能欣赏、独占的文字——诗歌是人性与人情最初、最集中也是最美的表达，是可以触动每个人的。也就是说，普通中学生一样可以用自己的情感，用自己的知识，去“玩味”古诗词。笔者在日常教学中，特别强调学生的参与性——学生对古诗词的再创造。我通过让学生改写诗词，自由写诗、填词，与古人唱和，诗词谱曲后分角色演、唱诗词等诸多形式，促进学生参与其中。在日常诗词教学中，笔者布置的作业，除重要诗词背诵之外，更多关注学生对诗词的应用和再创造，希求在“玩”诗词的过程中，让学生加深对古人情感态度的体认和感悟。

三、强化对诗歌文化与时代背景的再现

“知人论世”是古人解读诗文文本的重要方法与途径。课堂古诗词教学中，在作者介绍、背景介绍及诗词特点、内蕴情感等方面，笔者尽可能地从诗人词人史传、古代典籍中取材，直接引用、展示原文，还原诗词的本来风貌和其时代背景、古人评价，力求使得整堂课、整个教学过程都在一种古代的文化氛围中展开，为学生营造走进古人情感的审美语境。

四、关于古诗词考试考查的一点思考

各地高考试题对古诗词的考查，一般是紧扣考纲，从诗词语言、技巧、

形象及思想内容和情感等角度切入，要求学生运用一定的鉴赏术语，回答诗词的相关内容，分值一般为7～11分。鉴于古诗文本身的一些特征（主要是短时间内，在没有参考资料的情形下较难准确地把握其主旨），诗歌考查试题往往切入角度小，以对全诗的理解为前提；形式上以主观题为主；所选诗歌文字浅易，涉及的是人之常情，如故园情、家国情、山水情、别离情等，这也是当前条件下比较合适的考查方式。

然而，高考语文试题整体上还是对古诗词有着距离，这主要体现在作文对诗歌的排斥上。这值得考试部门和命题人反思：诗词的创作能力在一定程度上比解读能力更重要，何以简单地拒绝了对古诗词创作的需求呢？高中学生能够按照格律创作，在一定主题下反映一种精神、表达一种情感，正是其扎实的文言基本功、深厚的古典文化修养的见证和表现，也能体现出其对社会、时代的思考，自己内心世界的关照，如此凝练、雅致的形式，为何会被长期摒弃在作文考查之外呢？

五、一点小结

尽管时代有别，文言与白话有异，但古诗词的特质是不变的，其所特有的内在意蕴神韵是固化的，其所承载的精神价值与文化气质也是不能割裂的。《礼记·乐记》记载："诗，言其志也；歌，咏其声也；舞，动其容也；三者本于心，然后乐器从之。"《毛诗·大序》所谓："诗者，志之所之也。在心为志，发言为诗。"宋代严羽《沧浪诗话》云："诗者，吟咏性情也。"唐代白居易也说："诗者，根情，苗言，华声，实义。"古人对诗歌的内在特质和外在艺术形式都有精准而深刻的认识，这是我们在日常古诗词教学中所不能忽视的。教师应透过多种有趣的形式切入教学过程，注重吟诵，多渠道引领学生与诗词文本、情感精神和生命灵魂进行对话，在自由、快乐、互动的学习过程中对古诗词审美、体验、感悟，从而把握古诗词的精神美和艺术美，并以传统文化熏染，达到培育学生民族精神、提高学生精神文化素养的目的。古诗词教学不是片面地让学生解析一点零碎的技巧、内容，诵读与写作也是古诗词教学的重要环节，因而希望在考试中，可以适当引入古诗词写作方面的考查。

玩味·生成：问题意识与古人精神

——一种兼顾审美与考试的古诗词课堂教学模式

深圳市布吉高级中学 胡 鹏 深圳市翠园中学 李小红

古典诗词是中华文化的重要组成部分，也是民族精神的重要载体。我们学习、鉴赏古诗词，需要透过艺术化的审美，传承诗词所蕴含的优秀传统文化与民族精神。古诗词是高考语文的考查内容之一，培养学生古诗词的解题能力，是教学的基本需要。

一些老师认为，很多古典诗词精深雅致，学生难以轻松吃透诗词内容，因而需要老师更多的点拨、引导。因此，出现了教师主讲的诗词教学课堂，学生的主体性没有得到充分体现。如果诗词本身有些晦涩，老师又不能幽默风趣地讲解诗词，则学生很容易对诗词失去兴趣，连正确答题都难以完成，遑论诗词审美了。

兼顾审美与考试，前提是“以诗词为本”“以学生为本”。这是由诗词的特质和学生的水平、能力决定的。“不学诗，无以言”，诗歌是古人言志言情乃至沟通交流的重要形式。“吟安一个字，拈断数茎须”，一首诗歌耗费了诗人大量心血，寄寓了诗人的万千心绪。因此，自古以来文人品读诗歌，都要知人论世，强调吟诵、体悟。放之于现在，放之于课堂，“玩味”便显得尤其重要。写诗从来都是一个人的事情，解诗则是众人的事情；本身意蕴丰富的诗歌，一般有着多种鉴赏渠道甚至多种理解。教师单方将自己的一种解读模式灌输给学生，很容易引起学生的反感，也背离了诗词的多义性。“生成”是对学生参与权、主体性的尊重，也是诗词课堂教学的基本形式。

本着“玩味”与“生成”的原则，以“问题意识”为抓手，以“古人精神”为旨归，我设计了一种兼顾审美与考试的古诗词课堂教学模式。

一、"玩味"之读

吟咏、诵读、品味以至背诵、默写都是古诗词学习的基本要求。古诗词是声律优美的韵体文学，吟咏之间，诗意自现。我在诗词教学课堂上，开始的5分钟即用来读——一种不是刻意为了背诵、理解的读，而是玩着读，纯粹以娱乐的、审美的、无目的的方式玩味品读，如指定一男一女读、男生女生读、分组读、齐读、教师范读、听名家朗读录音等等。在反复的玩味品读中，让学生感悟诗词意蕴，为接下来的鉴赏做好铺垫。

二、"生成"之问

生成课堂是学生自主的课堂，古诗词生成课堂更是以学生为主的课堂。经过初步品读、感知后，我会简介诗词作者、时代及创作背景（以简洁的语言，择取作者基本生平经历、特别之事、诗词创作及后世评价中特别之语等进行讲解，用时5分钟），但不急于展开诗词具体内容的深入讲解。结合作者生平、创作特点、诗歌创作背景等，要求学生在课前预习和刚刚品读吟诵的基础上，围绕高考考核的三个方面进行"生成"之问——本着问题意识的自主鉴赏，主要是学生自主讨论、提出问题、解决问题，用时15分钟。这种"生成"之问，主要围绕"诗中写了什么内容""写这些内容为了表达什么思想"及"用了什么表达技巧"（"三个什么"）展开。当然，为使学生积极参与，广泛引起他们的兴趣，鼓励学生提出更加深刻、有趣、特别的问题，或者学生就基本字词、意象等提出问题，也是完全可以的。师生围绕这些问题质疑问难，相互探讨，将课堂氛围推向高潮。学生的问题与讨论，我会及时进行总结和记录，用于下次古诗词课的备课和期末登记平时成绩。

三、问题意识与古人精神

15分钟的自由提问、讨论切磋之后，我会抛出古人就诗词提出的各种看法、问题，引导学生思考。这些问题往往比学生自己提出的问题更加深刻，问题本身就有着较高的思想性和艺术性。透过对这样几个有难度的问题的探索，进一步提升学生兴趣，培养学生的问题意识，提高其诗词鉴赏水平。古诗词是古人精神的体现，高考着重考查的诗词形象、语言、情感与技巧等四个方面，实则是对古人精神实质是什么、有何表现及如何表现等角度的考查。我会用10分钟左右的时间，从古诗词鉴赏的一般方法和角度切入，如锤炼字词、修辞手法、表现方式、意境等，进行拓展、归纳和升华，就某一首古诗词所体现出来的典型古人精神进行分析，上升到普遍的一般性规律。

四、写与练："玩味"与"生成"之果

课堂最后5分钟左右的时间，我会让学生针对所学诗词，进行相应的仿写、改写、续写、对写，或者写作鉴赏小文，提升其写作能力；抑或就某个重要知识点进行专练，提升其解题能力。这是"玩味"与"生成"之后自然进行的，此时学生一般对诗词及相关文化常识、背景等有了一定的了解，有了兴趣与认识，因此对做题不会反感与不知所措，也能将所思、所学比较流畅地用于解题中。

如此，学生通过古诗词的鉴赏，写作表达与解题能力都有了积极有效、自然而然的提升。

夜来风雨声　花落知多少

——读干国祥“落花课程”课例的思考

深圳市布吉高级中学　周　游

苏霍姆林斯基面对教师总是感觉时间不够用、儿童学习有困难的问题，给教师提出了建立“两套大纲”的建议，他说：“第一套大纲是指学生必须熟记和保持在记忆里的材料；第二套大纲是指课外阅读和其他的资料来源。”这里的第二套大纲将为学生对第一套大纲的掌握提供广阔的智力背景，干国祥在《构筑理想课堂》一书中，也表达了对“两套大纲”的认可：“有个宽广的智力背景，有了较丰厚的感性材料，那么精确的学科教学，就可能达到一个前所未有的高度。”

为此，干老师以小学四年级“晨诵—农历的天空下—落花课程”中的几个教学片段为例，展现了两套大纲的运作过程。“落花课程”体现了回到诗歌本身的教学理念，那一遍遍的诵读指导，更是有章有法有情有味。这些一直是我教学中最薄弱的地方，而这些又是最有语文情味、最能让学生感受到汉语魅力的地方，所以，这几则课例对我启发很大。

一、课程是什么

“课程，即把美好事物编织进我们的生活、我们的生命，也即我们共同穿越这些美好的诗词，穿越这个季节，穿越这些事情、这些心情。一个课程，就是一个完整的叙事。这个完整的叙事，应该有自己特定的主题，有主题诗词，有主题音乐，有主题画面。但是，叙事的主体，却不是诗词，而是活生生的我们——是每一个孩子，是教师自己。”

“编织”这个词，可以说是新教育人的共同密码。我第一次真正感受到我的生命与学生的生命相编织的感觉，是在前几天的家长会上。我向家长们展示学生们送给我的那些小花朵，以及我外出考试或旅游时他们寄给我的那些小明信片。那一刻，我说感谢学生们，感谢家长们培养了这样一群善良的孩子，他们增强了我的职业幸福感。那一刻，我内心真的被这些孩子感动了，变得无比柔软。

以前的认识里，我总觉得工作是工作，生活是生活，不要搅和在一起，那样会很累。但是时间久了我发现，其实这两者是无法完全分开的。优秀的教师，也正是把工作当作生活的一部分的人的教学过程就是将美好的事物编织进生活的过程。如果将工作和生活完全隔绝开来，就会让教学失去灵气，失去生命。

“晨诵—午读—暮省”是新教育实验学校第二套教学大纲的内容之一，之前只是粗略地了解，这次读了干老师的课例，才对此有了真切的感受。浪漫与精确在这个过程中完美融合，能够在这样的课堂里学习生活的孩子，真是幸福！

晨诵，吟咏古典诗词或是童谣；午读，畅游各类经典童书或是名著；暮省，写下或是画下自己的成长故事。“农历的天空下”这个课程，从立春、雨水、惊蛰，到冬至、小寒、大寒，四季的诗歌、四季的天空，让孩子们充分地领略自然的变化，感悟生命与自然融为一体的浪漫与美丽。

《构筑理想课堂》一书中，干老师介绍说，“落花课程”之前是“百花课程”，而且“百花课程”结束时，还举行了告别仪式，多么隆重啊！“在‘百花课程’中，她（陈美丽老师）精心地把孩子们的生活与诗词联系了起来。比如，‘春色满园关不住，一枝红杏出墙来’这首，投影仪上显示出优秀学生晨诵本；‘红杏枝头春意闹’这首，出现的是前些天春游时的快乐照片；‘竹外桃花三两枝，春江水暖鸭先知’联系的是运动会；‘桃花一簇开无主，可爱深浅爱浅红’这首，照片上孩子们正在实地欣赏桃花……凡此种种，都体现了‘课程’这个词语的理念。”被这样一些美好诗句和美好事物熏陶的孩子，文笔怎会不充满诗情画意？难怪在他们写老师的文章里，会用上“青梅如豆柳如眉”这样精致的标题。他们只是小学生啊！

干老师在开始“落花课程”时，选了童安格的《花瓣雨》做主题曲，而所选的诗歌从唐朝严恽的《落花》到北宋张先的《天仙子》，重点赏析了孟浩然的《春晓》，对比了日本金子美玲的《春天的早晨》、李清照的《如梦令》

等等，重点突出，主题明确，思想深刻。老师在学生诵读《春晓》之后，同样用朗诵的方式追问孩子们：“我问的是你，你这花中之花，你为谁开放？你是否也会零落？”这问题，不是为了得到孩子们的回答，而是用诗歌去叩击孩子们的心灵，老师的用心可谓细密。而对如何读“夜来风雨声，花落知多少”这句，干老师更是带着学生一遍遍地耐心推敲，直到引出“有我之境”与“无我之境”。老师没有直接给出结论，而是让学生一遍遍地感受、比较，带上自己的生活体验，直到学生得到一个认识上的提升。哦！原来“夜来风雨声，花落知多少”是无我之境啊！我想，那种智力得到挑战与提升的喜悦怎能不让身临其境的学生为之激动？连我这个只是读文字课例的读者，都已经叹服不已了。

如此，正像记录新教育小学各种课例的马玲老师所说：“从2009年2月立春开始，402班的同学们在陈美丽老师的带领下，在农历的天空下且歌且行，虽身在城市，却心翔大地，‘浴乎沂，风乎舞雩，咏而归’，一路穿越‘梅花课程’‘百花课程’，穿越‘立春、雨水、惊蛰、春分、清明’各个节气，穿越了整个春天，也穿越了一个个诗人生命的诗性的本真存在。课程就是一段旅程啊，不知不觉两个月下来，许多听课老师都惊喜地发现，孩子们的气质、精神真的在潜移默化中有了变化，如春草，不见其生，却日有所长。”

我想，我该怎么建立自己的“两套大纲”呢？最近这三年都在高三，高三就不能有“两套大纲”吗？教结论、讲代替了学、考试代替了阅读、教学目标不明确等，这些必然成为学生语文成绩提升的瓶颈，这些也必然成为语文不受学生重视、学生汉语感受能力及表达能力不足的障碍。因此，完善“第一套大纲”，建构“第二套大纲”，势在必行。首先得梳理第一套大纲，也就是梳理高中语文中学生必须掌握的关键知识，将必修选修课本分模块、分主题，把这些关键性、根本性的知识贯穿起来，然后融入与之相适应的第二套大纲，为学生建立广阔的知识背景。

二、如何细读

“语文课程除了接受一些经典的传统精粹之外，主要是训练学生拥有解读所有语文文本并与之对话的能力。”

“解决之道其实也非常简单，就是先设计一个指向性强的问题，以此问笼罩全文，也笼罩全文的教学。而对此问的解答，又必须细化到对每一部分的精确分析，在对每一部分精确分析的基础上，我们最后回到这个问题，达成对这个问题的整体解答，也就是经历了一个‘浪漫’（一句感受在心里试答此问题，但不够充分）—精确（在各部分中寻找解答此问题的线索）—综合（综合所得，达成对此问题的解答）的完整过程。”

“如果没有将‘问题—知识—真理’作为课堂教学的核心，那么教师的精彩表演是浅薄的，学生的小手如林是肤浅的……”

由张先的《天仙子》中最后的一句揣测“明日落红应满地”，干老师很自然地引入了这节课要学的新诗——《春晓》。面对这首孩子们熟悉得不能再熟悉的诗，干老师的第一个问题是：“谁来为我们把你对这首诗的理解读出来？”而就是这一个问题，引出了学生们对最后一句“夜来风雨声，花落知多少”的读法的争论，有的说要读得惆怅，有的说要读出强烈的感情，有的说要用重重的声音读出伤感，有的说要用轻轻的声音读得愁一些伤感一些。老师并不急着给出答案，而课才开始，这最后一句怎么读，就成了贯穿整节课的核心问题。

有了问题，课堂就有了探索的动力。老师这个时候能够引导学生将那些小珍珠一颗颗地串起来，到最后学生自然会有获得一串精美项链的激动。还有一个比喻也很贴切，课堂上，这里开一朵小花，那里开一朵小花，到最后开出一大朵花来，而前面的小花都是为后面的大花做铺垫的，这样的课堂当然就是比较成功的。

这自然对老师提出了很高的要求，老师要有极强的文本细读功力才行。干老师的细读功夫，让人钦佩。“春眠不觉晓，处处闻啼鸟。夜来风雨声，花落知多少。”要我看，这么简单的诗，还能开出什么花来啊？干老师提出的问题还真多：“春眠”是什么意思？既然不愿醒来，可为什么会“处处闻啼鸟”呢？究竟他是“觉晓”还是“不觉晓”？既然已经醒来，他为什么会醒来？（有学生回答说诗人“这会儿还在睡觉呢！只是潜意识里听到了鸟叫”。老师表扬了他“潜意识”这个词用得好，同时点拨了“意识”与“潜意识”的区别，其他学生也很快学会了这个词语，并在后来的分析中学会了用这个词语。）边读边赏析的过程中，干老师还提出了一系列的问题：“诗人潜意识里除了听到啼鸟声，还听到了什么？”“这时候他是睡着还是醒的？”“到底是‘风雨声’在前还是‘啼鸟声’在前呢？”“‘风雨声’在前了，可是为什么诗句要把‘啼鸟’放在前面呢？”然后，干老师还让学生按照时间顺序把诗句重新进行排列：

夜
——春眠……
夜来风雨声
——不觉
闻啼鸟
——渐闻——渐觉
处处啼鸟
——闻——觉
——觉悟

而在板书的右边，老师从上到下写着“生命浑然不觉→渐渐觉悟”。这就将诗人从“眠”一直到“晓”的心理过程全都呈现出来了，学生这时也都很明确地知道了这首诗所描写的具体内容，这时再读，学生就能更深入地细细品味诗人随时间发生的内心变化了。

但是对最后一句“花落知多少”该用什么语气来读，老师在大屏幕上展示出“悲戚、感伤、凄厉、淡淡的惆怅、无心的宁静”等几个关键词，学生仍异口同声地认为是“淡淡的惆怅”。妙就妙在，干老师依然没有直接告诉学生“淡淡的惆怅”是否合适，而是适时地引入其他的诗句进行对比分析。

“春眠不觉晓——这是怎样的睡眠？是‘午睡醒来愁未醒’的‘睡’吗？”

“处处闻啼鸟——这又是怎样的‘啼鸟’？是‘子规夜半犹啼血’，还是‘雄鸡一叫天下白’？”

“夜来风雨声”——又对比了“好雨知时节，当春乃发生”“吹面不寒杨柳风”“昨夜雨疏风骤”，学生理解了“雨”其实并没有感情，“夜来风雨声”中的风雨是那样自然而然地在夜里出现了。

“花落知多少——这是怎样的花落呢？是‘无可奈何花落去’，还是‘春来草自青，春去花自落’？”干老师又引出了李清照的《如梦令》，比较两诗的异同，还引入了张先的《天仙子》进行诗意上的关联。循循善诱，步步深入，直到那一朵花赫然绽放——“‘花落’与‘绿肥红瘦’有什么区别？‘知多少’与‘知否？知否？’有什么不同？——这当然有区别啊！诗人对花太敏感的一颗心啊！”

这时再拿出武器——王国维的“有我之境”和“无我之境”来进行分析，学生就豁然开朗了。这种紧张的脑力劳动，让课堂回归了课堂，让学生真正成了学习的主人，教师与学生也充分地进行了交流与提升。

这个细读的过程中，有几点尤为关键。

第一，教师的解读能力。可以说这是课堂得以深入的前提，苏霍姆林斯基说，只有当一个老师的知识是学生50倍的时候，他的课堂才可能丰富精彩。而这些无不与老师的阅读密切相关，读教材、学科根本性书籍、文史、科学理化、教育教学理论、心理学理论、哲学等，精读与速读相结合，专读与杂读相结合。新教育网络师范学院中开发了很多课程，我只选修过《文本解读与设计》，作业完成不达标，最后结业时也没合格。学习过程中，我发现自己的问题意识很薄弱，学习的定力恒心也不够。解读中有很重要的一个内容，就是比较意识。比较这个文本与那个文本的差异。通过精细的对比，深入文本的内部。同时，又需要有丰富的背景知识，从而帮助解读者入其内又出其外，不至于破坏文本的整体性。

第二，对关键性的知识要有把握。比如，在讲《春晓》时，其实从一开始，干老师对“有我之境”和“无我之境”，就是有预设的，他就是想通过几首诗的比较阅读让学生充分理解什么是“有我之境”什么是“无我之境”，最后，这个目标达成了。那么，学生就获得了通过这个“武器”去阅读理解其他文本的能力。与这个相关的，还有课堂上出现的“潜意识”这个词语，还有“符码”“以己证诗”“儒道精神”等，都入了学生的“武器库”。理清了关键性的知识，学生就不仅能读懂这个文本，还能读懂这类文本。诗歌鉴赏一直是我高中教学中最薄弱的内容，而一直到高三，学生对诗歌鉴赏也依然比较茫然。读懂了这首，读不懂那首，赏析时常出现牛头不对马嘴的局面。我也需要好好梳理一些关键性的知识，让这些“武器”帮助学生打开古典诗歌的大门。

第三，对学生的学习水平要有充分的认识。如果缺乏对学生的认识，预设性的内容就可能成为横在老师与学生之间的障碍，而不会水到渠成，成为一个合理的提升点。这不仅需要老师研究所教学生本阶段的学习特点和心理特点，也需要老师准确了解他们的已有知识，才能让学生学有所得。

第一套大纲强调精确，第二套大纲强调浪漫，但是第一套大纲在利用教材时，也要有“浪漫—精确—综合”的过程。可以说，只有两套大纲充分地互补，课程的完整性才可能形成，学生的思维发展能力才可能有质的飞跃。语文学科是一个蕴含着丰富知识的宝库，等待师生们共同去探索发现。在以后的教学中，我会努力建立完善本学科的两套大纲，形成自己的课程特色，让每节课都成为我和学生共同的期待。

《荷塘月色》课例设计对比反思

深圳市翠园中学　李　琴　深圳市布吉高级中学　张海云

教学设计一

一、学习目标

（一）知识与能力目标

（1）培养学生诵读能力，把握本文的情感脉络，领悟情景交融的写法。

（2）体会散文的语言美，学习作者运用语言的技巧，培养学生揣摩散文语言的能力。

（二）情感与态度目标

理解作者在作品中所流露出的彷徨苦闷的心情和洁身自好、向往自由美好生活的情怀，培养正确的审美观。

（三）过程与方法目标

在教师恰当的提升引导下，培养学生“自主、合作、探究”的学习方式，让语文课具有开放性。

二、教学重难点

（一）教学重点

（1）揣摩语句，体会作者复杂的感情，把握本文的情感脉络。

（2）体会散文的语言美，学习作者运用语言的技巧。

（二）教学难点

理解作者写江南采莲旧俗的作用；鉴赏作者运用语言的技巧，特别是通感修辞手法的特点及作用。

三、教学过程

第一课时

（一）导入新课，揭示课时目标

同学们，有一首歌名叫《荷塘月色》，大家喜欢吧？为什么？（学生应该有话说，可以说歌词美，或说意境美，或说曲调美等）谁来清唱几句？（学生积极展示）的确很美，说实在的，我也很喜欢这首歌。不过我今天有一个问题想请教大家——我们能不能拿这首歌的曲调作为朗诵朱自清先生的同题散文《荷塘月色》的背景音乐呢？（学生积极发言，可能意见不一）到底能不能，我们今天就来学习这篇散文，希望通过这堂课，同学们能给我一个完整的答案。（出示课件，揭示学习目标）

（二）检查预习效果

（1）介绍作者——我认识的朱自清（生平经历、创作成就、感人事迹）。

教师适时补充，特别应引导学生了解作者作为具有独立人格的自由知识分子的一面。（出示幻灯片）

（2）检测字词的理解和运用（出示幻灯片）。

（3）学生用自己的话复述《采莲赋》的内容。

（三）再读感知

（1）师生简单复习朗读技巧（出示幻灯片），生自由朗读课文，并回答下列问题。

① 找出文章主要写景段落和主要抒情段落，同时找出文中表现作者心情（直接抒情）的语句，体会其情感。

② 理清线索，即作者的情感脉络和作者月下散步的游踪。

（2）同学之间交流朗读成果，并朗读抒情的段落和句子。

（四）思考提问

（1）听配乐朗读（可以试着闭上眼睛听），对比自己的阅读体验，并说说自己的感受。

（2）提出自己不懂的问题或认为需要讨论探究的问题，批注在课本上。

第二课时

（一）品读赏析

（1）朗诵课文第4～6段。局部研讨，欣赏朱自清笔下荷塘和月色的幽美，试着鉴赏作者写景的技巧，借助图片形象直观地品味比喻、拟人、通感等修辞的表达效果，体会语言之美。朱自清的散文语言典雅清丽、新颖自然（朴实自然美），《荷塘月色》保持了这一特色。朱自清很注重语言的锤炼，且善以轻笔淡彩的口语来绘神状态，表情达意。《荷塘月色》中动词与叠字叠词的运用，不仅准确而传神地渲染和强化了诗情画意（含蓄美），而且节奏明朗，韵律协调（音乐美）。

这一模块以学生小结为主，教师借助相关幻灯片做补充，并提示学生做笔记。

（2）荷塘月色图（含学生画作）展评，有兴趣的同学画一幅荷塘月色图（可以画在纸上，也可以用多媒体制作）。图画和文段语句比较，你更喜欢哪种方式？为什么？（提示学生可以从描绘景物的技巧及效果来比较，引导学生赏析月色下的荷塘，品味语言的妙处，体会景物特点和作者情景交融的高超写作技巧）

（二）思考探究

（1）找出表示作者心情的句子；结合时代背景思考，作者“颇不宁静”的心情缘于何？

明确：《荷塘月色》表现了作者为国家民族命运而焦躁不安的矛盾心情，既表现了作者不愿同流合污的高贵品格，也表现了他不愿投身武装革命的小资产阶级知识分子的弱点。这是他当时真实心态的反映。

（2）作者引用《采莲赋》《西洲曲》中写采莲的事情，有什么作用？

明确：以采莲的热闹衬托自己的孤寂。

（三）作业布置

《荷塘月色》的语言艺术是很高超的。有丰富表现力的语言并不是靠辞藻堆砌出来的，本文的语言美主要表现在语言的生活化与艺术化相统一上。例如，“叶子出水很高，像亭亭的舞女的裙”一句除“亭亭”一词外，都是口语；“叶子出水很高”是写实的一笔，不需要修饰已经很准确了。但作者不满足“摹形”，他要传荷叶之神。于是，他抓住荷叶的状态特征以裙作比，“亭亭”二字便成了点睛之笔，一位窈窕淑女临风起舞的优美姿态出现了，那展开旋动的裙与硕大舒展的荷叶融为一体，荷叶的动态美便跃然纸上，可谓形神兼备。请同学们也找到这样的例句进行欣赏，并写一段文字表达你的理解（100字即可）。先小组交流，后各小组推荐出2～3段质量较高的文字全班展示，并说明推荐理由。

教学设计二

——《荷塘月色》的情感体验

一、教学目标

（1）懂得知人论世、知世论文，准确理解作品表达的感情。

（2）学会从文本中揣摩作者的心境，理清作者感情变化的脉络。

（3）掌握体会作者情感的基本方法：直接抒情法，知世论人法，景因情异、景随情染法。

（4）从作者的处世态度中得到启发。

二、教学方法

品读、交流、探究。

三、学时安排

1学时。

四、学习过程

（一）温故知新（朱自清其人其作）

略。

（二）品读体验情感

（1）作者为什么“这几天心里颇不宁静”？

（2）作者打算用何种方式来平复这种心里的“不宁静”？这体现了作者怎

样的涵养？

（3）②～⑥段依次写了哪些对象和内容？作者"颇不宁静"的心情，在这样的环境中有所好转吗？具体有了哪些变化？

① 第②段描写了哪些对象？作者的心情如何？

② 第③段主要内容写什么？"这一片天地"和"另一世界"具体指什么？从这一段可看出作者心情有怎样的变化？

③ 第④⑤段是本文写景的精华之所在，它们分别描绘了哪些景物？这些景物构成了怎样一幅画面？这幅画面有什么特点？作者的心情变得如何？

④ 第⑥段描绘了一幅什么画面？作者的心情有何转变？

（4）⑦⑧⑨三段作者满怀兴致地描写江南采莲的旧俗，表达了作者怎样的情怀？

·（5）第⑩段作者从艺术世界回到现实家中，心情又如何？他可以安心入眠了吗？

（三）总结归纳

略。

（四）作业布置

（1）《导与练》第37页"随堂训练"。

（2）下一学时我们学习的课题是"圆润天成—荷塘——《荷塘月色》表现技法探微"，请大家先自行归类。

【两个课例的对比反思】

《荷塘月色》是我国现代文学史上著名的诗人、散文家、学者、民主战士朱自清先生的代表作。这是一篇写景抒情的散文。在这篇散文里，作者给我们描绘了月下荷塘的美丽景象全文语言优美、典雅，是一篇著名的美文。本文构思巧妙，所写的荷塘，是月下的荷塘；所写的月色，是荷塘上的月色。作者将描写荷塘与描写月色巧妙地结合起来，突出优雅、朦胧、幽静的意境之美。语言优美，恰当地运用比喻、通感的修辞手法，是本文的一大特色。学生仔细阅读，反复品味，领悟渗透在文章中的作者的情感、匠心独运的构思以及语言艺术的魅力。

由此可见，教学设计一的目标还是比较准确的。两节课的内容相对集中但不算紧凑。本课的重点是课文第⑤⑥段的赏析。通感的修辞手法，很多学生是第一次接触，也是重点之一，但教师对这堂课的难点把握还不到位。这篇文章文笔优美，但是同时带有朱自清先生一贯的文思散漫、情感细腻、落笔联想多的特点，再加上学生对时代背景模糊不清，这堂课上起来颇有些难度。上这一课遇到的最大问题是，如何寻找一个突破口，能够做到小切口深分析，以及如何找到一个贯穿全文的线索能够让这堂课上起来流畅、自然。

平等的师生关系是现代的主旋律。从教学设计一可以看出，该教师视学生为一个个活泼的生命体，尊重学生，平等对话，有以学生为本的意识。这节课在这方面表现得较突出。从教学设计也可以看出该教师对多媒体运用比较青睐。随着多媒体在教学中的广泛应用，语文教学的天地大大拓展了，影像、图片、音乐、文字资料更是让语文教学"左右逢源"。不过教学设计一展示了大量的图片影像资料，有夏日荷叶荷花，有雨中月下荷花，有特写的荷花，有古诗意境的荷花、现代气息的荷花，还配上了许多古人咏荷之诗句，以及动态的荷叶荷花影像等。这是否会导致学生注意力大部分被画面所吸引以至在文本的解读和鉴赏上反而图片化、浅表化，难以入情入境，体味不出其意境之美，对作者心理的微妙变化及对语言的品味也难以披文入情？这是一个值得思考的问题。同样需要拿捏好尺寸的地方还有第一课时的导入部分。教师让学生去唱同题流行歌曲的做法值得商榷。两者的意境和情感主旨是否具有高度相似处？这对提高学生听说读写能力有没有实质影响？唱歌本身是否也会过多耽误课堂时间？课堂并不一定要热闹或一味追求教学语言而滑向空洞的抒情化乃至煽情，使学生大部分时间只是听老师讲或是看老师和其他同学的活动，关键还是看正确的教学目标能否有效达成。

对于此课的设计，教学设计二中，教师的主题是"一位有担当的成熟男人的哲学思考：哪里走？"标题就给人一种大气、沉稳、眼前一亮之感，细想又觉得非常切合文本中所体现出的朱自清的思想。能总结出这样的主题，除了老师深入细致地了解朱自清作品及他的生活经历、为人之外，还加上了他本人的反复思考。

从教学设计二可以窥见这节课的设计独具匠心，每一步的设计都体现了教师的智慧。

设计智慧之一：上一节公开课要有主题，这个主题并非所上的课题，而是对本课题最有感悟的一点思考，这节课的主要内容就围绕这一点思考展开。该老师对文本有自成体系的研读，只有对文本有了透彻的理解，才可能有这堂课的纵横捭阖、潇洒自如。

设计智慧之二：采用了学案，最重要的是学案的设计充分体现了散文“形散而神不散”的特点。学案共设计了五个由表及里、由浅入深的问题供学生思考（形散），每个问题都围绕着“《荷塘月色》的情感体验”来设计，突出了本课的重点：朱自清的情感变化（神聚）。这五个问题，恰好将本文的文脉贯穿其中。该老师找到了朱自清游荷塘的情感作为切入点，将作者的写景与抒情很好地结合在一起，这样学生对文章的理解就变得系统而具有整体性了，散文形散而神聚的特点也就能一下子被把握住了。学案是老师精心设计的，凝结了其智慧。

设计智慧之三：厚积薄发，大家风范。该教师说：“《荷塘月色》我虽然上过很多次，但是为了上这一节公开课，我还是备了三天课。为了这一节课，我又去看了朱自清其他的很多散文。”学生以学为主，教师不学无以为师，教师学识丰厚，学生终身受益。作为一位有二十多年教学经验的老教师，为了上好一节公开课，课后还如此下功夫！因此，我们才充分地感受到这位教师的旁征博引，才能感受到他对朱自清的情感有如此深刻的理解。在教学策略的把握上，这位教师也是有讲究的。他把背景材料附在学案后面并在一开始就围绕知人论世将课堂气氛调动起来。社会背景如在眼前般慢慢铺开，将学生带进了欣赏课文的氛围中。

抒情散文不好讲，我想这是许多老师一致的看法。原因不一：情感不好把握有之，分析不到位有之，不知从何讲起有之。《荷塘月色》是众多散文中比较难讲的一篇，不好找突破口。从文眼“这几天心里颇不宁静”开始，但不好继续讲下去，以去引导学生，课堂容易死气沉沉；从作者行程开始，显得单调肤浅；从朗读开始，课堂重点不突出。不得不说，的确有相当难度。很多教师喜欢分析描写荷香月色的那几段，因为比较具体，相对好驾驭一些。作为一篇抒情散文，作者集中笔墨描写月下的荷塘，但已远不是平日走过的荷塘了，而是作者心中的荷塘。通过这些景物作者表现了自己“出污泥而不染”的品质和洁身自好，不与黑暗势力同流合污的情怀。作者时而以荷塘为主景，以月色为背景，动静结合，运用鲜明的比喻、通感手法，由远及近、从里及外地描绘了月光下荷塘的无边风光；时而又以月色为主景，以荷塘为背景，别出心裁地虚实为用，浓淡相宜地勾勒了整个荷塘的月夜风采。作者努力挖掘蕴含在大自然中的诗意，让声、光、色、味都透出神韵，共同点染荷塘月色绰约的风情。这样以景衬情、情景交融的写法，不仅使作品富有诗情画意，也使作品具有情趣美。在分析景物特点和技法时，一定要明白这是含情之景，不可单列出景而抽空了附在景物上的情。景物描写融入了作者的感情，景物便有了生命力。从教学设计一中的布置作业，也可以看出这位教师没有充分认识到这点。能否把情景交融这个点讲透，是决定这堂课上得成功与否的关键。在学生的学习中，尽管这是一篇很美的文章，但是学生往往不能静下心来揣摩景色之美，究其最大的原因，就是不明白这优美景色之后埋藏着朱自清先生细腻的情感。第二位教师很好地抓住了写景是为了抒情这个精髓，将这醉人的荷塘月色背后朱先生的情感剖析得丝丝入扣，让学生能够自主地抓住这条情感的脉络去仔细品读景色之美，仔细揣摩作者情感之深。因此，在这位教师的精彩演绎中，这篇经典的传世之作终于能够让学生安静下来深深思索。

经验丰富的优秀教师的课例设计通常会有以下几个特点：第一，想教的内容与实际教的内容一致；第二，教学内容与语文课程目标一致；第三，教学内容契合学生实际需要。

通过对比，这两则教学设计令我收获颇丰，也激励我不断探索，于探索中成长。对于教师而言，课例设计应该努力做到以下几点：第一，对所教内容有自觉意识；第二，教学内容较准确并与语文相关联；第三，教学内容相对集中。

值得一提的是，在备课过程中花大力气关注的应该是实际耗费大量工时的教学内容，而不是一开始就陷入教学方法，从“怎么教”去入手解决“教什么”的难题，这属于本末倒置，甚至可能导致整个教学过程南辕北辙。

借得梅花一缕香

——浅谈记叙文中的抒情和议论

深圳市布吉高级中学 袁 琳

高一的学生因要做好作文的衔接，需以训练记叙文为主。众所周知，记叙文无论写人还是记事都必须具有真情实感。细节描写在传情达意方面的确有其不可替代的重要性，学生在习作中也深知这一点，因此细节描写大多能做到细致、生动、可感。除此之外，在记叙文中恰当插入抒情和议论的句子进行渲染，既可以直接点明人物的思想性格，评价人物，阐明所写事件的本质意义；又可以更鲜明地点明中心，深化主题，增强文章的感染力，让读者如临其境，并产生强烈的共鸣。高一的学生虽然也知道在记叙中穿插抒情和议论，但常常会出现如下问题：①立意肤浅；②抒情和议论的内容与记叙的内容不能有机地融合，有游离之感；③缺乏真情实感，只是套话俗话。例如，“啊，多美啊！”“这是多么叫人感动啊！”由此可见，要想在初中的基础上对记叙文予以升格，就一定要加强抒情议论文字的训练。那么，在文章的什么位置进行抒情议论？又如何进行抒情议论呢？接下来，我将从四个方面加以分析。

一、对典型人和事进行抒情议论，由个别上升为普遍

所谓典型，是指作者精心选取的既具有独特个性，又能反映一定社会本质的人和事。他们往往超越时代的局限而具有永恒的性质。比如，老舍在《我的母亲》一文中，就塑造了一个不识字、始终生活在艰难困苦中却依然勤劳、坚韧的母亲形象。在她身上，我们看到了母性的光辉与伟大，她温柔慈祥却坚贞不屈，她甘愿吃亏却绝不软弱，她用自己的一言一行感化孩子，她给子女的是生命的教育。这不单单是老舍的母亲，更是中国千千万万生活在底层社会的母亲的缩影。老舍在文中有一段抒情文字：“生命是母亲给我的。我之能长大

成人，是母亲的血汗灌养的。我之所以能成为一个不十分坏的人，是母亲感化的。我的性格、习惯，是母亲传给的。她一世未曾享过一天福，临死还吃的是粗粮。唉！还说什么呢？心痛！心痛！”当读到这段文字时，很多有类似生活体验的人会感同身受。

我的学生龙丽婷在《春风拂面》一文中塑造了一个在地铁站找“我”借钱又冒雨准时在“我”指定地点还钱的诚信陌生人形象。被爸妈数落一天，在本以为遇到骗子，却准时收到钱的那一刻，作者这样写道：“那一刻，我坚定了自己的想法：以后定要尽己所能地去帮助需要帮助的人。这个世上，不免有利用人心的人，但更多的还是真正需要帮助的人啊！赠人玫瑰一枝，手留余香一世。有缘相逢的人啊，不知道那天你的面试成功与否，只愿你的生活春风拂面，而我也将春暖花开。”这段话置于结尾，让人感觉宕开一笔，将爱由一个陌生人上升到所有有一面之缘的人。我们常说，一个城市是否有爱，关键看对陌生人的态度。作者借钱的举动、陌生人还钱的行为，都让笔下的城市和生活更富于人情味。

再如我校李晓欣同学《身边的历史》一文，通过爷爷的讲述和自己所见所闻所思所感，叙述了深圳改革开放三十多年来的巨大变化，让没有到过深圳的人读了犹如身临其境，感慨万千。作者在结尾这样写道：“深圳人是拓荒牛，深圳的速度是一日千里，深圳是世界的奇迹，是中国人的骄傲。我想，我一定要好好学习，将来长大了，像父辈那样去建设深圳，让深圳变得更美、更新、更充满活力，为实现伟大的民族复兴奉献自己的青春年华。那时，我将为我是深圳人而感到无上的荣光！”作者把深圳这座城市日新月异的变化，放到整个华夏民族伟大复兴的大背景下去写，从而使之具有了典型性与时代性。

二、情到浓时，自然而然地进行抒情议论，更能打动读者

例如，鲁迅的《阿长与〈山海经〉》在写到阿长为“我”弄到了梦寐以求的绘画版的《山海经》时，情不自禁地说，“这实在是出于我意想之外的，不能不惊异。我一向只以为她满肚子是麻烦的礼节罢了，却不料她还有这样伟大的神力。从此对于她就有了特别的敬意”，用欲扬先抑的手法赞美了阿长对“我”的重视与关爱。这种爱是如此深长，平时根本就难以发现。正是有了这种爱的支持，“此后我就更其搜集绘图的书，于是有了石印的《尔雅音图》和

《毛诗品物图考》，又有了《点石斋丛画》和《诗画舫》”。可见，阿长在那个压抑人性的封建社会，带给鲁迅多么珍贵的思想启蒙。又如，在《藤野先生》一文中写至作者被同学诬陷考试作弊时，鲁迅愤然写道：“中国是弱国，所以中国人当然是低能儿，分数在六十分以上，便不是自己的能力了，也无怪他们疑惑。”这些文字因情感的自然流露，至今读来都具有震撼人心的力量。所以，情到浓时，适当加以抒情和议论，能使情感得到进一步的升华。

在龙岗区第三届创意作文比赛中，我校卓淑雯同学以《感悟朝霞》一文一举夺魁。在我看来，其制胜法宝之一就是精当的抒情和议论。此处举两例予以说明。其一，在写到父亲在“我”出生不久便独自到深圳创业，留下“我”与母亲守候在静谧的家乡小村，“我”总去桥头等他时，这样写道：“小小的身影在桥头驻足长留，默不吭声地守候着。多年后，当我看见电影里紫霞仙子站在城墙上痴痴等待着身披金甲圣衣、脚踏七彩祥云的意中人时，颇觉得那些年我等待的姿态也如同在等待一位盖世英雄。他会不远万里，乘着霞光归来。”这句话狠狠地在我的心里打了一掌，因为那个80后耳熟能详的《大话西游》中美丽而痴情的紫霞仙子；因为人生中的每一个值得守候的人；更因为朝霞作为一个载体，承载了每一段值得守望的时光，从古至今，世世难忘。其二，写完自小到大与父亲聚少离多，有一次暑假全家人去海边，与父亲相约看朝霞时，作者这样写道：“流年如许，我已婷婷。关于那首反复吟咏过的诗，我了悟日深。父亲在我幼年所缺失的那段光阴，是为了给予我更加安逸的生活。那些年，他是意气风发的青年才俊。他当时离家的场景就像电影里去往他乡的年轻人的对白：有人‘去国怀乡，满目萧然’；有人‘竹杖芒鞋轻胜马’‘一蓑烟雨任平生’；而我的父亲为了迎接朝霞而归的日子，只得‘黄金百战穿金甲，不破楼兰终不还’。那日海边朝霞初乍的惊现，令我豁然。父亲的一次次离开都是为了一次次地归来，与我相拥。”那一刻，作者读懂了朝霞，更读懂了父爱。读者亦从中明白，散是为了聚，离别是为了更好地重逢。自然与人生皆是如此，因此就更加珍惜与自然、他人的每一瞬相聚。

三、在点明文章主旨时进行抒情议论，文章才更加深刻

前文已经说过，记叙文中恰当插入抒情和议论的句子进行渲染，既可以直接点明人物的思想性格，评价人物，阐明所写事件的本质意义；又可以更鲜

明地点明中心，深化主题。例如，胡适在《我的母亲》结尾这样写道：“如果我学得了一丝一毫的好脾气，如果我学得了一点点待人接物的和气，如果我能宽恕人，体谅人——我都得感谢我的慈母。”这就点明了文章的主旨——是母亲在生活中教会“我”如何做人，“我”对母亲充满深深的敬爱和感谢之情。若缺少这段话，文章感情的浓度和思想的深度都会被削弱。又如，我班学生陈文丽在《它不普通》一文中叙述了家乡的旧宅。虽然旧宅小而老旧，但它见证了几代人的成长故事、生命的轮回、事业的变更。不管人和事如何变迁，古宅依然伫立在那里，它看似变了，实则未变。结尾写得很好：“古宅啊，它不普通。它听过新生命诞生时的笑声，也听过生命离去时的哀号；它看过一家人和和美美的团聚，也看过两个老人独留宅中的依偎；它见过父亲是从农民到商人，又从商人到农民的变化；它经历了风风雨雨，也经历了晴空万里，它似乎一直在变，却又一直没变。”文章的深刻性由此呈现。再如，曾津萱同学的《风尘仆仆》一文，作者写了主人公5岁上幼儿园，15岁中考，25岁当妈妈，35岁带着孩子与妈妈一起散步的几个故事后，在结尾写道：“5岁的儿语，15岁的烦躁，25岁的成熟，35岁的沉思。人生就是如此短暂，如树叶掉落在地面的声音。我们匆匆地来，再匆匆地走，渴望、急切、风尘仆仆。”作者从人生的不同阶段感悟到同一个道理：人生“譬如朝露，去日苦多”，我们总是匆忙地从人生的某一阶段奔赴下一个阶段，却很少驻足思考，生命的意义究竟是什么。这样一来，带给读者的不仅仅是一篇文章、一种感动，更是一种形而上的价值追寻。

四、在对文章结构起重要作用时进行抒情议论，文思会更加清晰

记叙文中运用抒情议论时要做到衔接自然，即弄清楚上文的记叙与抒情（或议论）之间必然的内在联系，这种紧密联系的地方就是自然衔接的关键位置。在指导学生训练时，我注重让学生寻找它们的位置，明确处在不同位置的抒情、议论作用是不同的，也就是说根据文章的需要，要恰当安排，让抒情议论能够“各归其位，各司其职”。涉及具体训练时，我先引导学生从范文中找出抒情和议论的位置：有的安排在开头，如《菜园小记》中的开头就先发议论：“种花好，种菜更好”；有的放在一个层次或一段文章的结尾，起归纳小

结作用，如《菜园小记》中记叙夏夜谈心后的“一切都使人感到真正的田园乐趣”；有的放在全文的结尾，起收拢全文、点明中心或深化主题的作用。然后让同学们针对自己的作文，寻找遗漏之处，穿插恰当的抒情或议论。龚静娴同学的作品《暖墟》就在开头、中间和结尾部分插入了精彩的抒情议论性的文字。开头这样写道：“我总是喜欢在每天回到家后静静地看着手中的玩偶。说它是玩偶倒也不确切，它是前阵子流行的‘滑稽’表情包。那是我和她们一起买的，属于我们的共同回忆之一。”接下来就讲述了一群纯真的高中女生的友情故事，让读者与作者共同进入那个相聚相离、相喜相泣又相携相斥的少女世界。“我”和书婷、怡晴、念云在高一下学期分班后，因为性格脾气相投成了好朋友。四个人每天在一起学习、玩耍，相处得十分融洽。但随着高二的到来，班主任要求三个人坐一排，因为书婷性格偏静，又爱读书，所以“我”提出让书婷自己坐在前排，“我”和怡晴、念云坐一起，尽管“我”知道这种想法非常不对。坐到新座位的最初，“我”觉得十分开心，也慢慢地淡忘了对书婷的愧疚。但后来尝到了苦头，因为“我”在学习时经常被二人打扰，而且她们扰得“我”越发烦躁，终于有一次“我”对两位好友发出怒吼。书婷要“我”去道歉，“我”的骄傲却不允许自己这样去做。写到此处，作者加了一段抒情议论的文字：“从那以后，我觉得有些东西变了。我为了不显得尴尬，更多地选择和书婷待在一起，与那两人的话少了一些。念云开始跳过我问怡晴问题，那本来是该我来回答的，可我没有再去抢着回答，我觉得不应该多管闲事，所以我略微弯着腰，假装写题写得专心，让两人能够更好地探讨问题。于是，念云更多地愿意和怡晴分享事情。我们三人在时，她们两人更多地聊些我不知道的话题，而我只能尴尬地在一旁听着。这就像一个恶性循环，不断沉淀着火花，只等待一个契机，它就会瞬间燃烧起来。”紧接着又插入一段议论文字将自己由回忆拉回现实：“我从回忆中出来，捶了捶手中的‘滑稽’。它永远都在笑，现在却仿佛在嘲笑我当初的无知和无礼。人与人之间的关系，总是要细心呵护才能长久维持下去的。无数幅画面从我的脑海中浮现出来，有欢笑的，有哭泣的，刺痛了我的双眼。”这两处文字使得文章在叙述时有了层次和电影蒙太奇的效果，从而打破了叙事的平淡而使文章跌宕生姿，也让作者和读者感悟到友情是珍贵的，是需要呵护的。再看这篇文章的结尾：“后来，我明白了，那都是我一手造成的。我从来都站在自己的角度，仿佛我才是个受害者。我理所当然地认为她们明白有些话只是开玩笑，却忘了自己也是个受不起玩笑的人。当初，书婷肯定知道这个道理，所以让我去道歉。而我，又为什么要因为一点小小的面子，让自己和她们越走越远？我像是个被父母惯坏的孩子，只懂得理所当然地接受父母的道歉和爱，却不懂得付出对等的爱和体谅。我的手指停留在截图的删除键上良久，眨了眨已湿润了的双眼，将眼眶中的水挤掉些，按下了删除键。就让那些回忆成为往事吧！就让自己再次成长起来吧！就让它们全都过去吧！”通过这样的抒情和议论，让文章中心得以升华，让爱有了真正更深层次的意义，也向读者展示中学生确实成长起来了，不囿于一人一事一情地成长起来了。从学生的文章来看，这种训练对确定抒情或议论的那个点是极有益的。

虽然在记叙文中进行抒情和议论能点明中心、深化主旨、强化感情，但必须注重“量”的优化。记叙文中抒情和议论的篇幅不宜过多，否则会喧宾夺主，本末倒置；也不能过少，以致立意得不到升华。这就必须指导学生通过分析、挖掘来确定它的“量”。对于定“量”，要灵活掌握，不要呆板；要讲究实效，切忌无病呻吟和强加的公式化。检验“量”是否恰当的标准是能否收到水到渠成、相得益彰的效果。这里介绍两种训练的方法：可以让学生就同一篇习作写出3～5段抒情或议论的句子，然后通过比较，选择一两段最精彩最恰当的；也可以写一段，写好后反复推敲反复修改，直至满意为止。这样，学生就能渐渐地摸索到其“量”的奥妙。

我们可以从以上四个方面指导学生在记叙文中穿插必要的抒情和议论，必须注意这四个方面不是孤立的，它们既互相联系，又互相渗透。这种训练必须注意四个方面联系的规律性，使它们成为一个协作的整体，这样，才能取得理想的教学效果。

第四辑

积极创新科研

作为一线教师，如果只知“死教书”，就无法把书教“活”，最终也只能是“匠人”，远离“大师”境界。

把书教“活”，教师所教知识才会“常教常新”，学生所学也才能推陈出新。新从何处来？新从科研来。作为拥有锐意进取精神的教师，没有人喜欢陈词滥调，没有人愿意拾人牙慧。我们要积极创新科研，不断用理论指导实践，再从实践中吸取经验教训。如此，理论与实践不断结合完善，教育之花必将常开不败！

高中语文学习的难点和重点主要集中在阅读与写作方面。教师在读写教学方面多下功夫研究，多花心思指导，必能让学生的读写能力得到大幅度提升。高中阅读的重点在实用类阅读和文言文阅读。实用类阅读如传记阅读，对学生的精神世界能产生正面影响，能塑造其积极的人生观、世界观、价值观。文言文阅读，一直是众多学生的“心头恨”。教师的文言文教学有创新，不仅能让学生喜欢学，还能学得好，并且能培养学生美好的人文情怀。初中到高中，是学生思想发展的关键期，学生记叙文能不能有飞跃式进步，关键看初高中作文衔接得好不好。

人们常说“语文是百科之王”“得语文者得天下”，语文学习必须引起师生共同高度关注！语文创新科研，势在必行！

科研之一：
龙岗区中小学教学研究2015年度教师优秀小课题

“创新文言教法培养人文情怀”结题报告

深圳市布吉高级中学　易东晖　徐 飞

2015年10月，我校申报的“创新文言教法培养人文情怀”课题，经深圳市龙岗区教研室评审，立项为区课题。立项之后，课题组成员以科学的态度、创新的精神，扎扎实实地开展研究工作，经过两年多的研究，达到了研究的预期目标，取得了比较丰富的成果，现将研究情况报告如下。

一、课题研究背景

1. 创新文言教法，培养人文情怀是普通高中语文课程标准的新要求

《普通高中语文课程标准》中明确指出：“语文是最重要的交际工具，是人类文化的重要组成部分。工具性与人文性的统一，是语文课程的基本特点。”中学生学习中国古代优秀作品，体会其中蕴含的中华民族精神，为形成一定的传统文化底蕴奠定基础。古诗文是语文教学的一座富矿，古代文化博大精深，我们要从深层次激发学生学习古诗文的热情，进而切实提高教师文言文教学水平。高中《普通高中语文课程标准》还对文言文教学提出了要求：“阅读浅易文言文，能借助注释和工具书，理解词句含义，读懂文章内容。了解并梳理常见的文言实词、文言虚词、文言句式的意义或用法，注重在阅读实践中举一反三。诵读古代诗词和文言文，背诵一定数量的名篇。”这对学生文言文学习提出了明确的要求，特别是强调学生自学古诗文的能力训练，要求让学生通过自学取长补短，促进合作和相互了解，通过阅读优秀作品，品味语言，感受古诗文的思想和艺术魅力，发展想象力和审美力，培养良好的现代汉语语

感，努力提高对古诗文语言的感受力。

然而，长期以来，我们的古诗文教学出现了两种现象：第一，传统的语文阅读教学，偏重于教师的“教”，对于学生的“学”，特别是充分发挥学生主体性的“探究性学习”，则明显地忽视了。理念的错位导致了学生语文自读、自学能力的低下，导致了“高分低能”现象的产生。针对这一现状，我们提出了“高中阅读教学研究性学习”的研究课题。第二，在语文阅读教学中，文言文阅读占有很重要的地位，并且难度相当大，尤其从初中到高中，跨越性很大，学生普遍反映难以适应，教师也普遍感到难以入手，文言文阅读教学难以进行。针对这种情况，我们首先瞄准“高中文言文阅读教学研究性学习”展开教学研究，力求有所突破。

2. 创新文言教法，培养人文情怀是我校提高语文教学质量的需要

在我们进行这项研究之前，布吉高级中学语文整体水平不高，尤其是古诗文阅读水平较差。一是受生源影响，学生成绩水平差距很大。表现在学生与学生之间、班级与班级之间的差距较大。很多学生不喜欢文言文，因为在传统的文言文教学中，文言文意味着不停地翻译和背诵。这让学生忽略了文言文学习中的趣味性和知识性。另外，有部分教师在文言文教学时，总是急于让学生明白文章的意思，一味增强文章学习的趣味性而忽略了最本质的目的——语言的学习。再者，有的教师为了完成教学目标，学习所谓的“有的放矢”，在教学过程中急于对重点的字词归类，脱离了课文的语境，让文言文的学习陷入了背诵与应考的误区。这样造成一部分学生排斥学习古诗文。据了解，现在很多学生读不懂古文，不愿看传统经典文学作品。不懂传统文化和基本文史知识、缺乏人文素质的“传统文盲”并不少见。究其原因，还是学生文言文底子薄，没有形成语感，对一些基本的常识性的词语掌握不够。

3. 创新文言教法，培养人文情怀是提升学生人文素养的需要

在文言文教学中，我们以往基本上都围绕着高考的指挥棒来进行教学，这是现实的需要。高考文言文考查的重点在“言”上，因此在实际教学中，教师们都重视“言”的讲授，轻视了对“文”的挖掘。长此以往，就会造成学生学习兴趣下降，甚至厌恶学习文言文。如何改变这种局面？关键是处理好工具性与人文性的关系。在文言文教学中，“言”与“文”是紧密相连、相辅相成的。“言”体现的是语文学科的工具性，“文”是它的人文性。“言”是先行者，为通往“文”架构了一座桥，或者说为“文”这座高楼大厦打下了坚实的基础。语文要想做到真正的回归，不该厚此薄彼，“文”固然重要，但“言”也不能马虎。“言”是文章的外在形式，是文章的基础；“文”是文章的内在形式，是文章的灵魂。“言”为“文”而生，“文”以“言”表达，二者要和谐统一，方能完成文言文的教学内容。文言文教学中，我们应该在学生掌握基础知识的同时，有效地引导学生进行鉴赏，挖掘教材，适当拓展延伸，推动学生对文本深入理解，升华情感。

巴尔扎克曾经说过，艺术是思想的结晶，艺术作品就是用最小的面积惊人地集中了最大量的思想。如果学生只能记住“之”字有几个意思，或何为使动，何为后置，可以知其然地正确翻译，所有课文却不知其所以然，那是永远不能深悟这些“大量的思想”的。教师教授文言文不仅要注重开发学生的创造性，还要注重培养学生的人文性，让语文教学充溢学生的人生。文言文是古代思想的精华、中华智慧的结晶，作为教书育人的现代教师，我们应该让学生做到真正的“腹有诗书气自华”。

4. 全国各地文言文教学研究方式的借鉴意义

中学生为什么怕读文言文？因为文言文和我们的时代隔了太久，与现代汉语的差异太大，如果没有经过必要的语言训练，已经很难读懂、看懂和理解。更重要的原因是文言文的作用被广大中学生忽视。大部分中学生除了阅读课本中的文言文篇目，一般不读其他的文言文作品。再加上文言文课堂教学方法的单一性，也使学生学久生厌，不自觉地疏远了文言文。

文言文阅读教学是当前语文教学中最薄弱的环节。语文教学片面往往追求文言文阅读应试对策，只注重字词句式分析，忽视文言文对提高中学生素养的整体功能，从而导致了文言文阅读教学目标的严重缺位和异化。如果不打破文言文教学这个“瓶颈”，中学生学习文言文的兴趣就提不起来，中学生的整体素养就难以得到提高。

全国各地的文言文教学方式值得我们借鉴。第一，文言文教材生动化。在课堂中教读文言文时，师生的生活与文本中主人公的隔阂是必然的，阅读时真正的“对话”难以展开。第二，文言文课堂生活化。在我们的文言文课堂中，小组讨论法、分工合作法、游戏猜读法、讲述故事法、集体表演法、读写结合法、创新体验法、古戏欣赏会、对对子、文言吟诵赛等合作学习的方法经常出现。文言文是名川自然，是亲情至性，与我们的生活非常贴近。语文教师要善于积极引导学生品读、品味文言文的人性美和人情美，鉴赏古诗词曲赋中抒发的平常人的喜怒哀乐，领略散文小说中可歌可泣的平常人的故事，发现文言文的无穷乐趣。第三，课堂交流文言化。设立教室“文言角”：建立文言文书柜，专门陈列“四书”“五经”等传统文言文典籍，以及文言文杂志、报纸等资料，供学生自由翻阅；搭建文言文阅读和写作交流平台，用于学生交流文言文读后感。第四，课外活动文言化。

二、核心概念界定

1. 文言

文言是以古汉语为基础经过加工的书面语。最早根据口语写成的书面语可能就已经有了加工。加工方式主要有两种：第一种是省略。古代书写工具笨拙，书写十分费劲，下笔省略，注重简洁，是必然的。第二种是美化。书面语要求写得整齐和优美。

2. 人文情怀

人文主义作为欧洲文艺复兴时期的主要思潮，是一种哲学理论和世界观。人文主义以人，尤其是个人的兴趣、价值观和尊严作为出发点，批判中世纪对科学、文化的摧残，反对蒙昧主义，崇尚理性和智慧，主张探索自然，研究科学，追求知识，接受新事物，全面地、和谐地发展个人的才智。人文情怀，是一种人文精神，即一个人的思想、学识、文化修养、人格情绪等在人生中的综合体现。它包含三个元素：人性、理性、超越性。人性，主要精神就是以人为本，尊重人，尤其将尊重人作为一种精神存在的价值；理性，以科学的意义来说，人是有思想头脑的，能够思考真理，追求真理；超越性，就是追求一种宇宙精神，追求物我交融的心态，可以追问、追求生命的意义。人文情怀是指从人道主义和人文主义出发，体现我们为人处世的一种胸怀。做事和待人从人的本性出发，承认人性的弱点，能够全面地了解人、理解人、关心人、体谅人、尊重人、宽容人，甚至悲天悯人。具有人文情怀的人因为能尊重人、理解人、关心人，会让人有如沐春风之感。现在流行的“人文情怀”是指，对某地区性的文化传承、习俗与文化的自然景观产生了依依不舍的情感和怀念。

三、研究的目的和意义

尝试文言文阅读教学的新思路，抛弃以往字、词、句、章的程式，消除学生阅读文言文的恐惧感，激活学生主动学习的积极因素。

找到突破口（如文言句式等），重点研究，寻求突破，使学生阅读水平得到实质性提高，使文言文阅读教学水平整体上一个台阶。加强诵读，夯实基础。诵读是学好文言文的关键。在文言文教学中，我要求学生必须做到以下几点：①读准字音。文言文中常有一些文言古字，我们在学习中必须首先读准这些字音，只有在此基础上才能理解古文。②读顺文章。把握文章的朗读节奏。停顿不当，会带来理解的困难，有时甚至会造成歧义。由此可见，把握朗读节奏能够帮助理解文意。③读懂文章。书读百遍，其意自见。经过学生齐读、教师范读等多种读书方法后，我往往会再次让学生自由朗读课文。读的环节相当重要，它是学生感知课文内容的前提和基础，而放声自由朗读能够促使学生全身心投入其中，自然感受文言之美。通过几轮诵读，学生已经对文章内容有了大概的了解，为随后知识的了解做了较为充分的准备。

注重学生的阅读实践，最大限度地发挥学生的主体作用，有助于培养学生的研究意识和研究能力，提高学生的观察能力、思维能力、分析推理能力、创新实践能力等。教师应积极发挥学生的学习主动性，把课堂还给学生，为学生搭建展示的舞台。在教授文言时，教师不必要完全按照传统文言教学模式，逐字、逐词、逐句翻译文章，而是可以将课堂变为论坛，让学生将预习时遇到的问题展示出来，大家一起讨论解决。长此以往，学生养成良好的学习习惯，语文功底肯定会非常扎实，语文素养也就会大大提高。

四、研究的目标、主要问题及难点

1. 研究的目标

《普通高中语文课程标准》告诉我们：在文言文阅读中，可以体会大自然和人生的多姿多彩，激发热爱自然、热爱生活的感情；感受艺术和科学中的美，提升审美境界。通过阅读和鉴赏，深化热爱祖国的感情，体会中华文化的博大精深、源远流长，陶冶性情，追求高尚情趣，提高道德修养。这就是本课题的研究目标。通过课题研究，促进学生的文言文学习兴趣，提升中学生人文素养，提高教师文言文教学效率，同时提高学生的语文能力，进一步推进我校新课程改革的进程，改变我校语文学困生的面貌，从而提高教育教学质量。

2. 研究的主要问题

文言文是现代语文的基础，学好文言文，才能从传统文化中吸纳丰富的营养。对于中学生来说，学好文言文还是提高写作水平的关键。因此，高中语文教师有责任和义务引导学生学好文言文。语文教师应致力于研究如何创新文言文教法，并形成与新课改相适应的教学模式；如何让人文素养的培养落到实处；如何利用文言文教学模式提高学生的语文成绩，转化学困生。

3. 研究的难点

怎样让师生转变思想，改变观念，提高认识；如何创新文言文教法，培养学生的人文情怀和创新意识。

五、主要研究方法

1. 多种研究方法

采用理论研究与应用研究相结合、定性研究与定量研究相结合、情况分析研究与对策研究相结合的办法进行研究。包括采用文献综述法、调查研究法、比较研究法等。

2. 特点研究文言文教学

（1）综述法。确定了选题后，我们在对“创新文言教法，培养人文情怀”课题所涉及的研究领域的文献进行广泛阅读和理解的基础上，对该研究领域的研究现状、新发现、发展前景等内容进行综合分析、归纳整理和评论，并提出自己的见解和研究思路。在研究中我们既对所查阅资料的主要观点进行综合整理、陈述，又根据自己的理解和认识，对综合整理后的文献进行比较专门的、全面的、深入的、系统的论述和相应的评价。

（2）调查研究。收集教育现状的资料，有抽样调查和个案调查。这是科学研究中一个常用的方法，在描述性、解释性和探索性的研究中都可以运用。它一般通过抽样的基本步骤，多以个体为分析单位，通过问卷、访谈等方法了解调查对象的有关资讯，加以分析来开展研究。我们也可以利用他人收集的调查数据进行分析，即所谓的二手资料分析的方法。

六、研究的主要阶段及具体安排

本课题研究分为以下三个阶段：

1. 准备调试阶段（2016年1月—4月）

（1）小组制定总计划，研究成员制定个人研究计划。

（2）搜集有关评改方式的研究资料，为课题的顺利进行打下基础。

（3）落实研究班级、教师，做好前期工作，制定实验计划。

（4）就目前主要的文言文教法进行研究，初步探讨适合自己的文言文教学方式，指导学生在课前充分利用课本注释和工具书，自己读课文，着重整体理解，强调诵读。练习反馈，及时指导。

2. 重点突破阶段（2016年5月—9月）

学生在阅读文言文的过程中，慢慢地暴露出一些共性的问题，教师将进行重点突破。此阶段我们将开展丰富多彩的活动，如演讲、课本剧表演、征文活动，寓教于乐，让学生走进博大精深的古诗文世界。

（1）组织教师学习文言文创新教学的教科研论文，聘请专家到校举办讲座，进行研究指导，明确研究的目的和意义。

（2）学习与研究课题相关的书籍和资料，提高课题研究教师的理论水平和教学实践能力。

（3）采用多种方式方法实际操作，并归纳出文言文教学的原则、方法，反复实施。

（4）探讨古诗文中人文精神的培养，创新文言教法，培养人文情怀。对原先的计划、实施进行必要的总结、反省或调整。

3. 总结延伸阶段（2016年10月—2017年2月）

对学生开展研究性学习可能达到的水平做出预见性判断，确定目标；对实施过程中可能出现的困难做出充分的估计，制定相应的对策。本阶段将开展课题研究，进行方法指导，侧重于帮助学生拓展思路。组织学生进行研究成果交流，要求不仅仅出示研究的结果，更要突出研究的过程和方法。本阶段还要在继续进行研究的同时，总结成果，以论文汇编、总结、个案分析、教学软件、实验报告或论著等形式公布研究成果，并组织专家鉴定。

（1）通过示范课和研究会，总结出有效的方法，然后推行。

（2）通过对学生的调查了解，反馈教与学的信息。

（3）检测研究活动实施的效果。

（4）撰写文章交流，推广经验，互相学习。

七、研究的实施过程

1. 着力营造古诗文教学的良好氛围

（1）把古诗文与现代意识相联系，培养学生学习古诗文的兴趣。古诗文中有许多东西需要我们做更深入的、透彻的理解。学生无法站在古人的角度去理解，但如果站在现代人的角度，用现代意识去诠释的话，效果会极佳。古诗文中的许多内容，文字上易解，要深入领会却非易事。因此，这种古今结合的方法不仅可以极大地激发学生学习古诗文的兴趣，还可以培养学生关心政治、关心社会生活的自觉性。古诗文中所传承的中华文化也易于被学生消化吸收，能对学生树立正确的人生观、世界观、价值观起到良好的导向作用。古老的话题，用现代意识、现代故事去诠释，学生从中得到的人生感悟必将对其产生深远的影响。

（2）提高学生对古诗文的自悟性。自悟往往是学生取得进步的关键所在，老师教与自悟是影响学习效果的外因与内因，外因再好、再强，如果内因不起作用，外因也枉然，而自悟恰恰是内因起作用的表现。自悟能力的培养也是激发学生学习古诗文兴趣的一种方法，具体说就是要求学生做好课前预习。预习是感悟的前提，学生通过预习课文，可以粗略感知作者的观点、情感，获得与作者初步的沟通，在此期间教师应指导并鼓励学生提出自己的看法和疑问。俗话说："闻千曲不如操一曲。"课堂中还应把更多的时间留给学生"说"，让他们在"说"中进一步领悟古诗文中所包含的种种人生哲学、人生理念、人生体验，以便更清楚地解决预习时的疑问。叶圣陶先生说："教材无非是个例子。"我们无非是想借助这个例子让学生去领悟作者取材、命题、立意、组材等方面的技巧，进而体味其中所包含的人文精神，从而指导学生写作和为人，千年流传下来的古诗文恰好是这样的典范。

（3）让学生学会感悟古诗文中的真善美。古诗文作为语文课程中的一个载体，大量、自主、长期地吟诵，能极大地提高学生的人文素养和语文能力。突出中学语文古诗文中的人文精神，对人文精神的关注会使我们的课堂变得更为精彩，会让学生精神更为丰富，心灵更为充实，目光更为敏锐。传统文化具有恒久的生命力，能够跨越时空，我们要坚持超越意识，积极弘扬。人的问题，是人的心灵与终极价值的问题。为此，我们需要与传统文化进行对话，与古人进行心灵的沟通，探析古诗文中的精髓，领悟传统文化的深层底蕴及其现代性，立足于人的整体发展、终身发展来反思人文精神的当代意识，让人文精神之树枝繁叶茂、生机勃勃。

2. 构建古诗文教学的多种课型

将文言文教学作为重点，发其旨趣，掘其深味，让文言文的审美价值与本校的科学特色相结合，使学生在审美情趣和科学思维的相互渗透下，实现学科素养的养成与提升。开展自主探究的学习模式，提倡文言文“一语三文”（语言、文章、文学、文化）教学法，以开展中学文言文语言教学中的审美价值探究和实践，以及高中文言文教学的有效策略与实践研究。

（1）书声琅琅，情意融融。通过细节来引导学生揣摩意趣的诵读，如“今老矣，无能为也已”（《烛之武退秦师》）、“方其破荆州，下江陵，顺流而东也，舳舻千里，旌旗蔽空，酾酒临江，横槊赋诗，固一世之雄也，而今安在哉？”（《赤壁赋》）的诵读。

对于较短的篇目，让学生先翻译，在翻译的过程中学生就把整篇课文熟悉了一遍，明确自己不懂的字、词、句。同时，也可以把有疑问的地方反馈给老师。这样，上课时，学生就会特别注意自己预习时遇到的问题。而老师则通过学生上交的译文来发现学生的问题，充分了解学情，并对学生翻译得不准确的词句进行归纳总结，针对一些共性的问题，在上课的过程中重点讲解。学生知道自己哪些没掌握，老师也了解了学生的情况，避免了满堂灌，课堂效率自然就提高了。教师真正做到了传道、授业、解惑。如果是较长的篇目，则可以标注一些重点句子或词语让学生提前去解决。

（2）“言”“文”相生，探幽发微。让学生含英咀华，口齿留香，老师不能在学生都明白的地方大讲特讲，如在讲《项脊轩志》时，我设置的教学目标之一就是处理学生自学时碰到的难点、盲点。这里强调的还是自主探究的方法，学生先预习，老师充分了解学情，做到有的放矢。比如，“使不上漏”一句中，“上”字属于词类活用，很多学生没能准确翻译。通过学生课前的自主学习，老师在上课时就避免了通篇讲解翻译、学生记笔记不知重点，以及记满了笔记，真正掌握的却极少的现象，做到了重点突出、针对性强、效果明显，从而达到了高效。课后的归纳总结，也可采用此种方法。

在教学过程中，要给足学生时间去自主解决问题，然后老师提问，或者学生质疑，共同解决难题。以往那种老师讲、学生听记的教学模式改为以学生为主角的课堂，充分调动了学生的积极性，从而达到事半功倍的教学效果。

（3）语法突破，总结规律。通过语法知识来判断解题，以苏轼《赤壁赋》中的“东望武昌”和“顺流而东也”为例，前一“东”字是“方位名词用作状语”，译为“向东”；后一“东”字是“方位名词用作动词”，译为“向东进军”。很多学生弄不明白二者的区别，其实，运用我们的语法知识来判断，就知道前一个“东”字是放在动词“望”之前起修饰作用的，是状语；后一个“东”字则需要结合整个句子补充翻译为动词。二者的区别就在于是否放在动词之前。此外，也可借助语法知识，通过比较的方法启发学生，帮助学生辨析文言虚词的用法。

3. 拓展古诗文学习的新天地

（1）勾画批注，自主学习。勾画批注是阅读理解的重要方法之一。所谓“不动笔墨不读书”，教会学生在勾画批注中品读美文，筛选捕捉重要信息、分析文章内容、梳理文章结构、概括文章主旨、体会文章写法、品味和锤炼语言、思考并汲取文章的思想内涵等是语文教学的主要任务。对于勾画批注学法的运用，中学生虽有一定的意识，但仍需在课堂教学过程中进行方法的渗透，让学生学会勾画批注，并在勾画批注的过程中大胆设疑探究，发表自己的见解，自觉主动地学习。

（2）配画学文，感悟情感。《中小学语文新课程标准》中有这样的理念：“拓宽语文学习的渠道，构建开放的、适应时代发展的课程体系。”“配画学文，感悟情感”就是拓宽语文学习渠道，借助绘画分析古诗文、感悟诗人所表达的思想感情的一种学习方法。它可以充分调动学生的主观情感，激发学生的学习动机，实现古诗文的有效教学。

（3）借典激趣，理解主旨。现在很多人都拥有个性的英文名、网名，但是可曾有过字号？来自南京市玄武区高级中学的语文老师许露就给学生布置了这样一个充满趣味的家庭作业，让班上的每一名学生给自己取一个“字”，也可以起一个“号”，并解释其中的缘由。这样可以了解学生的写作情况、文学水平和阅读量，更好地因材施教，还可以增加学生语文学习的乐趣，多了解一些古典文化。人们常选取与名字的含义相关的字以表德行、特性，体现精神追求或自我期待，这是中国独特的语言文化现象。课堂上，许老师向学生介绍了关于古人起“字”的一些常见规律。通常情况下，古人会遵循与自己本名意义相近、相反、相延等原则来起“字”，但也有人按照兄弟行辈中长幼排行的次序取字，如孔子排行老二，所以字仲尼。

（4）联类比照，提升感悟。著名教育家苏霍姆林斯基曾说过：“教会学生能借助已有的知识去获取知识，这是最高的教学技巧之所在。”联类比照就是指在古诗文教学过程中尽量引导学生依据已有知识经验进行类比迁移、加强比较。通过比较，寻找相似点、共通性；通过比较，体会差异性、多样化，从而获取新知，提升自我感悟，是一种文本解读策略。它易于引导学生把各个独立的知识点串联起来，然后理解、记忆，形成规律性的东西。总之，教师因地制宜、精心设计多种学法，带给学生学习古诗文的愉悦感受，让他们在古诗文的学习中根据自身的天赋找到兴奋点，发挥自己的主观能动性，是提高学生学习古诗文能力、提高古诗文教学实效的一剂“良药”。

八、开展课题研究的成效

1. 养成良好的文言文学习习惯

通过课题实施，学生对文言文学习有了全新的认识。学习文言文的第一步是不求甚解识大意。当学生拿到一篇文言文时，都会先粗读一遍，掌握文章的大概意思，遇到不会的字词跳过去，直接阅读下文。这样做有两个好处：一是能够培养学生对于一篇文章信息的提取能力；二是当遇到不认识的字词时，学生不会纠结在那里，失去对文言文的阅读兴趣。第二步是咬文嚼字解字词。扫除这些限制我们的障碍，彻底理解文言文的内容。在这一步，学生会结合注释，理解重点字词的含义，并积累这些字词，为以后的文言文学习打下良好的基础。第三步是深入思考求真意，阅读文言文是为了读懂它，并且明确它告诉我们的人生道理。

2. 激发浓厚的文言文学习兴趣

课题研究激发了学生强烈的文言文学习欲望，学生开始注重对古诗文的阅读。书读百遍，其义自见。这句话用来形容古诗文的学习再合适不过了。阅读可以调动学生多种感官的协作劳动，当然，读也绝不是只有一种形式。多种多样的阅读可以逐渐将学生带回几千年前，让学生的生活、情感、理念与古人相融合，使他们思想境界得以升华，对作品的意境和作者的体验产生共鸣，进而获得美的享受。同时，阅读还可以提高学生的语言表达能力，提高他们适应当代生活的能力，陶冶他们高尚的情操，丰富他们多彩的生活，激发他们的学习兴趣。

3. 切实提高学生的人文素养

渗透民族精神和传统文化教育可引发学生心灵共鸣，陶冶民族性情。古诗文以其充满智慧的魅力与学生精神渴求相对应，如春雨滋润旱苗，渗透到学生的生命脉络之中，实现对其民族性情的陶冶。古诗文以其刚劲的或柔婉的、沉重的或轻盈的手，从不同的角度、音阶和情调，弹拨着学生敏锐的神经之弦，引起他们的心灵共鸣，引导学生从特定角度感知这个世界。古诗文作为语文课程中的一个载体，大量、自主、长期地进行吟诵，无疑能极大地提高学生的人文素养和语文能力。

4. 教师专业化水平得到提高

通过课题研究，老师学习了大量的教育教学书籍，形成了先进的教育教学理念，树立了正确的评价观、学习观、师生观等。老师们坚持以学生为主体，以教师为主导，让每个学生都有所发现、有所感悟、有所体验、有所成就，提高了课堂教学水平与科研能力。课题研究还促进了教法、学法的改变。

九、反思及今后研究的设想

新课程的文言文教学，还有很大的空间等待我们去开发和探索。到目前为止，本课题研究已积累了一定的经验成果，但在实践中还存在以下问题有待在以后的研究中进行深化。

（1）学生文言文学习习惯有待于进一步养成。

（2）切实提高学生人文素养还需要一个过程。

（3）学生审美能力培养还要系统化。

文言文是中华传统文化的精髓，是中华民族宝贵的遗产，是中华文化的丰厚博大与民族智慧的展现，具有永久的艺术魅力。文言教学对提高学生语文水平至关重要。在语文课堂上，学习文言文的机会并不多。抓住难得的课堂时间，培养学生对传统文化的兴趣，训练阅读理解文言文的能力，是我们语文教师不可推卸的重大责任。如何让千年前的文字在新时代焕发出自己独特的魅力，是需要我们一直在实践当中深入研究下去的课题。因此，本课题的进一步研究与推广，对推进中学生文言文教学改革有着十分深远的影响。

科研之二：
深圳市教科院委托开发2016年中小学"好课程"

深圳市布吉高级中学　严小玲

第一课　撒切尔夫人

我们要为希望而努力。

——韩亚楠

在有冲突的地方，给予和谐；在有谬误的地方，宣扬真理；在有疑虑的地方，带去信仰；在有失望的地方，唤起希望。

我不是一位共识政治家，我是一个有信念的政治家。

我喜欢争论，我喜欢辩论，我不希望任何人只是坐在我边上，同意我的观点，这不是他们的工作。

我不在意我的大臣们谈了多少，只要他们按我说的做。

阅读提示

2013年的春天，在英国史册上不可避免地要记上一笔，一位政治巨星悄然陨落，她就是英国第49任首相——玛格丽特·希尔达·撒切尔。这位女性曾经在年过半百之时参与英国大选并一举获胜，担任英国史上首位女首相，还蝉联三届，任期长达11年之久。她来访中国多次，其中两次是在她下台之后，可见其对中国兴趣浓厚。同学们可以对这位与中国有着千丝万缕的联系的英国政治领袖进行了解。

本文主要讲述了撒切尔夫人青少年时期的成长经历，以及登上首相之位后的一段惊人遭遇。玛格丽特·罗伯茨虽然只是个小店老板的女儿，却从小接受"凡事必争第一"的严格教育，哪怕是乘公共汽车也要"永远坐在第一排"。

她接触政治极早，十几岁就在街头与邻居们争论各种时事了。进入牛津大学后，虽然化学才是她的专业，但她显然对政治的热情更高。在1984年的保守党年会上，爱尔兰共和军发动了炸弹袭击，撒切尔夫人险些遇难。但是第二天，“铁娘子”仍然泰然自若地出现在公众场合，显得镇定和自信，对恐怖主义的袭击毫不畏惧。

《撒切尔夫人（1925—2013）》一共有二十一章，限于篇幅，本文只节选了其中的第一章和第十六章。

这篇传记节选自韩亚楠编著的《撒切尔夫人（1925—2013）》。韩亚楠以传记的笔法讲述了素有“铁娘子”之称的撒切尔夫人的人生经历，以通俗易懂的语言，从多个角度，为读者展示了撒切尔夫人的独特魅力，旨在让读者了解她的果敢作风和刚强意志，从中得到指点和教益。她与别的女人缺乏共同语言，宁愿跟男人交朋友。她曾扬言：“给我六个男士和真理，我就能改变一切。”她在政治活动中认识了一个终身的支持者，那就是她的丈夫，一个富商，他的钱和人脉对她极有帮助。她当选的时候，一位同僚不服气地说：“在某种程度上她的性别成了秘密武器，她赢了，因为没人把她当回事。”有人爱她，认为她是经济的救星、国家的英雄；有人恨她，认为她是个独裁者和自大狂。

尽管撒切尔夫人的一生备受争议，但对于这样一位积极而又乐观的女性，我们应该看到她对她的国家和人民所做出的努力，以及对生活所充满的希望，都有值得人们欣赏的一面。

小镇走出的非凡女人

20世纪20年代，英国的格兰瑟姆镇上，有个叫玛格丽特的小姑娘降生了。40年后，英国乃至整个欧洲政坛上出现了一颗耀眼的明星，她就是1979年成为英国第一位女首相，雄踞政坛长达11年之久，被世界政坛誉为“铁娘子”的玛格丽特·撒切尔夫人。

撒切尔夫人对童年的记忆，是一种田园牧歌式的朦胧感觉：阳光穿过菩提树叶子的间隙照进客厅里，父母兄妹总是在她身边。按照家里人的说法，她小时候是个很乖的孩子。父亲对她的教育很严格，经常向她灌输这样的观点：无论做什么事情都要力争一流，永远赶在别人前面，而不落后于人；即使坐公共汽车，也要永远坐在第一排。父亲从来不允许她说“我不能”或“太难了”之类的话。

父亲的“残酷”教育培养了玛格丽特永远向上的决心和信心。在以后的学习、生活和工作中，她时时牢记父亲的教导，总是抱着一往无前的精神和必胜的信念，尽自己最大的努力克服困难，事事必争一流，以自己的行动实践着“永远坐在第一排”。

玛格丽特拥有一个踏实、严谨、笃信宗教的家庭，父亲和母亲都是虔诚的卫理公会教徒。她的父亲阿尔弗雷德·罗伯茨在格兰瑟姆一带还是一个不担任神职，却很有号召力的传教士，他的布道饱含人生智慧。

阿尔弗雷德·罗伯茨早年做过几种工作，多数是食品业。1913年，他当上了格兰瑟姆一家食品店的经理。一年后，第一次世界大战爆发了，阿尔弗雷德是一个赤诚的爱国者，他至少6次报名参军，每次都由于健康原因被拒绝。他的弟弟爱德华参了军，成为现役军人，于1917年在萨洛尼卡阵亡。

到格兰瑟姆四年后，阿尔弗雷德在当地的卫理公会教堂认识了比阿特丽斯·埃塞尔·斯蒂芬森。她是一个裁缝，自己开了一家店。1917年，两人在他们相识的那座教堂结婚，他们的第一个女儿穆里尔于1921年出生，第二个女儿玛格丽特则出生于1925年。

在比阿特丽斯的节俭操持下，1919年，两人利用抵押贷款在北帕拉德买下了一间属于他们自己的店铺。1923年，阿尔弗雷德在亨廷托尔路又开了第二家店。一家人把房子的下层作为营业之用，上层用来居住。两年后，经营规模又扩大了，阿尔弗雷德把与他的商店相邻的两栋房子买了下来。

“楼下开店楼上安家”的生活是非常忙碌的。任何时候——不管是深夜还是周末，只要镇上的人们缺少咸肉、糖、黄油或鸡蛋，就会来这里敲门。为了满足顾客的需要，只要有人敲门，阿尔弗雷德或者店里的伙计就会去接待他们。有的时候比阿特丽斯也要外出收取订单，这时她会和两个女儿一起去。借着这个机会，小姐妹俩认识了镇上的许多人。

除了做生意，一家人的业余生活都是围绕卫理公会展开的。星期天上午11点，全家都要去教堂进行钢琴伴奏。但是，当小玛格丽特对父亲说她也想像朋友们那样——可以不去教堂而是出去散散步的时候，父亲就会回答说：“永远不要只因为别人这么做，你也要这么做。”严格的父亲除了教会玛格丽特“永远坐在第一排”，还教会她不要随波逐流。这些都铭刻在了玛格丽特的心中，成为了她日后成功的基石。

父亲的个性也有慈善的一面。第二次世界大战之前，平民阶层的生活是非常不易的，即使是那些勤奋工作略有积蓄的人家，其生活也并不轻松。他们生活在刀刃上，担心一旦灾难降临，或者工作稍有松懈，就可能债台高筑，沦落到贫民行列。朝不保夕的生活往往使那些原本怀着美好希望的人感到失落，变得冷酷无情，对人缺少宽容。玛格丽特记得，父亲有一次与一位教友讨论一位朋友的“败家子”。这个“败家子”把父母的积蓄挥霍殆尽，身无分文地到父母家求助。那位教友的观点很清楚：那个孩子不好，永远也不会变好，应该把他赶出家门。阿尔弗雷德却不同意这个看法，他说，儿子就是儿子，当他上门求援时，应该用家庭的全部爱和温暖来欢迎他。即使天塌下来，人总得有家可归。

格兰瑟姆的宗教生活非常活跃，各教派之间存在着竞争。镇上有三个卫理公会教堂；有圣伍尔夫拉姆的英国圣公会教堂，按照当地的传说这是英格兰第六高的教堂；还有一个罗马天主教堂，就在玛格丽特家的对面。从儿童的角度来看，天主教徒的生活过得最为开心。第一次参加圣餐会的小女孩会穿上镶漂亮花边的白色礼服，提着花篮。撒切尔夫人后来回忆时说，她当时“很嫉妒她们”——卫理公会教徒要比这简朴得多，如果谁穿一件带花边的衣服去教堂，老教友就会摇头并警告说这是“走向罗马的第一步”。

卫理公会教徒虽然衣着简朴，他们的生活却并非那么枯燥无味。这个教派强调宗教的社会性和音乐，这足以给玛格丽特带来乐趣。星期天晚上教友们经常互相串门，有时他们到罗伯茨家一起吃冷餐，有时罗伯茨一家到他们家去。玛格丽特很喜欢听大人们谈话，他们谈论的话题远远超出宗教或格兰瑟姆，包括国内和国际政治。卫理公会的禁欲主义导致了一个预想不到的结果，这就是教徒们在吃饭上很讲究，常常花去很多时间，许多活动都是围绕着茶会或晚饭组织的。教堂也经常组织活动，不是为了活跃青年人的生活，就是为了搞各种募捐。

除此之外，教会还常举行富有启发性的知识活动。传教士们具有强烈的个性和鲜明的政治观点。镇上的卫理公会教徒及其他新教徒的一般政治倾向偏向左翼，甚至是和平主义者。在1935年组织“和平投票”时，格兰瑟姆的卫理公会教徒表现得很突出，他们在选区内散发民意测验问卷，后来宣布绝大多数“赞成和平”。然而罗伯茨一家有自己的看法，他们认为和平投票是一个愚蠢的主意，应对全国没有为打败以希特勒为首的独裁者及时进行战备而负责。在很多类似的问题上，他们家都属于少数派。

童年时代最让玛格丽特感到兴奋的事，也许就是12岁到伦敦的那次旅行了。在母亲一个朋友的照料下，玛格丽特乘火车到达了这座陌生的城市。伦敦给这个边陲小镇孩子的第一印象真是太深刻了：国王十字车站本身就像一个巨大的蜂巢，人群进进出出，而城市的其他部分也令人眼花缭乱，不愧为一个商业和帝国的首都。川流不息的车辆和熙熙攘攘的行人都让玛格丽特兴奋不已。伦敦的建筑呈现出一种黑色的宏伟和庄严，这也在不断地提醒小小的玛格丽特——她正置身于英国的中心。玛格丽特还去了唐宁街，但她没有哈罗德·威尔逊那样有预见性，并没有在唐宁街10号门前照相留念。这是玛格丽特第一次伦敦之旅，这个小姑娘可能还没有意识到：未来的某个时刻，伦敦乃至整个英国，都将因为她而改变。

后来，格兰瑟姆有了电影院，这给玛格丽特的生活增添了很多乐趣。当时她对好莱坞的浪漫影片着了迷，毕竟那些年正是好莱坞的“黄金时代”。只要花上9个便士，任何人都可以在漆黑的电影院里找个舒舒服服的座位坐下，先看看新片预告，再看看俏皮逗乐的英国有声电影新闻，随后是公益性的短片，如《犯罪是不值得的》等，最后才是正片。电影的内容包罗万象，从《四根羽毛与鼓》这类帝国冒险片到世俗喜剧《女人》（几乎所有业内的女明星都在其中扮演了角色），再到令人伤心的悲剧，如芭芭拉·斯坦威客主演的影片，以及英格丽·褒曼主演的电影。即使在看电影时，玛格丽特也没有忘记从影片中学习一些政治方面的知识。其中令玛格丽特兴奋的是，自己对法国大革命的看法与英格丽·褒曼的观点是一致的。而父亲一直强调的坚持自己的原则的重要性，也在詹姆斯·斯图尔特主演的《史密斯先生去往华盛顿》一片中得到了体现。有些影片，如罗伯特·多纳特扮演的小威廉·皮特，以及伟大的法国演员查尔斯·布瓦那在《玛丽·瓦莱夫斯卡》中扮演的拿破仑，等等，都使小玛格丽特对历史知识产生了更浓厚的兴趣。格兰瑟姆虽然只是个小镇，但每次看电影时，玛格丽特仿佛在梦幻般的想象王国中漫游，她下定决心一定要到现实的世界中去周游一番。后来，历史证明了这一点：成年后的玛格丽特，不仅周游了世界，还影响了世界。

除了看电影，小玛格丽特还喜欢读书。在上小学的时候，玛格丽特就对吉卜林的诗歌和小说着了迷。他的诗歌通俗易懂，能够让儿童了解一个更广阔的世界——实际上是带他们进入许多更广阔的世界——包括人们的工作、英国的历史及动物王国。正如玛格丽特接触到的好莱坞电影一样，吉卜林的作品也让她了解到格兰瑟姆小镇以外的浪漫生活。到这时，玛格丽特的阅读范围已经比班上的多数同学要宽得多。有一次，父亲发现她居然不知道沃尔特·惠特曼的诗，就立即给她“补课”。直到玛格丽特成年，惠特曼仍然是她喜欢的作家之一。父亲还鼓励她读一些古典作品，如勃朗特和简·奥斯丁的作品，当然还有狄更斯的作品——狄更斯的《双城记》有很强的政治性。父亲每周都要从图书馆借两本书，一本是“严肃”的书，他自己和玛格丽特读；另一本是小说，给孩子的母亲看。结果，玛格丽特很快就知道自己喜欢读什么样的书了——任何关于政治或者国际事务的书。例如，她读了约翰·斯特雷奇的《迫近的夺权斗争》。这本书在1932年第一次出版，主要内容是当时很新潮的对共产主义的分析，并且预言资本主义很快就将被社会主义所取代。对于那一代的许多人来说，这样的书是让人耳目一新的。

无论是玛格丽特的本性还是她成长的家庭环境，都决定了她是一个“忠实的”保守党人。不管她读多少左翼书籍，也不管她听到多少左翼的评论，她对自己的政治信仰从来都没有产生过怀疑。对玛格丽特影响尤为重大的一本书是美国人赫伯特·阿加所写的《伟大的时代》。这本书让她明白了非常重要的一点，即反对希特勒的斗争对于社会的文明和人类的命运同样有着重要的意义，这一点超越了国家利益或者势力范围或者资源的获取或者任何其他强权政治中的冲突，尽管毫无疑问这些也是非常重要的。像战争年代其他许多女孩子一样，玛格丽特读过芭芭拉·卡特兰德的《罗纳德·卡特兰德》，作者在这本书中描述了自己的弟弟罗纳德·卡特兰德的一生。罗纳德·卡特兰德是一个年轻的、充满理想主义情结的下议院保守党议员，一直都在反对绥靖主义，后来在1940年的敦刻尔克战役中阵亡了。对于那些坚信这次战争的必要性和正确性的人，以及那些在短暂的一生中保持思想始终如一的人来说，这的确是一个耐人寻味的故事。事实上，这也是玛格丽特十分喜欢的一本书。另外，她还读过理查德·希拉里写的《最后的敌人》一书。该书除了讲述人们在第二次世界大战中经受的恐惧和苦难之外，还指出了隐藏在这些内容之后的，战争在道德方面带给人们的启示。这些书籍也在无形中给了玛格丽特很重要的政治启蒙。

玛格丽特的政治天分，在1935年的英国大选中初步显露了出来。玛格丽特当时才10岁，这一次大选是她第一次涉足政治。她当时年纪还小，还不能为镇议员的竞选做宣传拉选票。但是，玛格丽特也分到了一项工作，那就是把那些鲜红的竞选小传单折起来——这些传单上印着称赞保守党候选人维克托·沃伦德爵士的话。选举当天，她被分派了一个重要任务，那就是不停地往返于保守党委员会的办公室和投票站之间传递信息，告诉他们谁投了票。最终玛格丽特支持的候选人赢了。几年后，玛格丽特已经开始经常与其他保守党人激烈地争论，内容包括鲍德温在竞选中是否误导了选民，以及他是否应当受到谴责——因为大家都认为他没有告诉选民，国家当时面临的危险。玛格丽特家附近有一家卖炸鱼片的小店，她常去那里买全家星期五的晚饭。买炸鱼片的队伍总是一个辩论时事的极佳场所。有一次辩论的题目是希特勒，有人说希特勒至少让德国人有了一些自尊，而且让德国的火车能正点行驶了。玛格丽特激烈地反对这种观点，这让那些比她年长的人非常震惊，而且无疑是有些恼怒了。女店主也笑着说："哦，瞧，她总是在不停地辩论。"

不管怎样，战争还是很快就降临了。1939年9月1日，德国入侵波兰。英国给德国发了最后通牒，要求德国人在9月3日上午11点之前撤兵。那天是个星期天，玛格丽特守在收音机旁，急切地等待着新闻节目的播出，这是她在童年时期唯一没有去教堂的星期天。但是希特勒拒绝撤兵，而广播也现场播出了亚瑟·内维尔·张伯伦从位于唐宁街10号的首相府发表的关系国家命运的讲话。英国终于对德宣战了。

玛格丽特5岁时进入亨廷托尔路小学读书。那是镇上很有名气的一所学校，校舍很新，教师也很出色。离开亨廷托尔路小学后，玛格丽特到凯斯蒂文和格兰瑟姆女子学校读书。学校在镇的另一边，玛格丽特为了节约，中午仍回到家里吃午饭，每天来回要走4英里路。凯斯蒂文的校服颜色是海军蓝，所以人们称那里的学生为"穿蓝校服的女生"。校长威廉斯女士是一位个子矮小、头发灰白、为人正直的妇女。她于1910年创建了这所学校并任校长，为学校立了一些规矩。例如，所有的女孩子，不管学业多么好，都必须在四个学年中学习家政。玛格丽特非常羡慕威廉斯女士在重要场合的特殊着装，如每年一度的校宴或颁奖仪式，这时威廉斯女士穿着漂亮的丝绸衣服，做工精细，看起来极为高雅。但是，威廉斯女士很讲求实际。她告诫学生们，用同样多的钱，宁可买质量好的棉制品，也不要买质量差的丝制品。她的原则是：在自己的支付能力内追求最好的质量。

凯斯蒂文的教师们因其敬业精神而受到全体居民的高度敬佩。给玛格丽特留下最深印象的老师是教授历史的哈丁小姐，她讲课特别引人入胜，使学生们领略到历史课的韵味。不过，玛格丽特在这方面没有得到充分发展，在学业上对她影响最大的老师是化学老师凯女士。即使在战前，在女校中，攻读自然科学的学生也并不少见。一些关于科学突破的报道如原子的裂变，关于塑料的研究开发，助长了玛格丽特对自然科学的爱好。她清楚地意识到，一个崭新的科学世界正在展现，她想成为其中的一员。而且，她知道，将来如果要自己谋生，从事自然科学将是一条激动人心的道路。

玛格丽特从凯斯蒂文女子中学毕业之后，即选定化学专业，于1943年10月，顺利地进入梦寐以求的英国最高名牌学府牛津大学的萨姆维尔学院深造。当时英国的传统学科以古典文学和历史竞争最为激烈，化学则相对冷僻，到了大学还坚持选择这一专业的姑娘就更是寥寥无几。有人说，撒切尔夫人当时对专业的选择反映了她头脑的现实与理智。

萨姆维尔学院是牛津最早的一个女子学院。该学院曾培养出了一批杰出的女政治家，印度前总理英迪拉·甘地夫人即毕业于此。

玛格丽特从此离开格兰瑟姆老家，第一次融入外界，搬进了牛津大学的萨姆维尔学院。对这位18岁的姑娘而言，人生从此开始了新的一页。

牛津大学离格兰瑟姆虽然只有二三百英里的路程，但对从未出过家门（童年时只去过一次伦敦）、孑然一身又孤陋寡闻的罗伯茨小姐来说，多方面的麻烦已经接踵而至。有人说，牛津对这位新生的确“不是天堂，而是炼狱”。

首先，玛格丽特必须通过“乡音”调整关，因为她入学初期明显的林肯郡口音，竟成了同学们的笑柄。在当时的英国，英语的发音是否纯正，是一个人是否出身于名门望族、是否受过高等教育的重要标志。如果能讲一口纯正的“牛津英语”，那就是上等人的气质了。初到牛津的玛格丽特·罗伯茨小姐急于纠正自己家乡的土音，结果往往弄巧成拙，听起来不伦不类，引起哄然大笑，遭到讽刺挖苦。经过顽强的努力，玛格丽特的口音总算是得到了一定的调整。后来，在她成为英国下议院反对党领袖时，又有特定的公关专家帮忙纠正她的发音。所以，此后人们在广播或电视中所听到的撒切尔夫人的声音，早已不是她初来牛津时的那种乡土“原音”了。

其次，顾名思义，女子学院都是女学生，但是罗伯茨小姐很难跟这些女同学融合到一起。她似乎言谈举止比同学们成熟一些，有时说出来的话和做出来的事却又显得幼稚可笑。因此，玛格丽特经常遭到同学们的冷遇和疏远。这既使她不胜苦恼，又加深了她的思家之情。这位女首相后来追述她在牛津大学的生活时不禁感慨道：“我老是想家。当你在家时，绝对体会不到孤独的滋味。头一次尝到孤独的滋味还真叫人难受呢！”在牛津大学的四年半时间里，玛格丽特基本上是独来独往，没有结交什么知心好友。到牛津求学的第三个学年，她干脆搬出了学院的宿舍，邀了两个女同学合租一套公寓。她们之间虽能和睦相处，谈笑自如，但始终没有成为知己。

初到牛津时的孤独、压抑和同学们的冷嘲热讽，并没有使玛格丽特对学习与工作有丝毫懈怠。她仍像在凯斯蒂文女中学习时那样，是同学中最用功、最优秀的一个。当时学院课程之繁重，实验活动之多，令许多学生都感到头痛。而玛格丽特总是精力充沛、勤奋好学，而且把一切活动都安排得稳妥有序。她经常从晚上忙到次日凌晨三点钟，早上六点半又起床，每天只睡三四个小时的觉。这种在牛津大学养成的习惯，直到她出任英国首相时仍然没有改变。她的这一特点使不少精明强干的男士也不禁望而生畏。英国政坛老手、希思派干将，后来又成为撒切尔夫人麾下核心人物的威廉·怀特洛曾评价道：“她的精力十分惊人。谁要是认为妇女不具备男人那样的精力，那就大错特错了。她比男子的精力还要旺盛一倍。她要是让我一天干她那样多的工作，那就要了我的命了！当她以这种步调做事时，一天下来，她周围的人都累得精疲力竭，而她却仍然精神抖擞。”这个一度是撒切尔夫人最有力的竞争对手的保守党元老，就这样为之折服。这当然是后话。

在牛津大学，罗伯茨小姐从不迟到，从不拖交学术论文。她无疑是学生中的佼佼者。

一贯认真严肃的玛格丽特也不乏少女的纯情和浪漫。她在大学时期也曾经历过自己的初恋，但最后以门阀之见而告吹。姑娘失恋后一度痛苦万分，她第一次发现自己引以为豪的父亲和家庭在名门贵族面前的卑微。初恋的失败兴许成了玛格丽特在权力阶梯上不断向上攀登的动力。与初恋情人（一位伯爵之子，日后也成为保守党内的重量级人士）分手之后，罗伯茨小姐虽然也曾在爱河中游泳过，但都因多种原因未能成就姻缘。由于与萨姆维尔学院的同学们合不来，她更愿与学院以外的男同学交往。大学毕业之后，直到步入政治舞台，她的朋友中多以男性为主。成功之后，撒切尔夫人似乎也觉得在男士的圈子里更轻松自如、游刃有余一些。她曾经说过："给我六个男士和真理，我就能改变一切。"

紧张的学习之余，罗伯茨小姐还参加了许多在老家不可能接触到的政治活动。当时，第二次世界大战正在如火如荼地进行。玛格丽特没有置身于政治之外，而是积极、活跃地参加了保守党组织的各项活动，成了牛津大学保守党协会的重要成员之一。1946年，玛格丽特被推举为协会的主席。当时，英国政局动荡不定，保守党和工党斗争激烈，玛格丽特则毫无保留地站到了保守党一边。从某种程度上来说，这与她那保守主义的传统家教不无渊源，但更重要的是玛格丽特在牛津的政治活动中深受保守党的熏陶。她非常钦佩温斯顿·丘吉尔，并立下宏愿要做他那样的政治家。牛津大学也确实是培育风云人物的苗圃，许多攀上英国政治权力顶峰的人，都曾是牛津大学名气很响的牛津联合会的成员，如四次出任英国首相的自由党领袖威廉姆·格莱斯顿、三次出任英国首相的保守党领袖罗伯特·索尔兹伯里、一度出任英国首相的保守党领袖哈罗德·麦克米伦、两次出任英国首相的工党领袖詹姆斯·威尔逊和一度出任英国首相的保守党领袖爱德华·希思等。

在牛津大学就读期间，玛格丽特几乎花费了一半时间去干保守党协会里无人干的琐碎事，而且兢兢业业、任劳任怨，最终成为该协会史上的第一位女性主席，这大概是对她三年来献身于协会工作的忘我精神的酬报。

玛格丽特从此实现了自己迈向政治生涯的起步。保守党协会主席这一职位给她提供了大量机遇，扩大了她在政治上的接触范围，使她大开眼界，锻炼了驾驭自己的能力，学会了从事政治活动所必需的社交技巧。

例如，玛格丽特曾代表牛津的保守党人参加1946年的保守党年会，并在会上发了言。她在会上见到了保守党内所有的大人物。尽管这位保守党女大学生并没有给这些党内领导们留下什么印象，但他们的名字深深地印在了这位才二十来岁的姑娘的脑海里，她也就更为坚定地把自己的政治兴趣和未来前途押在保守党身上了。

又如，牛津大学作为英国新一代精英的摇篮，经常有各党派知名的政治家来校演讲，更是被保守党领导人当成与工党和自由党争夺年轻人的重要政治桥头堡，来访者简直络绎不绝。玛格丽特必须以协会主席的身份出面宴请他们，负责为他们安排讲坛和其他一些迎来送往的事务工作。这样一来，玛格丽特便结识了许多保守党的上层人士，而后同他们保持着联系，实际上是进入了保守党的关系网。曾任保守党领袖、英国首相和外交大臣等职务的亚历山大·道格拉斯-霍姆勋爵，就是玛格丽特出任协会主席后头一个到牛津演讲的大人物。后来玛格丽特进入英国下议院后，曾在他的政府里担任过国民保险部政务次官；他们还一同当过希思政府中的内阁成员。不仅如此，这位玛格丽特早年所崇拜的党内元老，后来还是她内外政策的坚定有力的支持者。

所以说，在牛津这个“炼狱”中度过的四年，对玛格丽特·希尔达·罗伯茨小姐未来的仕途是有重大意义的：她从一个孤陋寡闻、埋头苦干的“杂货商之女”成长为保守党的一名新秀；从一个默默无闻、名不见经传的偏僻小城的中学生变成了一位立志投身政治的女强人。这个女强人即将在历史的风风雨雨中脱颖而出，披荆斩棘，成为令世人刮目相看的政治家。

“铁娘子”与恐怖分子

1984年10月，英国保守党年会在布莱顿的一家大饭店举行，会期一周。

布莱顿是英国南部的一座沿海城市，风景优美，气候宜人，是旅游、度假的胜地。

10月11日晚，开了一天会的撒切尔夫人还在灯下忙个不停：修改领袖演讲稿，批阅政府文件。助手们都跟着忙碌到了12日午夜0时50分，任务完成后，就都纷纷回房休息去了，只留下首相一人苦伴孤灯。身为一位严于律己、工作勤奋的女政治家，开夜车、赶任务，对撒切尔夫人来说司空见惯。

时间静悄悄地流逝，一分、两分……

2时54分，当撒切尔夫人看完最后一页文件，正准备就寝时，一声沉闷的巨响把布莱顿的居民从睡梦中惊醒，也把撒切尔夫人的起居室震得摇摇欲坠。几秒钟的沉寂过后，紧接着又是持续了约莫一秒钟的墙壁坍塌的轰隆声。撒切尔夫人本能地意识到，这是一枚炸弹爆炸了。玻璃碎片从窗户外边迸射到了她起居室的地毯上，纷纷扬扬，下雨一般撒了一地。这时，她还惊魂未定，以为是饭店外的炸弹引爆所致，而不知道爆炸就发生在自己的头顶上。与她的起居室仅一墙之隔的浴室已被炸得一塌糊涂。丈夫丹尼斯从睡梦中惊醒，大惊失色地穿了件睡衣，光着脚赶来看妻子是否无恙。待看到她无恙后，丹尼斯先生才战战兢兢地回去穿衣着鞋。慌乱中他竟穿错了鞋，原来另一只鞋被当时也在饭店投宿的美国大使普里斯外逃时给穿跑了。好在供电线路完好无损，撒切尔夫人和她的随员们当即被迅速转移到一所警察学校歇息。这一宿，“铁娘子”辗转反侧，难以入眠。

第二天，撒切尔夫人接到了更为惊人的消息：她宠信的大臣罗伯塔·韦克海姆和安东尼·比利已经被炸身亡；还有许多人被埋在废墟中，生死未卜。

毫无疑问，这是又一起爱尔兰恐怖分子的炸弹谋杀案，而且是直接冲着撒切尔夫人来的。只因恐怖分子的判断发生了一点儿误差，撒切尔夫人总算毫发无损，从死神手里逃脱出来。这起爆炸案引起了全英国人民的极大关注，人们又一次清楚地认识到：爱尔兰共和军经常地、直接地威胁着英国正常的政治生活，威胁到了广大民众的生命和财产安全。看来政治家，尤其是作为大不列颠首相的撒切尔夫人，已经成为爱尔兰恐怖分子瞄准的对象了。

布莱顿的大饭店遭到炸弹袭击后，撒切尔夫人仍坚持年会照原计划进行。第二天上午9时30分，“铁娘子”沉着坚毅、泰然自若地出现在主席台上。她沉稳有力地大声宣布：

“这次恐怖活动不仅旨在破坏和中止我们的会议，而且企图使我们经过民选产生的政府陷于瘫痪。这次暴行的后果我们已经领教过了。我们震惊，但我们镇定自若且意志坚定。现在，我们大家站在这里，就说明不仅是这一次恐怖活动失败了，而且所有旨在破坏民主的恐怖主义的尝试都终将失败。”

紧接着，撒切尔夫人又去医院看望受伤的官员与平民。当时，医院里又有4人丧生，保守党首席督导仍然昏迷不醒。被从瓦砾堆中救出来的就业大臣诺尔曼·台比特这时伤势严重，卧榻不起。他的妻子也身负重伤，气息奄奄。首相望着她那双绝望的眼睛，不禁忧心如焚。

去医院慰问完毕，撒切尔夫人在警卫严密的护卫下，驶返伦敦郊外的契克斯别墅。一场以谋杀撒切尔夫人为目标的炸弹袭击事件至此尘埃落定。但是，爱尔兰共和军的极端恐怖主义震惊了整个英伦三岛乃至全欧、全世界。

爱尔兰岛是不列颠群岛的大岛之一，西濒大西洋，东隔爱尔兰海，同大不列颠群岛相望，面积8. 4万余平方千米，人口598万（2006）。除东北部现属英国外，其余地区均属于1949年完全独立的爱尔兰共和国。自12世纪以来，爱尔兰人频受英国统治者的经济剥削和政治压迫，民族独立运动和农民争取土地的斗争此起彼伏，从未停止过。百余年来，爱尔兰人大批迁居美国等地，爱尔兰后裔现已广泛分布在美洲、澳大利亚和新西兰等地。

1905年，爱尔兰“新芬党”（“新芬”系爱尔兰语，意为“爱尔兰人的爱尔兰”）成立，并建立自己的武装力量，先叫“义勇军”，后改组为“爱尔兰共和军”。1921年，爱尔兰南部拥有26个郡的“自由邦”成立。1937年，英国被迫承认了爱尔兰自由邦独立。但历届爱尔兰政府都坚决要求归还拥有百余万人口和6个郡的北爱尔兰。几十年来，这一问题始终悬而未决。

爱尔兰共和国有两大政党：一个是新芬党，另一个是由新芬党分裂出去另行组成的“替天行道士兵党”。后一个党在大部分时间里都是爱尔兰的执政党，新芬党的影响力被大为削弱。而“替天行道士兵党”虽主张独立，却放弃了武装斗争的手段。激进的爱尔兰共和军则不但主张爱尔兰全面统一（要求归还北爱尔兰），而且坚持以暴力手段实现目标。近几十年来，它已转变成一个独立活动的秘密团体，一直在爱尔兰各地进行游击战，在英国本土从事恐怖活动。爱尔兰共和军由于热衷于恐怖暴力斗争，先后遭到英国和爱尔兰政府的取缔，但其支持者仍大有人在。在美国，许多祖先是爱尔兰移民的美国人，还为共和军提供支援，甚至偷运先进武器给共和军。中东的利比亚领导人卡扎菲后来也成了爱尔兰共和军的坚定支持者。20世纪60年代以来，共和军的恐怖活动有增无减，而且越演越烈。他们此举的主要意图，是提醒人们对北爱尔兰问题的关注，干扰英国本土的正常生活，促使英国人尽早放弃北爱尔兰的领土，让爱尔兰共和国达成南北大一统的局面。从1956年至1976年的21年间，英国死于共和军之手的计有2700人。从1972年到1976年，平均每年都有285人在爱尔兰共和军的炸弹爆炸声中命归黄泉。

在撒切尔夫人从政生涯中，爱尔兰共和军也制造了若干起轰动一时的恐怖事件。

1979年3月31日，保守党领袖撒切尔夫人在芬奇莱选区主持一个儿童游园会，正当她与天真烂漫的孩子们共享一段轻松愉快的时光之际，一颗安置在下议院停车场的炸弹爆炸了。撒切尔夫人最得力的谋士、影子内阁北爱尔兰事务大臣艾雷·尼夫是北爱尔兰共和军这次袭击的对象。他从下议院地下停车场那浓烟滚滚的小车子中被救出时，已经昏迷不醒，危在旦夕了。他被送往医院，最终死在手术台上。艾雷·尼夫曾是第二次世界大战期间著名的战斗英雄。他在一次战役中被俘，后从科尔迪兹德军战俘营中逃出。事后他又潜回战俘营，成功地组织了一条越狱路线，使大批战俘逃出了希特勒的魔掌。战后，他做过律师、政务次官和后座议员。1975年，他主动承担起竞选保守党领袖的经理一职，成功地策划并导演了撒切尔夫人的整个竞选过程，于当年2月4日协助“铁娘子”一举击败了女王的元老重臣爱德华·希思，成为保守党的领袖。想不到四年之后，这位擅长地下活动的传奇式英雄，这位为撒切尔夫人立过汗马功劳的男子，竟在和平年代惨死于恐怖分子的手中。显然，共和军恐怖分子事先潜入了下议院停车场，把爆炸装置偷偷地安装到了他的汽车底部。

1979年8月27日，撒切尔夫人成为英国首相才三个月，英国女王丈夫的叔父、维多利亚女王的曾外孙蒙巴顿元帅，在爱尔兰共和国度假时，被爱尔兰共和军炸死，时年79岁。他当时正在一艘游艇上，游艇也被爱尔兰共和军暗设的炸弹炸得粉身碎骨，面目全非。这位元帅不仅是英国女王的亲戚，还是国际知名人士，是著名的军事统帅和重要的政治家，毕生战功赫赫。他在二战期间曾担任过东南亚盟军的最高统帅，战后一度出任印度总督，主持了印、巴分治工作。他曾历任北约地中海舰队司令、英国海军元帅、国防参谋长委员会主席等要职。这位海军元帅还是访问中国的第一位英国王室成员。他的不幸遇害，不仅举世震惊，也给刚刚成立不久的撒切尔内阁罩上了恐怖的阴影。

同蒙巴顿元帅一天遇难的，还有18名英军官兵，包括女王私人的苏格兰高地联队司令，他是在唐恩郡被爱尔兰共和国引爆的地雷炸死的。这一系列恐怖活动都构成了对撒切尔政府的严重挑战和巨大威胁，也是对这位在国际舞台上折冲樽俎、纵横捭阖的“铁娘子”的无端羞辱。

1980年10月，北爱尔兰共和军又创“新高”，为英国政坛投下了巨大的阴影。不过这次可不是共和军夺去别人的生命，而是妄图以自杀（绝食）的方式来使“铁娘子”屈服。撒切尔夫人的强硬作风和钢铁般的意志力再次面临严峻的考验和巨大的挑战。事情的经过是这样的：

关押在梅兹监狱中的共和军恐怖分子，向英国政府要求获得“特种囚徒”待遇，否则便绝食身亡。“特种囚徒”待遇的规定始于1972年，是专门为爱尔兰共和军的囚徒制定的。它是当时的英国政府对爱尔兰共和军做出的一个让步。内容包括：“特种囚徒”可以穿自己的衣服而不是统一的囚服，可以与其他“政治犯”自由交往，可以不承担任何监狱指定的劳动。但这一规定只实施了四年，于1976年被英国政府废止。梅兹监狱关押的爱尔兰共和军囚犯为恢复这些特殊“待遇”经常发动暴乱，包括所谓的“肮脏抗议”——破坏监狱设施、弄脏墙壁和天花板等。

针对囚徒们10月发出的“死亡恐吓”，撒切尔夫人本着一贯的强硬作风，坚决顶了回去，不准监狱实施任何“优待”，她认为这是爱尔兰共和军玩弄的花招，是在“推行与暴力行径相呼应的心理战”，而这两个方面均“应予以坚决抵制”。但随着绝食斗争的延续，一些囚徒生命垂危，撒切尔夫人受到了来自各方（含爱尔兰政府方面）越来越大的压力，他们要“铁娘子”尽快采取有效措施早日终止绝食斗争。撒切尔夫人回答得很干脆，说她的政府没有类似的措施；而且她相信，爱尔兰共和军的领导是不希望绝食者放弃这次行动的。因此，她坚决表示，休想利用囚徒们做筹码搞另一种形式的政治讹诈，英国政府将不会做出任何让步。这次绝食在碰壁之后，终于在12月18日自行终止。撒切尔夫人赢得了头一回合的胜利。

1981年3月1日，朗凯什监狱的爱尔兰共和军囚犯们发动了另一次更大规模的绝食斗争。他们指望伦敦方面这次将会屈从于他们的要求，而不至于眼睁睁地看着他们绝食身亡。但这一次，撒切尔政府仍没有屈从的迹象。首相坚定地表示，她的政府绝不会在任何形式的政治讹诈面前做出重大让步。这样到了1981年5月5日，爱尔兰共和军领导人桑兹在绝食66天之后，终于一命呜呼。这一事件立即轰动了国际社会，许多人都指责撒切尔夫人丧尽了天良。

面对来自各方面的巨大压力，撒切尔夫人仍然毫不动容。她在向下议院通报情况时表示：“桑兹先生是一名罪犯，他自愿结束了自己的生命。这种选择是他的组织给少数几个成员的一种‘特权’。”

这年的夏天，陆续有9名绝食者追随了桑兹。当朗凯什监狱的绝食囚犯一个接一个地倒下去时，撒切尔夫人没有改变自己的立场。为了国家的尊严，为了维护政府的威信，她以超出常人的意志力面对着一个个躺下去的生命，尽管他们都属于在押囚徒。人们以为，换另一个首相，定会在面对死亡时怯步不前，只有这个“生性残酷”的“铁娘子”才会如此无动于衷。但是，撒切尔夫人深知，她是在权衡得失利弊和国内外舆论的反应后，做出了最合理的决定。虽说每倒下一名绝食者，她身上的压力便会增加几分，她就要忍受更多的心灵折磨，但她也明白，一旦她做出让步，换来的将是得寸进尺的要挟——更大的麻烦和更多的恐怖事件。

幸运的是，这场兵不血刃的较量，终于以爱尔兰共和军的认输落幕。1981年10月3日，共和军在遭到惨重损失后，不得不宣布终止绝食斗争，以挽救更多的垂危生命。这样一来，撒切尔夫人终以罕见的坚定和强硬，赢得了这次对垒中的最后胜利。但这也为她自己险遭暗算埋下了隐患，并为她的政府树立了一个可怕的仇敌。

1990年5月，爱尔兰共和军的一位发言人就曾在接受《独立报》记者戴维·麦基特里克采访时说过这样令人毛骨悚然的话：

“就个人而言，从1984年以来她（撒切尔夫人）显然吃了不少苦头，但我并不认为她处理爱尔兰共和军活动的方式是合乎情理的。她几乎被杀，我认为我们在布莱顿之后追猎她的誓言仍然有效——‘今天我们不够幸运，但是请记住，我们只要幸运一次就够了，而你则必须永远幸运才好。’”

“在她的年龄上，你应该期盼离休，坐下来吃老本。身旁必须跟着一个永久的保镖来享受你的退休生活将是十分困难的。”

这充满杀机的威胁就登在1990年5月22日英国的《独立报》上。

撒切尔夫人的爱子马克·撒切尔早已上了爱尔兰共和军的黑名单。1981年10月10日，即在爱尔兰共和军宣布停止绝食后的第七天，恐怖分子便在谢尔西·伯莱克斯郊外引爆了一枚炸弹，把一辆满载士兵的长途汽车炸了个底朝天，结果1人死亡，多人受伤。

1982年6月20日，即在撒切尔夫人取得马尔维纳斯群岛胜利之后的第六天，爱尔兰共和军在伦敦著名的海德公园和摄政王公园各引爆了一枚事先设置好的炸弹。这两次炸弹爆炸事件是针对英国皇家禁卫骑兵和皇家绿色卫队的，当场有8人被炸死，53人身负重伤。当时撒切尔夫人及其内阁成员正在唐宁街10号首相府开会，都被炸弹的巨响惊得目瞪口呆。

1983年12月17日，爱尔兰共和军又在哈罗斯百货外制造了一起汽车爆炸事件。撒切尔夫人当时正在参加一个音乐会，闻讯立即赶赴爆炸现场。待她赶到时，伤亡人员大都被送往医院，现场仅遗下一具肢体分离、血肉模糊的小女孩尸体。人们不寒而栗，而更多的是义愤填膺：这种滥杀无辜和残害妇孺的行径实在是罪恶滔天！而具有讽刺意味的是，在5名死者中竟有一个是美国人。须知当时不少美国人对爱尔兰共和军持同情态度，这下他们总该看到爱尔兰共和军的可怕又可憎的面目了。

总之，自1981年绝食斗争失败后，爱尔兰共和军每年至少都要制造一起震惊全世界的炸弹恐怖事件，以此向“铁娘子”施加压力。

1984年，在一切努力失败后，爱尔兰共和军终于把暗杀目标直接指向不为他们的恐怖行径所动摇的首相本人。不料一声巨响后，“铁娘子”却安然无恙，真可说是人间奇迹！

由此不难看出，北爱尔兰问题真正成了“冷战”后英国历届政府深感头痛的问题。

但是，恐惧和头痛并不能终止爱尔兰共和军的恐怖活动。撒切尔夫人作为行政首脑，必须把它优先摆上唐宁街10号的议事日程，寻求一条现实可行的途径，以使恐怖活动得到收敛或最好停止下来。

布莱顿大饭店爆炸案之后，英国与爱尔兰当局之间关于北爱尔兰问题的谈判又开始了。

1984年11月，撒切尔夫人与当时的爱尔兰总理菲茨杰拉德在契克斯别墅举行会谈。这次会谈并没有取得预期效果，因为会谈双方都在追求各自的目标：撒切尔夫人一心想在加强两国合作方面取得进展；而菲茨杰拉德则把分享北爱尔兰议会的权力作为爱尔兰社会民主劳动党参与其中的先决条件，从而暴露了他想组建北爱尔兰与爱尔兰联合整体的意向。此前，“新爱尔兰研讨会”曾发表了一篇关于爱尔兰众多问题的报告，报告中提出了北爱尔兰的三种管理模式，即统一、联邦或组建联合当局。撒切尔夫人对这三种“管理模式”都给出了断然否定的回答，她在会谈后的一次新闻发布会上愤然说道：“那是不可能的！那是不可能的！那是不可能的！”

但是，英爱两国关系并未就此止步不前，双方一直在为达成新的协议而不懈努力。其实，《英爱协定》从1984年下半年起即已开始酝酿。到1985年6月29日，撒切尔夫人与菲茨杰拉德再次会谈时，形式出现了转机。撒切尔夫人本人乐观地认为："我感到尽管我们之间还存在着有待解决的问题，但我们已向达成共同的协议迈进了一步，而且官方会谈取得了许多进展。所以我完全有理由相信得到令人满意的结论是可能的。"他们甚至还讨论了签订协议的时间和地点。

1985年11月15日，撒切尔夫人和菲茨杰拉德总理在北爱尔兰希尔斯堡签署了《英爱协定》。根据这项协定，除非获得北爱尔兰大多数人民的同意，北爱尔兰的地位将不会改变。这样就满足了北爱尔兰反自治主义者（按：此指北爱尔兰境内一部分赞成留在英国之内的居民，他们坚决反对通过公民投票方式决定北爱尔兰的归属问题）的要求。尽管对于爱尔兰共和国而言，这样做实际上是放弃了建立爱尔兰联邦国家的努力，但本协定也规定，在北爱尔兰事务上爱尔兰享有发言权。两国政府将定期举行会议，讨论安全、政治、法律和跨边界的合作等问题。此外，两国政府将联合组成一个秘书处作为合作性机构，这一秘书处将不侵犯双方的主权。

《英爱协定》签署后，反自治主义者大为不快，他们斥责撒切尔夫人变了，"一个反自治主义者背叛了反自治派"。而撒切尔夫人则进行了自我辩解，说她已使《英爱协定》避开了她曾经说过的三个"不可能"的否决方式。不管这里面有无"背叛"情节，至少撒切尔夫人在处理北爱尔兰问题上采取的是一种灵活策略：既实现了她追求的目标，又没有失去她一直捍卫的利益，可谓"一举两得"。这里所说的"目标"，是指英国的"安全现状得到了改善"；而这里所说的"利益"，是指北爱尔兰仍然没有从大英帝国中"分裂"出去。作为英国历届首相中最坚定的反自治主义者，撒切尔夫人堪称智勇与谋略兼备的领导人了。

但是，事与愿违。就在《英爱协定》签署之后，爱尔兰共和军并没有收敛自己的恐怖活动；相反，在1988年之后，这种恐怖活动似有死灰复燃之势。撒切尔夫人不得不全力以赴，把对付爱尔兰共和军作为她最重要的任务之一。她对汤姆·金指示说：

"必须拟定一个文件，采用一切可能的办法。一个也不能漏掉。"于是，作为排除爱尔兰共和军恐怖分子的严厉举措，许多更严密、更先进的侦察方法都用上了。这样，双方你死我活的斗争便呈现出螺旋状上升的趋势。

1988年3月6日，英国保安队在直布罗陀海峡成功地击毙了三名爱尔兰恐怖分子。尽管这三名爱尔兰恐怖分子的身份与目的已确证无疑，但数以千计的支持者在北爱尔兰贝尔法斯特的米尔顿公墓为死者举行了隆重的葬礼，把这些残忍凶狠、毫无人性的杀手尊为光荣的英雄。

爱尔兰共和军对此展开报复。1990年7月30日早晨，又一位撒切尔政府中的高级官员伊恩·高在私宅的公路上发动汽车时被炸得血肉横飞，惨不忍睹。伊恩·高原是撒切尔夫人忠实的朋友和支持者，仅因在《英爱协定》上与撒切尔夫人存在着分歧，才于1985年年底辞去了原职，但他与撒切尔夫人的私交依旧甚笃，两个人的家庭也感情深厚，交往甚密。尽管后来伊恩已不在撒切尔政府中任职，但他仍然强烈反对北爱尔兰自治。结果，这样一个无辜者却最终丧生在爱尔兰共和军的炸弹下。伊恩遇害的当天晚上，撒切尔夫人与伊恩的妻子简·高来到教堂时，发现教堂里挤满了哀悼的人群。他们都默默祈祷死者灵魂升入天堂。但是，对于失去亲人的简·高和丧失战友的撒切尔夫人来说，这终究在她们的心口上留下了一道永难愈合的创伤。

舆论的评价是，撒切尔夫人在其前两届任期内，在内政、外交、军事三方面都取得了赫赫政绩，但在北爱尔兰问题上毫无建树，未能取得举世瞩目的突破，连她本人也险遭暗算。一声巨响，她本人虽侥幸死里逃生，安然无恙，但毕竟留给了世人太多的思考：英国作为西方强国昔日日不落帝国的余威犹在，面对日益猖獗的国内恐怖活动，竟然无甚作为，岂不蹊跷？！

一、思考与探究

（1）在节选的这段文章中，撒切尔夫人能够成长为一名杰出的政治领袖，与她青少年时期的经历不无关系。请结合撒切尔夫人的成长背景，说说如何从众多杰出男士中脱颖而出成为一位叱咤风云的政界要人。

（2）文中有许多饱含撒切尔夫人思想情感的话语。请品味下面的句子，走进传主的心灵世界，和伟人交流。

① 我老是想家。当你在家时，绝对体会不到孤独的滋味。头一次尝到孤独的滋味还真叫人难受呢！

② 给我六个男士和真理，我就能改变一切。

③ 我感到尽管我们之间还存在着有待解决的问题，但我们已向达成共同的协议迈进了一步，而且官方会谈取得了许多进展。所以我完全有理由相信得到令人满意的结论是可能的。

（3）撒切尔夫人小时候就很喜欢阅读，除了小说、政治书籍，还会欣赏诗歌作品。20世纪30年代的校园女孩，喜欢相互在书上题写自己喜欢的鼓励话语给对方。下面的小诗写于1937年3月23日。当时年仅11岁（也有说法是8岁）的玛格丽特·罗伯茨（撒切尔夫人原名）题写于同窗好友的书上。请思考这一首诗反映出当时玛格丽特什么样的思想品质？

Time is easy enough to be pleasant,
When life goes by with a song.
But the one worth while
Is the one that can smile.
When everything goes dead wrong.

赵杰的翻译如下：

生命如斯，轻易快乐，
岁月晴好，一路欢歌。
殊不料然，唯一难得。
身处绝境，笑靥轻抹。

二、拓展与实践

1. 电影欣赏

电影名称：《铁娘子》；国别：英国；上映时间：2012年1月；片长：105分钟；出品公司：温斯坦；导演：菲利达·劳埃德；主演：梅丽尔·斯特里普、吉姆·布劳德本特。

2. 思考

本课中有一段和梅丽尔主演的《铁娘子》影片里一样的内容，即“铁娘子”与恐怖分子的情节，请比较课文和影片的异同，你认为哪一种呈现方式会让你感到更加震撼，请谈谈你的看法和理由。

附：

《铁娘子：坚固柔情》网络评论

梅丽尔·斯特里普亲笔信致中国观众，深情力荐撒切尔夫人传奇故事《铁娘子》：

去年，63岁的梅丽尔·斯特里普凭借电影《铁娘子：坚固柔情》获得第84届奥斯卡最佳女主角，摘得人生第二座奥斯卡影后奖杯。《铁娘子》于去年年初在英国等地上映后，斯特里普一向被世人所公认的实力演技再次征服观众。一位美国人演绎英国最成功的女强人，却有众多国外媒体评价说：“很难找到谁，会比斯特里普能将撒切尔夫人演绎得更好。”该片定档于2013年3月8日国际妇女节在中国上映，在此特殊节日，斯特里普将为中国观众演绎集坚固与柔情于一身的女性传奇。

曾经在《克莱默夫妇》《走出非洲》《廊桥遗梦》等众多知名电影中担任主演，梅丽尔·斯特里普可以算得上是中国观众最为熟悉的国外女演员之一。所以，斯特里普非常看重《铁娘子》在中国国内的上映，还亲笔写了一封致中国观众的信，她在感谢了中国观众对她的关注之后，对《铁娘子》进行了一番满怀深情的推荐，说该片在回顾英国第一位女首相撒切尔夫人的传奇一生时，精巧地穿梭于这位杰出女性的过往辉煌和耄耋当下之间，勾勒了她与伴侣的不渝爱情。在影片中，撒切尔夫人突破了性别和阶级的巨大压迫，凭借自己的“铁腕”从食品杂货商的女儿一步步走到首相的位置。而当相伴她的爱人离世时，坚毅女强人的黯然确实让观众泪下。

曾经在几十部电影中演绎过无数经典角色的斯特里普，在信中流露出对《铁娘子》的热爱，“电影中，有举世瞩目的政坛神话，有传奇背后的情感历程，也有那我必经的渺然离生”。她认为，电影虽然讲述的是一位伟人的一生，《铁娘子》却是关于所有人的电影。

从20世纪70年代末开始，奥斯卡就开始对梅丽尔·斯特里普格外青睐，这位被众多电影评论家称为电影史上最伟大的女演员，迄今为止已经获得了17次奥斯卡奖提名，3次摘冠成功。在中国，观众们将斯特里普亲切而尊敬地称为“梅姨”，得知这一称呼后，斯特里普还特意在亲笔信的最后描摹下汉字“梅姨”，以表她对中国观众的感念，“我期待你们看完这部电影，能有所思所得，但更为重要的是，能享受这部电影悠远至心的力量”。

《铁娘子：坚固柔情》不仅仅是一部女权主义励志电影

2013年3月8日，由梅丽尔·斯特里普领衔主演，讲述英国历史上唯一一位女首相玛格丽特·撒切尔的传记电影《铁娘子：坚固柔情》即将在全国上映。

《时尚女魔头》中米兰达的形象在中国观众中深入人心，而在本片中，梅丽尔·斯特里普如何诠释这位经历传奇、政治手腕强硬的女首相堪称影片的最大卖点。正是凭借在此片中的精湛表演，斯特里普获得了2012年第84届奥斯卡金像奖最佳女主角奖。

梅丽尔·斯特里普也愿意将《铁娘子：坚固柔情》形容为“一个不同寻常的爱情故事”。影片以撒切尔夫人的老年生活开始，并不急于讲述她辉煌传奇的政治生涯，而是从她对故去丈夫的回忆与幻想展开，让观众看到撒切尔夫人性格上脆弱的部分。从女性的角度，电影呈现给观众撒切尔夫人不被大众所熟知的柔情一面。电影中，撒切尔夫人与丈夫丹尼尔之间的爱情细腻深刻。

“我不会跟普通的女孩一样，将一生的时光浪费在烦琐的家务中，每个人的生命都有其意义。那是超越煮饭清洗、照顾孩子，人生命的意义远胜于此。我不能一生终老在洗茶杯上。”年轻的撒切尔夫人在求婚时刻，对自己的爱人说出了自己的疑虑。“我就是因为这样才爱你啊！”丹尼尔的回答如同他在之后的岁月中对撒切尔夫人的爱一样，充满了肯定与支持。伴侣持久不渝的爱给了首相坚如磐石的立业之基，而伴侣的离世也让这位“铁娘子”隐泪失魂。

影片中时间跨度巨大，精湛的化妆技术更让梅丽尔·斯特里普饰演的撒切尔夫人入木三分，不禁令人产生“她就是撒切尔夫人”的错觉。无论是撒切尔夫人经典的发型，还是得体的套装与标志性永不离身的手袋，都精确地还原了曾经叱咤世界政坛的传奇首相的迷人风采。

影片虽然选择在3月8日妇女节上映，不过这并不代表这是一部只适合“半边天”的女权主义励志电影。影片中有关英国政治的桥段可以让男性观众感受到民主的细节，下议院辩论的段落与英阿马岛战争的部分同样符合男性观众的口味。《铁娘子：坚固柔情》不仅有一位影响深远的杰出首相，也有一位普通女人与丈夫、子女间的家长里短。坚固与柔情两个词语正代表了撒切尔夫人两种不同身份的对立与统一，值得观众走进影院，感受这份独特的魅力。

3. 课后传记阅读练习

铁娘子撒切尔夫人：传奇的首相，糟糕的母亲

英国前首相玛格丽特·撒切尔夫人于2013年4月8日上午因中风平静去世，终年87岁。正在西班牙访问的英国首相卡梅伦听到撒切尔夫人的死讯后，立即缩短行程返回唐宁街。卡梅伦盛赞撒切尔夫人不仅领导了英国，而且拯救了这个国家。他表示，撒切尔夫人是英国和平时期最伟大的首相。

撒切尔夫人没有资格享受国葬，但她将享受与英国前王妃黛安娜和英国王太后相同的葬礼待遇，将有军乐队伴奏并在伦敦圣保罗大教堂举行葬礼。

来自保守党的撒切尔夫人是英国历史上第一位女首相，也是英国政坛的传奇人物，执政时间前后长达11年半之久。撒切尔夫人出生于一个杂货店店主家庭，1959年当选英国下议院最年轻的女议员。1970年，英国保守党上台执政后，她担任教育和科学大臣职务。1975年，她出任保守党党魁。从1979年开始，她领导保守党连续3次赢得选举，成为英国历史上连续执政时间最长的一位首相。

在英国政坛和国际舞台，撒切尔夫人素有“铁娘子”的称号。她反对东西德统一进程，担心一个强大的德国对英国构成威胁，因此与德国前总理科尔在各种问题上针锋相对。在欧洲走向一体化的过程中，撒切尔夫人也始终不放弃英国的任何主权。

撒切尔夫人与时任美国总统的里根是铁杆政治盟友，许多英国人至今还把她视为英国的“里根”。里根总统也把撒切尔夫人说成是“英国最佳的男人”。撒切尔夫人与里根把当时的苏联视为最大的敌人和威胁。撒切尔夫人与前苏联领导人戈尔巴乔夫私交甚笃，她的一句名言是：“我喜欢戈尔巴乔夫先生，因为他帮助结束了冷战，我们可以一起打交道。”撒切尔夫人与里根一样，把结束冷战作为自己最值得骄傲的政绩。

在经济政策上，撒切尔夫人与里根都反对扩大政府开支，反对政府对经济的干预。美国人把这一政策称为“里根经济学”，英国人则把这一政策立场称为“撒切尔主义”。西方认为，在撒切尔与里根同时执政期间，美英这两个世界上最重要的西方国家的政治经济“联姻”，使得自由资本主义在意识形态上取得了全面的胜利。撒切尔夫人在欧洲率先推行私有化和执行自由政策的时候，她发表了一句“撒切尔夫人是不会转弯的”名言。

信奉市场经济的撒切尔夫人在英国推行了许多新政，为世界其他国家和地区所效仿。比如，对国有企业进行私有化、去监管化、减税、取消汇率管制、打击工会组织，以及颂扬财富创造，而非财富再分配。在那一个时期，英国保持了经济年增长7%的成绩。时任法国总统的密特朗起初在私有化的问题上与撒切尔夫人唱对台戏，但后来被迫接受私有化。撒切尔夫人乐不可支地说：“人们不再担心染上英国病，他们排队来领取英国的新药方。”

政治评论家认为，撒切尔夫人的经济政策使英国当时摇摇欲坠的经济恢复了生气。但是反对者批评说，她的经济政策使富人更富，穷人被遗忘在一边。然而最值得英国人自豪的是，英国在1982年与阿根廷为争夺马尔维纳斯群岛（英国称福克兰群岛）爆发了一场战争，英国大获全胜，下达战斗命令的就是这位铁打的女首相。撒切尔夫人的继承者是工党前首相梅杰，他评论说：“工党不同意撒切尔夫人的大多数做法，因为她永远是个有争议的政治人物，但我们非常尊重她的政治成就和个人魅力。”

作为西方政治家，撒切尔夫人在国际政坛叱咤风云。但作为两个孩子的母亲，撒切尔夫人很不称职。撒切尔夫人的女儿卡罗尔·撒切尔的前男友乔纳森·艾特肯曾在回忆录中爆料称，“铁娘子”的家庭生活并不和谐，与女儿卡罗尔的关系不融洽，双方少有亲人间的温情。卡罗尔虽对母亲的事业充满敬意，但对她在家庭生活中扮演的角色非常不满。她曾当面抢白撒切尔夫人说：“你是个伟大的首相，同时也是个糟糕的母亲。”撒切尔夫人曾表示，如果时光能够倒流，她不会步入政坛，因为从政对家庭生活和家庭关系伤害太大。

（中国教育网　记者：朱幸福）

课后分析题：

1. 下列对传记有关内容的分析和概括，正确的两项是（5分）（　）（　）

A. 撒切尔夫人从一个杂货店店主的女儿，经过多年的不断奋斗，成为英国政坛上成绩显著的第一位女首相，因此被人们称为“铁娘子”。

B. 撒切尔夫人信奉市场经济，在英国积极推行新政，使英国长期保持了经济年增长7%的成绩，为世界其他国家和地区所效仿。

C. 撒切尔夫人没有资格享受国葬，但她将享受与英国前王妃黛安娜和英国王太后相同的葬礼待遇，这也体现了英国政府和人民对这位传奇首相的无比敬重和悼念之情。

D. 撒切尔夫人喜欢前苏联领导人戈尔巴乔夫先生，因为戈尔巴乔夫结束了造成东西方对立的冷战，使自己最大的敌人和威胁前苏联垮台。

E. 作为西方政治家的撒切尔夫人在国际政坛叱咤风云，但她的政治生涯也给她的家庭生活造成了严重伤害。

2. 请分析全文后概括“铁娘子”撒切尔夫人取得了哪些显著的政绩？（6分）

3. 本文最后一段运用了什么手法来突出人物形象，请简要分析其作用。（6分）

4. 文题中“传奇的首相，糟糕的母亲”概括了撒切尔夫人备受争议的一生，请谈谈你对这句话的理解和看法。（8分）

科研之三：

龙岗区教育科学“十三五”规划2017年度课题

“初高中作文之记叙文衔接策略探究”结题报告

深圳市布吉高级中学　姜俊燕

初高中之记叙文衔接侧重初入高中学习的高一学生的作文写作，以循序渐进的方式有效地提升学生的写作热情。本课题在准备阶段，制定了具体的研究计划，进行了文献研究。实施阶段通过调查问卷和访谈的方式对学生作文写作和阅读的情况进行了调查，然后设置了一些相关教学活动并付诸实践，总结经验。基于学生在记叙文写作方面叙事平铺直叙、写作内容浅薄、语言表达无力等特点，制定了相应的教学策略，并付诸课堂。最后在总结阶段，收集整理课题研究的过程性资料，进行分析、归纳、提炼、总结。现今课题研究已经趋近尾声，已完成两篇论文，一篇教学设计。

一、研究的主要问题

本文试图对初高中语文作文衔接性研究记录进行梳理和探讨。

首先，对相关文献和书籍进行整理和分析，了解现今初高中语文作文教学研究的趋势和不足，为本文的研究奠定良好的理论基础。

其次，通过认真研读初高中的课程标准、考纲、教材等相关资料，梳理重要的知识点，从而提供丰富的写作内容。初中和高中正处于两个不同的阶段，希望能在初中和高中之间建立衔接的桥梁。运用教育学和心理学的相关理论，把初高中语文作文教学变成一个有机的整体，对全面提高学生整体的表达能力和培养良好的语文素养，具有一定的借鉴作用，争取做到语文作文教学的自然过渡和平稳发展。

二、核心概念的界定

本文所说的初高中语文作文的衔接性，是指教师在语文作文教学中，既要突出初中与高中作文知识的重点、难点，又要兼顾初高中之间知识上的衔接和过渡。在寻找初高中知识的衔接点时，教师要带领学生对初中学过的知识进行“再现”“点拨”“引领”，对高中的新知识要做到“启发”“联想”“扩展”，把固定化的知识转化成新的知识，从而达到自然的衔接状态。学生在教师的引导下进行作文练习时，要注意上下学段间知识的相似性，学会自觉迁移知识，主动调整学习方法，在自然状态下对知识理解透彻，灵活掌握作文学习的技巧。另外，教师要遵循学生的心理变化规律，结合相应的迁移理论，辅助学生完成新的学习任务，提高教学效率，做到语文作文知识间的融会贯通。

三、国内外研究现状

从过往的研究记录来看，对初高中作文衔接性问题的研究比较零散，相关的文献有：吕巧玲和汪莉两位老师的《新课程背景下初高中作文教学衔接策略初探》，结合教育学和心理学中的相关理论，提出了解决初高中作文教学的衔接性问题的相应策略；周平老师在《据课标重学情讲协调重发展——从作文教学实践看初高中教学衔接》中写道，初高中教师应该认真研读这两个不同学段间的课标要求，在写作教学设计中注重过程的指导；胡雪峰老师的《初高中作文教学架好桥梁》，指出要把初高中学生看作一个相联系的整体，关注学生写作的心理变化，及时在教学中做好衔接工作；苏红梅老师的《关于初高中作文教学衔接的几点思考》，通过亲自评阅中考语文试卷的经历，发现初中学生写作的诸多问题，又结合高一学生的写作水平和写作特点，得出学生一时之间很难过渡到高中议论文写作的结论，并建议教师在教学过程中要注重与阅读材料相结合，把握好学生的过渡期；广州大学郭文娟的硕士毕业论文《高一作文教学中的问题与对策研究》中写道，高一正处在承上启下的阶段，高一语文作文教学具有其特殊性，从学生的心理特点、课程目标、教材要求等方面提出了相应的解决策略，为初高中语文作文教学的衔接性研究做了良好的铺垫。

综上所述，通过对初高中语文作文相关研究文献的回顾与梳理，我们可以看到，现有的学术成果已意识到初高中语文作文教学衔接的重要性并提出了相关的解决策略，为语文作文教学实践提供了重要的理论基础。但在研究过程中，仍有一些问题值得反思和改进：第一，对于初高中语文作文的衔接性研究只注重现象的描写，缺乏深度研究。虽然提出了教学中面临的诸多问题，但是往往受各种因素的制约和影响，实际教学中很难改变这种现象应用，不能从根本上改善语文作文教学的难题。第二，语文作文教学研究具有片面性，只涉及语文教学的局部研究，缺乏全面整体的研究，在解决这种差异性问题的策略上也不够具体，无法在教学实践中实施。第三，对语文作文衔接性的研究只注重当前问题，多受教材与考试影响，没有挖掘这种衔接问题的本质，忽视了学生人格整体发展的需要。

四、现状调查研究

初高中作文教学做好过渡与衔接，是提高语文教学质量的一个关键问题。初高中学段作文教学在交接“棒”的时候，应做到以下三点：一要稳妥进行；二要顺利连贯；三要做好统筹兼顾。为此，我们在初中与高中记叙文作文教学的衔接问题上进行了调查研究。

1. 调查对象

南湾学校初三（3）班、（8）班和布吉高级中学高一（3）班、5班。

2. 调查方法

问卷调查法（附录）、访谈法。

3. 调查结果与分析

根据初中语文新课标的教学要求，记叙文写作是初中写作教学训练的主要文体。初中生记叙文写作的实际水平，是衡量初中写作教学质量的主要依据之一。为了切实了解初中生记叙文写作的发展水平，客观评价初中写作教学现状，我们曾经搞过调查测评，研究分析表明：初中生的记叙文水平普遍没有达到应有的高度。现状堪忧，问题严峻。透视初中生写作水平现状，存在下列主要问题：

（1）写作兴趣不浓，纯属应付。兴趣是学习的动力。初中生在三年的初中语文学习中，写作兴趣普遍没有提高，74%的学生仍停留于小学五年级的淡薄或怕写状态。作文修改从现象上看，是写作习惯、技巧问题，而实质是态度问题。初中生作文写好很少修改或从不修改的达53%，再加上边写边改草率成文的竟达76%，远不如小学五年级学生重视作文修改。这足以表明，绝大多数初中生对作文抱有完成任务态度，处于应付状态。这是导致初中生作文水平普遍提高缓慢的主观原因。

（2）审题立意能力不强，思维的全面性、深刻性欠佳。本次测查，命题学生虽然十分熟悉，但仍有52%的初中生审题存在不同程度的问题。其中，审题不准确、不能突出重点“最难忘”的占28%；题意范围、特点不明，导致文题不符，把“一件事”写成数件事，把记事为主写成写人为主甚至写景为主的占21%。立意是初中生作文的难点，存在的问题更为严重：有的题旨不明，只是记叙出事情的始末；有的题旨难显，材料不能充分表现主旨；有的题旨杂乱，多中心实为无中心；有的题旨浅陋，使文章失去应有的价值。学生反映在审题立意上的弊病不仅是由于缺乏相应的写作技能，更是缘于思维的全面性、深刻性欠缺。

（3）作文题材失真平淡，不善于调动生活经验。我们命题测试时要求写真人真事，写出真情实感，因为“真实”是记叙文的生命。按理说，每个学生在生活中都会遇到感受深切的事情，都有过成功的喜悦或失败的痛苦，都经历过童年的欢乐或成长中的坎坷，而这些真实的、富有生活气息的经历和感受都能成为该命题极好的题材。我们本该在他们的作品中看到绚丽多彩的生活和纷繁复杂的内心世界，感受到清新的气息和真情的流露。然而，令人感到遗憾的是，他们在作文中所反映的生活是那样的平淡、失真，难以看到个性的光芒。造成这种状况的主要原因是：做人无心体验生活，为文不善于调动生活经验。

（4）表达能力发展不平衡，语言大多苍白空泛。有很大一部分学生，语言表达能力较差，标点使用不当，错别字多，病句迭出，语句不通顺、不连贯，写出来的文章丢三落四，疙疙瘩瘩。叙述线条化、平面化，导致情感缺失。学生在平时的作文训练中表现出的一个突出问题就是叙述线条化，缺乏必要的细节描绘，而在语言上也存在明显的概述化的倾向。主要表现在以下几点：

①故作深沉。主要表现为语言的模式化。动不动就是“可怜天下父母心”“失败是成功之母”“世上无难事，只怕有心人”……语言固化之至，思想老气横秋，毫无与自己的年龄和生活相契合的话语机智，完全失去了青少年学生的天性。②空洞无物。语言基本上是假、大、空的混合物。开篇转弯抹角，结尾喋喋不休，中间亦是空手道，看上去多是些似观点非观点的句子，叙

述不像叙述，描写不像描写，议论不像议论，大多是一些标签式的口号，甚至找不出一点属于个人的语言创意。

高中生记叙文同样存在许多问题，主要表现在以下三个方面：

（1）不符合文体要求。“符合文体要求”是作文基础等级的标准之一。它有两层含义：一是指符合试题规定的文体要求。高考作文有时是指定某种文体，如“写一篇记叙文”；有时是排除写某些文体，如“诗歌、小说、戏剧除外”。如果是指定文体，考生不能随意更改。如果是排除式的，考生可写的文体种类就较多。二是指符合考生自己选定的文体要求。试题不限定文体是给予考生选择的自由，但是如果考生选定了写记叙文就要写得像记叙文，不能写成“四不像”。而目前的状况是，不论是平时的习作还是高考，不符合文体要求的文章比比皆是。

（2）长于概述，短于描写。许多高中生这样写记叙文：通篇是对自己所经历事件的概括叙述，只是故事的梗概，没有主人公的语言描写、行动描写，更没有细节描写、心理描写、环境描写等手法。没有把人物放在矛盾冲突中，没有让人物自己去说、去做，只剩下干巴巴的几条筋。

（3）情节平铺直叙，缺少波澜。很多高中生的记叙文，还停留在初中的“一事一议”阶段，情节简单明了——没有矛盾，没有悬念，没有铺垫，没有照应。平铺直叙，平平淡淡，读了开头就能知道结尾，给人以味同嚼蜡之感，毫无张力可言。文似看山不喜平，考生对这句话耳熟能详，可是一旦下笔成文，就平铺直叙，拖沓冗长。

总而言之，初高中记叙文衔接状况调查显示：初高中学生阅读数量、质量方面需要衔接，记叙文写作意识和写作主动性需要衔接；记叙文课堂教学的方式方法需要衔接，教学的能力目标落实需要衔接，记叙文写作教学能力目标落实需要衔接。

4. 初高中记叙文教学衔接现状原因分析

（1）初高中教师没有衔接意识，《课程标准》没有落实好。

比较初高中语文《课程标准》，我们会发现初高中教学要求有很大的差异。比如，体现在现代文阅读方面：①阅读方法上，初中要求“熟练运用略读、浏览”，高中则要求“能根据不同目的、阅读材料，灵活运用精读、略读、浏览法”。②理解方面，初中要求“理解主要内容”，高中则要求“理解作者的思想、观点和情感”。③分析评价方面，初中要求“能提出自己的看法和疑问”，高中则要求“做出自己的分析和判断，学习从不同角度进行阐发、评价、质疑”。④鉴赏方面，高中更强调自己的情感体验和思考。很明显，在现代文阅读教学方面高中比初中要求都增强了许多。⑤作文方面，初中要求学生“留心周围事物，乐于书面表达，增强习作的自信心。能不拘形式地写下见闻、感受和想象，注意表现自己觉得新奇有趣的，或印象最深、最受感动的内容”。这就是说初中要求学生写作的水平是以记录为主；高中则要求学生“力求有个性、有创意地表达，根据个人特长和兴趣自主写作，做到有感而发”。

（2）高考中求稳心理导致大多数学生选择了议论文，不重视初高中记叙文衔接。

考场作文要求考生在50分钟左右的时间内写出一篇不少于800字的文章，除去书写，构思的时间只有大约15分钟。15分钟内要组织好素材、列好提纲，这个要求是很高的。从选择文体的角度来说，最简单的要数议论文。大多数考生通常会这样做：确立主题后，从正反、古今等角度选几个例子，第一段开门见山，最后一段强化主题，中间插入一些事例就可以了。这样的文章，如果立意正确，文笔好一些的，能得47分、48分甚至更高；文笔一般的，40分应该能够拿到。分数不算太高，但非常“保险”，不会造成语文成绩的大幅波动。选择写议论文，不需要在文章构思上煞费脑筋，字数也容易把握——字数不够，加一个事例；反之，减一个事例而已，不会影响大局。而且记叙文和议论文在表达主题方面，前者远不如后者更直截了当。

写记叙文要做到情节曲折、感情真挚、结构严谨、形象鲜明、描写方法多样、语言有文采，还要考虑顺叙、倒叙、插叙、补叙等等，其难度之大可想而知。一旦某些地方稍有闪失，则满盘皆输。记叙文写得直白，会被认为浅薄直露；写得含蓄，被误解被忽略的可能性很大，有多少考生还有胆量在决定自己命运的高考考场上这样做呢？

总的来说，写议论文只要在素材和语言两方面下功夫，就可以平平安安通过高考作文这一关，写记叙文，难以控制的因素则要多得多。

（3）高考作文题的特点导致学生不重视初高中作文衔接。

虽然高考话题作文、材料作文甚至命题作文大多要求学生自选文体，但并不是所有的话题都适合写成记叙文。话题本身暗含的文体倾向性也影响了学生对记叙文的选择。比如，2006年全国卷Ⅱ高考作文题：目前中国读书的人越来越少。1999年为60%，2001年只有52%。造成这种现象的原因是多方面的。现在的人为什么不读书？中年人说没时间，青年人说不习惯。还有的人说买不起书，相反网上阅读的人越来越多。1999年是3.7%，2003年是18.3%。全面了解材料的原则下选取一个侧面和一个角度，自己确定题目和问题，字数800。中国人不读书的原因到底是什么？虽然题目要求在全面了解材料的原则下选取一个侧面和一个角度，但学生通常会采取最稳妥的方式，对不读书的原因展开讨论，文体自然多是选择议论文。而2006年湖南的高考作文题目干脆明确要求写一篇议论文。2007年的高考作文虽然命题作文的数量增加了不少，为记叙文的写作降低了难度，但是仍有不少作文题很难写成记叙文。

（4）功利化的作文教学现状导致初高中记叙文写作衔接受到冷落。

在高考指挥棒的影响下，记叙文在语文教学中的位置已经日渐尴尬。虽然记叙文是中学生必须掌握的基本文体之一，但有些语文老师并不重视。文学作品阅读教学中，记叙文阅读多被排除在外，因为相对于蕴藉深刻的散文来说，它不符合高考方向；在作文教学中，有的教师为了“避重就轻”，也不太把它当回事。一篇成功的记叙文涉及的因素有很多，如选材、结构、详略、语言等等。这些因素互相影响，哪一方面处理得不好，都可能前功尽弃。所以，老师们最喜欢讲的就是议论文。

语言，慢慢练就是了，在这方面无论写什么文体都是急不得的；结构，没多少花样——总—分、分—总、总—分—总，或逐层深入；剩下的就是审题立意和积累材料的问题了。上作文讲评课，语文老师准备最充分的就是讲跑题、偏题现象，最喜欢在素材的多角度使用上下功夫，整堂课充满了逻辑推理和辩证分析。碰到好的事例，就要求全班同学摘抄下来，并传递着利用材料以一当十的秘诀。在这种大气候的影响下，学生阅读的也多是议论文或议论性散文。学生脑子里积累的素材或优美的篇章段落大部分是带有议论性的。几个回合下来，学生们的作文成绩明显提高。跑题的现象大大减少了，大部分学生都能拿到40分左右。

可从学生的角度来说，他们对这类速成、套餐类的文章充满了厌恶。有些同学非常苦恼：“现在我好像越来越不知道怎么写作文了，每天脑子里就是那几个例子，写什么都是那么几个，特别没意思。”许多老师都已经注意到，作文成绩提高到一定程度，通常也就是37～42分左右，就会停滞不前了。这到底是为什么呢？对记叙文的忽视是一个重要原因。

五、课题研究实践过程

初高中记叙文教学的衔接，是一个系统的工程，包括阅读、写作等方面。因此，课题组工作也从这几个方面展开。

2017年6月：成立课题研究小组，制定实施方案，做好人员分工，并组织课题组教师进行理论学习，查阅有关记叙文教学的资料，做一定的深入研究，提高教师对改革课堂教学、创新教学方法的认识。

2017年9月到同年12月，课题组通过研究初高中课程标准，强化阅读积累的重要性，在自己所教的班级展开多种多样的阅读、练笔活动。具体做法如下：

加强阅读，加强积累。大凡写作水平高的学生，往往有一条最重要的经验，就是书读得多。课题组成员在自己所教班级进行了大量的阅读训练。阅读分课内阅读与课外阅读，两种阅读都起了借鉴与积累的作用。借鉴的主要是方法，积累的主要是素材与语言。

阅读的材料有语文读本、时文选读、世界名著等，可以通过语文课前记名言、背古代诗词达到积累效果。给学生选择合适的文化类电视节目，着重提高其语言表达技巧。同时，把生活作为写作的源泉。

在阅读的基础上对学生进行系统的作文训练，鼓励学生进行文学创作，尝试发表等。日记、周记、随笔、小作文、大作文等都要有量化的要求，实现写作方式的多样化。鼓励学生主动地写作，鼓励学生积极发表作文，实现学生作文发表形式的多样化：班内传阅、班级报纸、学校社团刊物、正规刊物发表等。我们主张作文不仅是写出来的，更是改出来的。教给学生修改作文的方法，可互相评改，互相启发，拓宽思路。

2017年9月开始筛选教材，紧扣人教版单元课文展开记叙文教学。

课题组所有教师从现有教材里选取了3篇文章作为重点讲授的记叙文写作内容，分别是《记梁任公先生的一次演讲》《烛之武退秦师》《鸿门宴》。

《记梁任公先生的一次演讲》着重在人物描写上的正面描写和侧面描写相结合。

《烛之武退秦师》侧重教授学生学习文章叙事方法上的疏密得当和伏笔与

照应，以及写人的不虚美、不隐恶，注重实录。

《鸿门宴》侧重教授学生学习司马迁记叙手法上的人物描写、景物描写、场面描写，以及抒情和议论的运用。

在具体做法上，课题组成员紧扣单元课文特色编写，力求集中单一、具体而有针对性。每单元侧重写作知识的一方面或一点。比如，怎样写人物，怎样写景，怎样叙述，如何描写，如何开头结尾，如何过渡照应，等等。

通过与学生的访谈，多数学生反映良好。2017年12月，课题组成员刘阳通过总结写成教学设计《初高中作文衔接之写人——教学设计》。

另外，课题组成员还尝试在部分班级适当讲解一点文艺学、文章学方面的知识，这些知识的介绍尽量遵循“精练、好懂、实用”的原则。例如，关于文章学的素材与题材、段落与篇章、结构与思路、表达方法、文体与语体、文章技法、风格等知识，紧扣单元进行编写，进行分阶段介绍，从而延展了文学作品的文章学和文艺学的知识链。这样在对文学作品进行相应的解读时，学生才会有章可循，不至于无从下手。

2018年3月，课题组成员在具体的作文教学中，就学生反映最多的文体不分问题，展开了文体训练。

写记叙文，要做到抓住时间、地点、人物等记叙的六要素；贯穿一两条线索，如某种思想感情、某个事物、某个人物、某种行动，使文章结构完整；选择顺叙、倒叙、插叙、补叙等叙述方式，使故事更加精彩；运用肖像、语言、行动、环境和心理等描写方法，使人物栩栩如生；运用特殊的表现手法，如设置悬念、欲擒故纵、点面结合，使文章波澜起伏。要避免多体合一的“杂文”。考场上一旦选定了某种文体，就要按照这种文体的要求来写作，并能突出这种文体的特征。

为了达到这个目标，必须避免将不同文体、不同语言风格的片段堆砌到一篇文章中。在作文训练中课题组成员引入了比较写作的方法：就是在一次作文训练中完成标题、主题、内容相同但文体不同的作文，就可以很好地强化文体意识。比如，以“路”“桥”“窗”等为题的作文，可以写成以介绍其演变历史、类别、功能等的说明文；也可以写成以亲历或是所见所闻的，与这些事物有关的事情为主要内容的记叙文；还可以由此引出自己对这些事物及与此相关的某些人或某种社会生活的看法，从而写成议论文。或者，在一定的要求之下，本可以写成不同文体的一个题目可能只允许写成某种特定体裁的作文。这时，同一个题目“游黄山”，则要依次写成记叙文、议论文和说明文。这种比较训练的方法，能让学生更加明确地认识到不同文体之间的差别，进而主动分析所给材料，找到更适合个人写作特点的文体。由此，学生的习作水准会有进一步的提高。

2018年4月，课题组成员车丽贤就文章的框架结构如何布局，写成了小论文《线串珍珠，匠心独运——高中记叙文的谋篇布局》。

2018年5月，课题组成员袁琳就学生记叙中的抒情和议论的运用，写成了小论文《借得梅花一缕香——浅谈记叙文中的抒情和议论》。

六、课题研究成果

课题组在过去一年多的时间里，取得了以下成果。具体如下：

1. 组织学生进行了大量的阅读活动，课题组成员所教班级学生均有阅读积累本

（1）有针对性地选择文章，拓宽阅读范围，培养学生的阅读习惯，学生的阅读质量得到了提升。

课堂上完成了课文教学目标以后，我们又根据每个单元的学习重点，从各类报纸杂志上有针对性地选择几篇与课文有一定关联的文章或读给学生听，或打印成页给学生看；还让学生利用课余时间自己收集，寻找与这单元类似的文章，然后再到班上朗读给学生听，或相互交换看，把这类文章与单元的课文进行比较阅读。这样，有助于学生巩固课文中学到的各方面的知识，积累多方面的素材。

（2）课题组成员在自己所教的班级每周辟出一节课外自由阅读课，营造了良好的阅读氛围。

课题组成员从自身做起，多读爱读，并且经常涉猎一些学生刊物和各种类型的文学刊物，选取贴近文学生活又文质兼美的短小精悍的文章读给学生听。我们选取了许多优秀的文章给学生，如有萧红笔下充溢着盎然童趣的《祖父的花园》、沃兰茨记载孩童成长心路的《铃兰花》、史密斯咏唱温情的《玫瑰树》、海明威的《老人与海》、海伦·凯勒的《我的一生》等。在阅读这些文章时，不提过多的问题，不让学生感到有阅读负担，只是鼓励学生通过阅读，能轻松愉快地接受熏陶，增强语感，积累词汇，丰富知识面，发展思维能力。

（3）课题组成员每周抽出一节“说”课，发挥学生的阅读能力。

这节课是在自由阅读的基础上开设的。这节课可以作为讲故事、讲新闻、讲笑话等专题课，由学生自己分组轮流主持，并由学生轮流讲，给每个学生提供一个表现自我、锻炼阅读能力的机会。为了“说”好，他们会积极广泛地涉猎课外读物，筛选出自己认为最合适、最精彩的篇章或片段。这样，学生的阅读面多了，知识面也广了，阅读能力也就得到了提高，同时又由“说”带动了读和听，可谓一举三得。

2. 开展不同形式的练笔活动，成果显著

越来越多的同学不畏惧动笔写作文，部分同学的作品获了奖，班级有了浓郁的文学氛围。课题组组员袁琳所教学生李炜珊获得2017年龙岗区创意作文一等奖，陈文丽获得2017年龙岗区创意作文二等奖。课题组组员刘阳所教班级高一（18）班钟艾文同学获得龙岗区第二届创意作文大赛一等奖，高一（14）班吴艾璘同学获得龙岗区第二届创意作文大赛二等奖。

获奖作品有：李炜珊同学撰写的《看，真美》《为我心中的那片海》《有这样一个地方》，张河柳《有这样一个地方》，李嘉茵《看，真美》，熊颖《看，真美》《它不普通》，吴婉珊《看，真美》《它不普通》，陈文丽《它不普通》《一场关于海的梦》，钟艾文《来生》，吴艾璘《彼岸花开》。

3. 筛选课文，开展记叙文教学探究

筛选课文，目前着重对《烛之武退秦师》《记梁任公先生的一次演讲》《鸿门宴》进行记叙文教学探究。

《烛之武退秦师》是一篇短小的历史故事。从教学的“导写”意义上来说，可“以读促写”，让学生学习并模仿其叙事与写人的艺术。我们着重让学生学习文章叙事方法上的疏密得当和伏笔与照应，以及写人的不虚美、不隐恶，注重实录。这主要体现在对烛之武的描写上，故事没有把烛之武刻画成一个高大全式的人物。作者写了烛之武泄怨的这一细节，细写了他的满腹牢骚。这样写，不仅不会让读者生厌，反而会让读者觉得烛之武这个形象有血有肉，极为真实。

《记梁任公先生的一次演讲》强调写人方面的正面描写和侧面描写。正面描写人物的行动、肖像、语言。侧面描写，主要是通过他人来烘托梁任公先生。具体看相应文章。

《鸿门宴》侧重在曲折生动的古诗中塑造有血有肉的多个人物形象。其中，人物描写、场景描写都值得学生反复琢磨。

4. 课题组成员将本项课题的研究过程和成果撰写成相关论文

（1）课题组组员撰写了教学论文《线串珍珠，匠心独运——高中记叙文的谋篇布局》，着重于提升学生记叙文文章布局的能力。文章着重从以时间、空间的转移为线索，以事物、人物情态为线索，以中心时间为线索，以及以思想感情为线索几个方面进行阐述。

（2）课题组组员创作了教育案例《初高中作文衔接之写人——教学设计》，侧重讲述了人物的塑造。文章提供了人物描写的多种手法：语言描写、外貌描写、动作描写、神态描写、心理描写及细节描写。在初中写人的基础上，以更丰富的写作手法让人物丰满生动起来。

（3）课题组组员撰写了教学论文《借得梅花一缕香——浅谈记叙文中的抒情和议论》。

七、课题研究反思

1. 本研究存在的不足

（1）本研究主要研究的是初中生初入高中，记叙文写作方面入手的衔接问题，研究的范围很有局限性，记叙文写作需要多方面的储备，本次研究提供的衔接策略还不够丰富。

（2）多数课题组员对初中教学不了解。因为多数老师没有教过初中，对初中的作文知识仅局限于学生介绍或与个别初中老师的交流。在指导学生写作时，需要花费很多时间等一系列因素都不同程度上对本课题的研究造成了影响。

（3）记叙文衔接教学展开得不够充分。由于高一要在两个学期内讲授完四本必修教材，教学任务重、教学进度快，导致记叙文写作所用的时间还不是很充分，展开得还不够。

2. 体会与反思

（1）记叙文教学衔接弥补了传统作文教学的不足，使教学过程更为循序渐进，教师在教法上有了更加灵活的选择。

（2）从记叙文写作入手讲授高中知识，提高了学生的学习兴趣，使学生能更加积极地参与到课堂教学中。

科研之四：

龙岗区中小学（中职、幼教）教学研究 2015年度小课题

“布吉高级中学文言文校本教材开发研究”结题报告

深圳市布吉高级中学　周　游

一、课题研究的背景

（一）近百年文言文教学的现状呼唤文言文教学不断创新与变革

近百年来，文言文的地位在我国中小学语文学科中发生了多次变化。1912年，中华民国临时政府宣布小学废除讲经读经，新文化运动又提出“废弃文言文，改用白话文”的主张，几经争斗，文言文逐渐失去了中小学语文教学的正统地位。自1920年秋季起，小学一、二年级不再教学文言文。1929年以后，小学高年级也不再教学文言文。初中阶段，1912年起，文言文所占课文的分量开始下降；1923年，初中阶段文言文和白话文在课文中对半开；到1936年，“语体文与文言文并选，语体文递减，文言文递增。各学年分量约为七与三、六与四、五与五之比例”。直到中华人民共和国成立之前，国统区初中文言文分量基本维持在这个比例。高中阶段，文言文一直是重头，但也有少量白话文。需要指出的是，当时解放区的初中高中都是白话文占绝对优势的。中华人民共和国成立后，小学不学文言文，中学文言文所占课文比例总体维持在三分之一。

近年来，在教学改革一浪高过一浪的呼声中，我们终于迎来了部编版中小学语文教材，这套教材课文选文标准在适当兼顾时代性的同时，特别强调了选文的经典性，文质兼美，适宜教学。所以，语文教材中大大增加了传统文化的篇目。小学一年级开始就有古诗文，整个小学6个年级12册共选优秀古诗文124

篇，占所有选篇的30%，比原有人教版增加55篇，增幅达80%。平均每个年级20篇左右。初中古诗文选篇也是124篇，占所有选篇的51.7%，比原来的人教版也有所提高，平均每个年级40篇左右。体裁更加多样，从《诗经》到清代的诗文，从古风、民歌、律诗、绝句到词曲，从诸子散文到历史散文，从两汉论文到唐宋古文、明清小品，均有收录。

虽然选文经典，但是中小学文言文教法一直饱受诟病，主要存在的问题是：①繁复、琐碎。一节课力求归纳出无数的知识点，这些知识点分别藏于字音、字形、词汇意义、句子结构、段落大意和篇章中心的不同层次，一点一滴、一层一层地分解，一篇文言文被拆解得七零八落。②单调、雷同、枯燥。由于大量文言知识的分析、归纳、复习巩固，文言文教学基本上陷在琐碎的知识教学中出不来，或者说文言文教学的主体翻来覆去都是讲文言实词、文言虚词、通假、文言句式、文言文特殊用法、翻译，没有多少可以创新的余地。同一个实词、虚词翻来覆去地讲，尤其是数量和用法有限的虚词。③缺乏整体感。文言文教学没有使用语言的基本感觉，包括熟悉感、整体感、内在需求感等，方法上只能靠反复练习慢慢积累知识，养成那点弱得可怜的文言能力，学习效率低下。

（二）高中语文课程要满足多样化和选择性的需要，增强课程资源意识

《普通高中语文课程标准（实验）》关于“课程资源的利用与开发”中指出：“高中语文课程要满足多样化和选择性的需要，必须增强课程资源意识。”“语文教师应高度重视课程资源的利用和开发，充分发挥自身的潜力，参与必修课和选修课的建设，创造性地开展各类活动，增强学生在各种场合学语文、用语文的意识，多方面地提高学生的语文素养。”《基础教育课程改革纲要（试行）》中做出了明确规定：“改变课程管理过于集中的状况，实行国家、地方、学校三级课程管理，增强课程对地方、学校及学生的适应性。”

《普通高中语文课程标准（实验）》和《基础教育课程改革纲要（试行）》在因地制宜地选择适合本校学生的教学资源上，给予了一线教师明确的方向指导和自由空间。我们也在本校高中语文教研组开发的校本教材中，对文言文选文进行了一定程度的探究。选文的首要前提是关注《普通高中语文课程标准（实验）》对高中生文言文学习的要求和目标。要求高中生学习鉴赏中国古代优秀作品，通过阅读和思考，领悟其内涵，体会中华文化的精髓，从而构建自己的人生价值观，继承中华优良传统。具体体现在工具性和人文性的统一上：掌握一定量的文化常识，诵读优秀诗文，能够独立地读懂浅易古诗文，从而提高阅读鉴赏文言文的能力；同时，从古代优秀作品中，感受中华文化内涵，体会中华民族精神，汲取民族智慧，古为今用。

（三）文言文校本课程开发是我校师生文言文教与学的需要

文言文在高考中占重要地位，我校学生文言文基础十分薄弱，故文言文校本课程开发十分必要。我校文言文教学的现状是：

（1）教师方面，以高考为指挥棒，每学期开学时语文课首教文言文单元，文言文单元中首教高考背默篇目。这样的问题是，忽视了教材本身各单元的逻辑关联，对有步骤有计划地促进学生学习经典篇目、促进学生语文综合能力的提高没有益处，反而会给学生一个不好的信号：语文学习就是为了应对高考。另外，对重点文言文篇目处理大多也比较简单，理解重点实词虚词、翻译句子、背诵默写成为主要教学目标。而且，这些篇目还将在高一、高二、高三各个学段不断进行复习巩固，或反复读背，或挖空练习，或进行字词检测，再好的文言文经过这番折腾，也味同嚼蜡。

（2）学生方面，因为枯燥单调的文言文教学占据了语文学科的大量时间，而自身又难以理解消化老师所讲的文言知识，学生语文学习的兴趣大大降低，即使老师花了最多时间的文言篇目，也是囫囵吞枣的多，能体会领悟的少，背了就忘的多，能质疑思辨的少。文言文学习，成为老师和学生共同的老大难问题。

（3）教材方面，每册按照单元编排的单篇文言文，作为精读篇目，有很大的教学价值，但是无法充分满足我校学生文言文学习的需要。首先，学生的文言文阅读量有限，不利于培养学生良好的文言文语感，为此，语文组不论哪个年级，都会在教学过程中不时补充各种文言阅读材料，或是文言小故事，或是《史记》篇目。然而，所选文言小故事大多比较杂乱无章，没有形成一定的系列，学习的重难点都不甚清晰。《史记》中的传记虽然有一定的故事性，因为司马迁的笔法，人物形象跃然纸上，情节更是曲折动人，但是如果学生连基本的无障碍阅读都无法保证，这些赏析就无从谈起。而如果要帮助学生扫清字词阅读理解的障碍，又是一个极消耗时间精力且收效甚微的过程。这些印刷的资料，在学习习惯养成不足的学生手中，很快就被遗失了，教学效果更是大打折扣。基于此，开发一套从教学内容上符合学情的文言文校本教材就显得极为迫切。

二、核心概念界定

文言文：文言是以古汉语为基础经过加工的书面语。最早根据口语写成的书面语中可能就已经有了加工。文言文是中国古代的一种书面语言组成的文章，主要包括以先秦时期的口语为基础而形成的书面语。文言文是相对于白话文而来的，其特征是以文言为基础来写作，注重典故，骈骊对仗，音律工整，包含策、诗、词、曲、八股、骈文等多种古文文体。现代书籍中的文言文，为了便于阅读理解，一般都会对其标注标点符号。

校本教材：校本教材的内涵一般是指以学校的校长和教师为主体，为了有效地实现校本课程目标，达到教育学生的目的，对教学内容进行研究，并共同开发和制定一些基本的教学素材，作为校本课程实施的媒介，这些素材构成了校本教材。

三、课题研究的理论基础

（一）建构主义学习理论

建构主义理论是认知心理学派中的一个分支。建构主义理论中一个重要的概念是图式，图式是指个体对世界的知觉理解和思考的方式，也可以把它看作心理活动的框架或组织结构。图式是认知结构的起点和核心，或者说是人类认识事物的基础。因此，图式的形成和变化是认知发展的实质，认知发展受三个过程的影响：同化、顺应和平衡。同化是指学习个体对刺激输入的过滤或改变过程。也就是说个体在感受刺激时，把它们纳入头脑中原有的图式之内，使其成为自身的一部分。顺应是指外部环境发生变化，而原有认知结构无法同化新环境提供的信息时所引起的认知结构发生重组与改造的过程，即个体的认知结构因外部刺激的影响而发生改变的过程。平衡是指学习者个体通过自我调节机制使认知发展从一个平衡状态向另一个平衡状态过渡的过程。

建构主义认为，知识不是通过教师传授得到的，而是学习者在一定的情境，即社会文化背景下，借助其他人（包括教师和学习伙伴）的帮助，利用必要的学习资料，通过意义建构的方式获得的。建构主义提倡在教师指导下的、以学习者为中心的学习；也就是说，既强调学习者的认知主体作用，又不忽视教师的指导作用，教师是意义建构的帮助者、促进者，而不是知识的传授者与灌输者。学生是信息加工的主体，是意义的主动建构者，而不是外部刺激的被动接受者和被灌输的对象。

（二）叶圣陶听说读写的统一性理论

听说读写的统一性是贯穿在叶圣陶语文教育思想中的一条红线，也是现代语文观的核心。语文教学是为了使学生掌握并运用祖国的语言文字，培养他们的接受能力和表达能力。接受是指听懂别人的话，读懂别人写的东西，吸取人家的精华并化为己有；表达是指说给别人听，写给别人看，通过表达，让别人完全知晓自己的心意。叶圣陶认为，语文教学不仅是传授知识，尤其重要的，在于培养学生听说读写的能力。

在语文教学中，往往容易出现重视读写，忽略听说的情况。鉴于此，我们在文言文校本教材的开发过程中，研究将听、说融入其中，全方位加强对学生文言文能力的培养。

四、课题研究的目标

（1）激发我校学生学习文言文的兴趣。

（2）开发一套能够有效改变教材文言篇目有限、学生学习效能感不足的学习现状的文言文校本教材。

（3）引导语文老师立足学生、立足学情，进一步探讨高中文言文教学的有效途径。

五、课题研究的内容和方法

（一）课题研究的内容

研究我校师生文言文教与学的现状及面临的困境，根据研究结果开发一套符合我校教学实际的文言文校本教材。

（二）课题研究的方法

1. 文献研究法

通过查阅近年来知网、中国期刊网等学术期刊文献中有关中学文言文教学、中学文言文校本教材开发的论文，以及文言文教学的相关论著和各地文言文校本教材开发的案例，立足本校师生文言文教学实际，进行参照、提炼、整合，从而开发出一套符合本校教学实际的文言文校本教材。

2. 问卷调查法

课题开展初期，通过设计调查问卷，了解各年级文言文教学的现状、问题及建议，为课题的开展提供一定的现实依据。

3. 行动研究法

通过对自身及他人在文言文教学中的做法、所取得的成绩进行反思、总结、归纳、创新，把从中形成的设想用于文言文教学，通过不断实践，探索开发出一套符合本校教学实际的文言文校本教材。

六、课题研究的过程

本课题研究分为以下四个阶段：

（一）准备阶段（2016年5月）

1. 课题组制订课题研究的总计划，明确课题组成员分工

成员	分工
周游	1. 根据课题组成员情况，进行课题研究分工 2. 组织成员及时研讨反馈研究过程中的问题，并制订对策 3. 组织编写文言文校本教材
李青	1. 搜集、整理文言文教学和文言文校本教材方面的论著、论文等研究资料 2. 设计文言文教学调查问卷，完成问卷调查，并撰写相应的调查报告 3. 编写文言文校本教材
刘阳	1. 做好课题研究过程中各项研讨活动的记录 2. 编写文言文校本教材 3. 收集、整理课题研究过程中的各项成果

2. 搜集有关课程资料，为课题提供借鉴与参考

搜集有关中学文言文教学、文言文校本课程方面的研究资料，进行系统研究，为课题的开展提供借鉴与参考。

课题组在中国知网以高中文言文教学为关键词，查到4189条结果，以文言文校本课程为关键词，却仅查到27条结果。这充分显示，目前中学文言文教学方面的研究大多集中在文言文教学现状与教学方式上，对课程内容本身结合本校实际进行的开发还非常有限。课题组下载了其中与课题研究内容相关的文献资料30余篇，以便了解目前相关方面的研究方向与现状。同时购买了相关研究专著，如《怎样学习古文》《文言文字词句教学》《高中文言文翻译指要》《中学文言文读本趣味寓言选》《从故事开始学古文——我在台湾教语文》《古文观止百段浅读》等书籍，梳理文言文教与学的方法策略、高中文言文教学的重难点及突破提升的思路。另外，还参考了《北京四中高中文言文校本教材》（高一至高三年级3册）、《北京八中高中古诗文校本教材》及《中华古诗文阅读》（高一至高三年级6册）、《古文对话百八篇》（高一至高三3册）等名校文言文校本教材，这些一线教师的实践成果，给了我们很多思路和启发。

2011年出版的《北京四中高中文言文校本教材》根据各年级学生文言文基础的差异，编了3册，但是每册均以30篇左右的单篇选文加文后练习为主，类似于一套练习册，并无明显创新与较大突破。

2012年出版的《北京八中高中古诗文校本教材》则体现出北京八中语文教研组在文言文教学方面做出的积极探索，非常有参考价值。该教材分“习文格物”和“品诗养心”两大部分，“习文格物”包括“文言听力”“文言句读”“文言阅读”“文言写作”四个部分，“品诗养心”包括“中国古代诗歌发展史”“中国古代诗歌作品选”“中国古代诗歌作家作品简介”“中国古代诗歌鉴赏”四个部分。这套教材力图还原语言学习的本来面貌，遵循语文学习的规律，提出从听说读写入手学古诗文的课程建设思路，引导学生跳出学习文言文就是翻译背诵的误区，大大激发了学生学习文言文的兴趣，帮助学生在听说读写的过程中逐步领会感受文言文的语文形式，以及它所传达的思想，并把它运用到自己的写作和生活中。

因为学生参加央视中国诗词大会夺冠，复旦大学附属中学《中华古诗文阅读》校本课程也因此得以闻名，该课程曾获得2013年上海市级教学成果特等奖、2014年国家级教学成果一等奖。相较北京八中的校本课程，其主要在经典论著导读上做了更深层的探究。这套教材旨在引导学生在三年的学习过程中，分阶段阅读《论语》大部分、《古文观止》40余篇、历代诗歌150余首，选读《诗经》《楚辞》《老子》《庄子》《孟子》《荀子》《韩非子》《墨子》《左传》《战国策》等先秦经典，并配有古诗文鉴赏和写作的方法指引。该校本课程一共6册，每册10编，每编后有自主学习检测练习和思考探究题。

3. 撰写调查报告，为课题研究提供重要依据

设计我校文言文教学调查问卷，并撰写相应的调查报告，为课题研究提供重要依据。

课题组在课题研究初期，对我校高一至高三三个年级的18个班级进行了问卷调查，主要围绕学生对文言文学习的态度及认识、学生对教师授课内容的态度及意见、学生学习文言文的习惯三个方面设计了20道选择题。结果显示：

（1）学生对文言文学习的态度及认识方面，24. 62%的学生比较喜欢学习文言文，但有46. 24%的学生对文言文的感觉一般。当问及文言文学习是否重要时，一大半学生的回答是“一般”，只有26. 52%的学生认为文言文的学习比较重要，这说明只有少数学生认为文言文的学习是很重要的。由此可以看出，大多数学生并没有认识到学习文言文的重要性，在主观认识上还不能提高对文言文学习的兴趣。此外，近半数的学生已经认识到文言文蕴含着传统文化，需要继承与发扬，这也预示着高中文言文教学有很大的发展空间。但是，当问及学习动机时，62. 31%的学生认为学习文言文是由于考试的需要，这说明现在的学生受应试教育的影响很深，文言文学习直接围绕高考进行。在关于文言文学习的重点、难点问题上，35. 63%的学生认为文言语法、词汇等知识更为重要，26. 52%的学生认为古代文化常识也很重要，过半的学生认为文言语法、词汇等知识是学习文言文的难点。这说明学生已正确认识到文言文学习的重点及难点，为进一步学习，就要使之有方向性和针对性。同时，多数学生认为文言文的学习对写作及课外阅读有不同程度的帮助，这说明学生通过课堂学习能够学有所得。

（2）学生对教师授课内容的态度及意见方面，在文言文课堂上，多数教师以讲授文言语法知识和翻译为主，并各占三成之多；当问及学生喜欢哪方面内容的讲解时，倾向于文言文语法知识、篇章分析、补充拓展课外知识比例相当。由此可见，目前文言文课堂上，大多数教师主要围绕文言语法知识和翻译的讲解，教学内容比较枯燥单一，而学生更加渴望课堂教学内容的多元化。

（3）学生的学习习惯调查中，36. 23%的学生偶尔搜集相关资料并预习，33. 81%的学生很少这么做。对于背诵的文言文篇目，近半的学生能够背诵，但并不是很熟练，有62. 7%的学生对于文言文诵读的重视程度只是一般，21. 46%的学生很重视文言文诵读，这说明大部分学生对文言文学习的重视性不够，学生背诵文言文的数量和质量远远达不到课程标准。当问及学生是否会进行课外文言文阅读时，只有7. 89%的学生经常阅读课外文言文，39. 27%的学生很少进行课外文言文阅读，这说明学生学习的主观能动性没有被激发，学生没有形成良好的自学能力，进而导致学生缺少对文言文量的积累。

同时，课题组对本校部分语文老师进行了问卷调查，主要围绕教师对文言文教学的态度，结果显示，25.72%的教师认为文言文教学在语文教学中非常重要，45.71%的教师认为文言文教学比较重要，这说明部分教师对文言文教学的重要性有了一定的认识，但还有相当一部分教师没有对其高度重视起来。85.72%的教师认为文言语法、词汇等知识更重要，并且过半教师认为这也是教学中的难点。将近一半的教师在文言文课堂上以讲授文言语法知识内容为主，以翻译为主的占34.29%。同时，在问及教学内容是否应该有所增加时，60%的教师认为教学内容应该有所增加，这说明文言文教学内容深受应试教育的影响，有待进一步丰富。

（二）调查研究阶段（2016年6月—9月）

调查研究过程主要分成以下几个阶段：

1. 教材选文的确定

《普通高中语文课程标准（实验）》要求高中生学习鉴赏中国古代优秀作品，这就要求我们的选文要富有一定的文化内涵。然而，中国传统文化经典浩如烟海，如何确定我们校本教材的选文，是困扰我们的一个重要问题。为此，我们深入研究并参考了其他学校文言文校本教材的资料。北京四中文言文校本课程选文较广，内容涵盖《战国策》《史记》《三国志》《资治通鉴》《后汉书》《国语》《左传》等众多文化典籍，在教学方式的改变上并不明显。北京八中的选文更为庞杂，它的优点在于其文言文听说读写能力的训练提升上。复旦附中的文言文校本教材编写了大量的经典选读内容，对学生感受中国传统文化思想精髓大有裨益，但是以我校学生的语文基础来看，学生似乎难以消化。于是我们在教材选文时，基本上确定了篇幅简短、容易被学生掌握、能够在一定程度上拓展学生文言文知识面的方向。

2. 选文编排的方式

校本课程选文编排方式与课程的目标密切相关，人教版教材按照单元主题的形式整合经典篇目进行编排，每单元都包含文言文学习的各个知识点和要求。而我们的校本教材试图突破这种编排体例，进行一些新的尝试。《北京八中文言文校本教材》以训练学生文言文听说读写的能力为目标，复旦附中《中华古诗文阅读》从文化的发现角度启迪学生更深更广地认识作为中国人的文化自信，以“唤醒沉睡在自己心中的《论语》之‘仁’，担起自己生命中应当承担的《孟子》之‘义’，激发潜隐在自己头脑中的《老子》之‘智’，了然可以自我享受的《庄子》之‘达’，力行世间最难践行的《墨子》之‘爱’……”为目标，对《论语》《孟子》《诗经》《文心雕龙》等经典古籍逐一选读精读。王召强编著的《古文对话百八篇》则重在激发学生和选文的“对话”，该书选择了“古文54课”，按照写人记叙文、议事辩论文等表达方式分成若干个单元，每个单元都由A、B两篇在内容和形式上互通的选文组成，每两篇后都有基础文言文知识练习和拓展探究思考题。参照各种不同的文言文校本课程，我们结合本校教学实际，也有了进一步的思考。

（三）课程开发阶段（2016年10月—2017年1月）

课题组经过对大量相关资料的研究、思考、讨论，对本校本教材的编排做了以下梳理：

1. 确定适用年级

由于高一至高三各个年级学生文言文基础存在较大差异，其理解、思考、表达水平各有不同，所以笼统地编写一套各年级都适用的文言文教材并不符合学生实际。基于此，以及课题组在时间精力能力上的考虑，本次教材开发主要针对高一年级学生，作为一个尝试，希望在后续的研究实践中能够做更进一步的思考与完善。所以，选文难度应该降低，以激发学生的学习兴趣为主。

2. 教材选文及编排方式

确定适用年级后，我们在选文上做了大量探讨。力图将激发学生文言文的学习兴趣和让学生充分感受文言文的魅力、体会其文化价值相结合，曾考虑编排“成语俗语与文言基础、诗词名句与文言文化、影视作品与文言文化、写作运用与文言素材”等几个部分，让学生能以全新视角去发现文言文的内涵之丰富。最终，课题组确定，以百则成语短文为载体，对学生进行听说读写方面的训练，以培养学生的文言语感，让学生打好扎实的文言基础为主，使学生在学习文言文的过程中，感受中华成语的博大精深。

（四）总结阶段（2017年2月—3月）

总结阶段主要完成了以下几个任务：

（1）整理课题研究过程中的学习、研讨资料。

（2）总结课题研究过程中的成果资料。

（3）校对文言文校本课程教材《读成语学古文》并进行印制。

（4）撰写结题报告。

七、课题研究的成果

（一）编写了一套《读成语学古文》文言文校本教材

中华传统文化源远流长，继承和发扬优秀传统文化是每个华夏儿女的神圣使命。而记载这些悠久历史的文献资料大都是用文言的形式书写的。以先秦口语为基础提炼而成的“文言”与现代汉语相差甚远，这就给人们阅读、学习文言文造成了极大的时空障碍和语言障碍。但是，我们要继承文化遗产，吸取历史经验，总结历史教训，就必须掌握文言文。面对我校学生文言基础尤其薄弱，文言文教学过程极其慢的情况，课题组经过对大量相关资料的搜集查阅学习研讨整理，决定以成语典故为切入点，作为提升学生文言文能力的突破口。成语、俗语有其相对的稳固性，基本保持着文言文的词义、结构方法及修辞手法。成语中含有大量的文言现象，利用成语典故学习文言文，给学生打开了一扇学习文言文的窗，既可以将一些认识模糊的成语清晰化，又可以复习大量的文言文知识，让学生学会触类旁通、以简驭繁，可谓一举两得，事半功倍。

该教材在编排上，主要分为四个部分：

（1）文言句读。编选了20则简短易懂的成语故事，进行文言句读的训练。把这些文段中的标点去掉，要求学生反复诵读没有标点的文段，从而进一步发现文言断句的方法和规律。

（2）文言听力。编选了20则通俗易懂的成语语段，由浅入深，上课时读给学生听，要求学生注意内容、情节上的变化，强调文章主旨，并通过小问题检测学生在听的过程中对文段内容理解的程度，既培养了学生的文言语感，又激发了学生学习文言文的兴趣。

（3）文言阅读。编选了60则成语文言语段，要求学生结合注释和工具书，阅读理解文段，并完成文段后面的检测小练习。由于文段篇幅较短，大大降低了学生的学习压力，让学生更容易获得学习的成就感。这对学生进一步学习艰深的文言文大有裨益。

（4）成语中的文言现象。在学习了大量文言成语语段后，对成语中常见的文言现象进行归纳梳理。这对学生建构文言文的语言知识体系有很大帮助，给学生理解文言文中的其他语言现象打好了基础。

（二）拓展了文言文教学的内容

长期以来，我校文言文教学内容一直采取单篇的形式，每个学期首先讲的往往都是古诗文单元的篇目，尤其是高考背默篇目还会在高二、高三年级反复讲解，教学内容重复，教学形式单一。本校本教材的开发，为文言文教学开拓了一片新的天地，大大丰富了文言文教学的内容。更因其在学习内容安排方面循序渐进，为学生学习文言文打下了更为扎实的基础。

（三）激发了学生对文言文学习的兴趣

由于本教材所选文言篇目都是成语，文段较为短小精练，有一定的故事性、趣味性，学生能从这些朗朗上口的文言小短篇中找到学习的快乐，而不再是感受长篇大论的之乎者也带来的压力。教学形式多样化，也让学生摆脱了学习文言文就是为了翻译的固定思维，在听与说中感受到了理解运用文言文的乐趣，并且通过一个个成语典故的学习，深化了对古人智慧的认识，更真切地感受到了中华文化的魅力。

（四）开发系列微课作为教材的补充

教师在课题研究深入的过程中，开始进一步反思自己的教育教学行为，研究学情，并不断转变自己的教育教学理念。由过去拿着统一的教材教，到现在自己开发教材教；由过去课堂上老师讲学生听，到现在课下老师讲学生学、课上讨论交流；等等。为了让课程内容以更加立体、丰富、多元的方式供学生学习，课题组成员开发了系列微课，并取得了非常好的成果。李青手机微课《高考文言文断句》（6集）、刘阳手机微课《高考文言文句式》（6集）、周游手机微课《读对联学古文》（5集）均获得了龙岗区第二届手机微课大赛一等奖。

八、课题反思与展望

（一）课题反思

（1）课题组成员还要加强理论学习，加强专业素养。文言文教学一直是中学教学的一个难点，随着教学改革的深入，对语文教师的文言文教学提出了更高的要求。如果还是传统的单篇讲练、逐字翻译、字词落实、结构思想归纳、背默检查的方式，无论在质上，还是在量上，都难以达到《普通高中语文课程标准（实验）》的要求，也无法满足学生学习与发展的需要。所以，转变教学观念与行为，加强理论研究与学习，充分整合教学资源并开发适合本校教学实际的校本教材，已经迫在眉睫。课题组在研究过程中感到理论不足，对课程开发与研究吃力，同时也深深为同行超强的研究意识、高瞻远瞩的课程开发眼光所折服。

（2）课题组成员在对教材选文的处理上，还有些简单化；教材目标主要在文言听力、文言句读、文言阅读上，在文言写作指导方面做得还不够。

（3）课题组成员研究与反思的意识还要加强。目前的课题成果还比较有限，课题组成员在论文写作、课例教学研讨反思等方面还要进一步加强。

（二）课题展望

（1）后续教学实践中，课题组将不断完善这套校本教材，在教学案例、教学设计、教学评价等方面做更深入的研究，将其开发为一套完整的校本课程。

（2）在教学实践中，课题组将加强各方面的学习，争取进一步开发校本教材的高二、高三分册，并能在学校进行推广应用。

参考文献

[1] 吴坚，黄荣华. 中华古诗文阅读［M］. 上海：上海教育出版社，2015.
[2] 王召强. 古文对话百八篇［M］. 上海：上海科学技术文献出版社，2016.
[3] 李家声. 北京四中高中文言文校本教材［M］. 北京：语文出版社，2011.
[4] 葛小峰. 北京八中高中古诗文校本教材［M］. 北京：语文出版社，2012.
[5] 窦敏华. 高中语文校本教材文言文选文探究［J］. 中学语文教材研究，2017（21）.
[6] 王元华. 百年文言文教学的反思与重建［J］. 课程·教材·教法，2015（6）.
[7] 葛秀娟. 成语与中学文言文教学［J］. 宁波大学学报（教育科学版），2003（4）.

[8] 吴汝健. 巧借成语学习文言文 [J]. 语文教学研究，2012（4）.

[9] 王永珍. 高中文言文自主学习的校本实践探究——以石家庄市第一中学为例 [J]. 中学语文，2016.

[10] 周振甫. 怎样学习古文 [J]. 中华书局，2014（1）.

科研之五：

龙岗区第八批校本课程——《校园广播与声音艺术》节选

深圳市布吉高级中学　赵玥琳

第1章　校园广播与声音艺术

校园广播可以充分挖掘学生潜力，锻炼学生的语言应用能力、应变能力和沟通能力，从而适应新时代的人才需求，使学生充分展示自己的播音主持、交际、写作、组织等才能。同时，学好普通话和声音艺术也能为学习播音主持的艺考生打下良好的基础。

【学】

关于普通话：普通话就是现代汉民族共同语，是全国各民族通用的语言。具体来说，普通话是以北京语音为标准音，以北方话为基础方言，以典型的现代白话文作为语法规范的现代汉民族共同语。中国地域广阔，汉语与少数民族语的方言众多。2000年10月31日颁布的《中华人民共和国国家通用语言文字法》确定汉语普通话为国家通用语言。

1. 普通话语音的特点

（1）音节结构简单，声音响亮。普通话中，一个音节最多只有四个音素，其中，发音响亮的元音占优势，是一般音节中不可缺少的成分。一个音节内可以连续出现几个元音（最多三个），如“坏”（huài），而且普通话音节中没有复辅音，即没有像英语“lightning”（闪电）、俄语“Встреча”（遇见）那样几个辅音连在一起的现象。

（2）音节界限分明，节律感强。汉语的音节一般都是由声母、韵母、声调三部分组成的，声母在前，韵母紧随其后，再带一个贯穿整个音节的声调，便有了鲜明的音节界限。从音素分析的角度观察，辅音和元音互相间隔而有规律地出现，给人周而复始的感觉，因而极便于切分音节。

（3）声调抑扬顿挫，富有表达性。普通话声调变化高低分明，高、扬、转、降区分明显，能够较强地表达一个人的情感。

2. 普通话提倡的用声状态

男声阳刚，女声端庄柔美；坚决拒绝男声女气、女声嗲气，以及把南腔北调、村言俚语、生活中随意状态下的口语搬到大众传播中。

【练】

开花　发芽　抚养　哺乳　芙蓉　装订　打扮　外婆　知了　幻灯　福建
仍然　鲫鱼　妩媚　氛围　播种　将来　酗酒　船舷　化肥　快乐　角色
薄荷　扇子　蔬菜　完美

【想】

普通话和自己家乡的方言有哪些不同之处？播音的时候和平时说话的状态有分别吗？

第2章　语音——声母学习

我国的语言学家，根据传统的分析方法，把汉语字母分成声母、韵母、声调三部分，它们又共同构成一个汉语音节。一个音节就是一个汉字。

【学】

1. 字音准确的基础——声母

声母是音节的开头部分，也叫字头。

声母按发音部位分成七类。

分别是双唇音、唇齿音、舌尖中音、舌根音、舌面音、舌尖后音、舌尖前音。

共21个声母。

2. 声母双唇音（b p m）

（1）b

单音节：播　不　北　宾　半　表　贝　别　蹦　笨

双音节：奔波　板报　宝宝　标兵　棒冰　白布　北部　帮办　背包

（2）p

单音节：平　盘　胖　派　皮　票　品　坡　拍　朋

双音节：乒乓　批评　婆婆　爬坡　拼盘　偏旁　偏僻　皮袍

（3）m

单音节：妈　慢　门　名　米　美　灭　满　某　摸

双音节：妈妈　美妙　麦苗　明媚　买卖　麻木　牧民　面膜

【练】

（1）吃葡萄不吐葡萄皮儿，不吃葡萄倒吐葡萄皮儿。

（2）八百标兵奔北坡，炮兵并排北边跑，炮兵怕把标兵碰，标兵怕碰炮兵炮。

（3）白猫黑鼻子，黑猫白鼻子，白猫的黑鼻子碰破了黑猫的白鼻子，黑猫的白鼻子碰破了白猫的黑鼻子。

（4）一平盆面，烙一平盆饼；饼碰盆，盆碰饼。

第3章　声调学习

声调是一个音节所固有的能够区别意义的声音的高低和升降。

【学】

声调的高低通常用五度标记法：立一竖标，中分5度，最低为1，最高为5。普通话有四个声调：阴平、阳平、上声、去声。

【练】

沁园春·雪

毛泽东

北国风光，千里冰封，万里雪飘。

望长城内外，惟余莽莽；大河上下，顿失滔滔。

山舞银蛇，原驰蜡象，欲与天公试比高。

须晴日，看红装素裹，分外妖娆。

江山如此多娇，引无数英雄竞折腰。

惜秦皇汉武，略输文采；唐宗宋祖，稍逊风骚。

一代天骄，成吉思汗，只识弯弓射大雕。

俱往矣，数风流人物，还看今朝。

【想】

轻重音、上声变调、轻声，以及儿化音的区别。

第4章　新闻播报

口播新闻是检验一个播音员政治水平、思想素质、个性特征的最好时机，也是对播音员的重大考验。因此，播音员在拿到稿件后，应首先想到的是为什么播，其次是怎样播。这就需要划分层次，概括主题，弄清背景，明确目的，分清主次，把握基调，做好充分的播前准备。

【学】

新闻播报技巧：

（1）语言表达。播新闻是播意思，不是简单的播句子。播音的过程，是把稿件中的文字符号，用心过脑地转化为头脑中的各种概念，按照新闻事实的发生、发展过程，组成一个一个完整的意思，语意清楚准确地播读给听众。

（2）语言流畅，节奏明快。要求播音员在备稿阶段，尽量做到上口试播，扫除字词障碍，力求顺畅自如。

（3）态度鲜明，分寸得当。这是对新闻播音的语言感情色彩的基本要求。播音员要明确每一篇具体稿件应该“站在什么立场、以什么态度、用怎样的事实说话”。

【练】

1. 新华社报道：西方媒体“点赞”陕西经济发展的高科技推动力

近日，西班牙埃菲社（Agencia　EFE）报道“点赞”陕西高科技，聚焦陕西经济发展。报道称，高科技现已成为中国西部省份陕西省发展的关键要素。陕西省省会西安市正在落实一系列工业项目，加快经济对外开放进程。

埃菲社是西班牙最大的通讯社，1938年创办，在全球设立了80多个分社，是世界上主要的通讯社之一，在西语国家乃至西方都有较大的影响力。

埃菲社以“高科技成为中国工业发展的关键”为题，重点关注了西安国际港务区中欧班列、光伏能源制造商隆基股份、西安交通大学新能源开发技术、延安煤油气资源综合利用项目等。该篇报道经埃菲社发布后，被西班牙vasco日报、巴斯克日报等多家媒体采用。

2. 新华社报道：2018中国农村贫困问题和精准扶贫高端论坛在华北电力大学召开

10月13日，由华北电力大学联合中国社会保障学会、金冠电气股份有限公司主办的“2018中国农村贫困问题和精准扶贫高端论坛”在京举行。论坛围绕全面建成小康社会决胜期农村贫困与精准扶贫问题进行了专题研讨。相关部委和社会组织领导、专家学者、扶贫企业家等150余人参加了论坛。华北电力大学党委书记周坚，全国人大常委会委员、中国社会保障协会会长郑功成，中国扶贫基金会理事长郑文凯，中国电力企业联合会党组书记、常务副理事长杨昆，国家能源局发展规划司副巡视员洪澜出席了会议。

论坛上，华北电力大学“中国能源扶贫与社会发展研究中心”揭牌成立，将深入开展能源精准扶贫研究，深入开展能源扶贫与社会发展研究，深入开展世界能源发展与反贫困研究，着眼于人类命运共同体构建，为世界减贫事业展示中国智慧和中国方案。

3.《人民日报》报道：让文明旅游成为最美的风景

国庆假期，各大景区人气火爆。大连导游用方言讲述出境旅游注意事项，视频获得20万次点击量；西安华清宫景区推出“垃圾换水、贵妃送花”活动，孩子们主动将丢弃的饮料盒扔进垃圾桶；南京博物院参观人数有3万多人，虽无专人维持秩序，游客却都自觉排队购票，秩序井然……从线上到线下，文明出行蔚然成风。

越来越多的人认识到，寻找诗和远方的路上，行囊里“文明”必不可少。然而，十一黄金周，也有这样的消息刺痛我们的眼睛：西湖景区石碑上，忽然多了歪歪扭扭的字迹；甘肃丹霞岩石上被游客留下刻痕，“600年也恢复不了原样”；有家长甚至带着孩子翻越围栏，向河马投喂爆米花纸盒和塑料袋……不文明行为，固然只是少数，却大煞风景，说明文明养成还需久久为功。只有当文明出行从社会共识化为行动自觉，我们才能够走得顺心、游得舒心。

文明水准的高低，决定着旅游的品质，也影响着公共生活的质量。维护一个文明和谐的秩序，是每一个人的分内之事。正如网友所说：“你文明的样子，真美。”每个人都来展现文明之美，那会是节日里最美的风景。

4.《深圳晚报》讯：用脚步丈量深港20年融合与发展

6月13日，深圳晚报社启动了“深港齐步走——《深圳晚报》庆祝香港回归20周年大型采访”活动，派出14人的强大采访团队，兵分两路采访。一路记者从深圳出发，一路记者从香港出发，同时沿着深港边界线进行实地走访。采访团在沿途选择9个反映深港合作、共同发展的地点，探寻了20年来深港两地携手共进的足迹与故事，通过9个地点描绘了别具一格的“深港情”。

近年来，深圳与香港的合作日益密切，无论是地域上还是人们的生活方式上，两地都有着千丝万缕的联系。9个地点十分典型，这不仅仅是深港两地的标志，更重要的是，对应的地点都是互联互通、密不可分的。

比如，深圳机场和香港机场、深圳湾口岸、罗湖口岸，都承担着出入境的重要角色；而在生态环境方面，深圳福田红树林自然保护区与香港米埔自然保护区隔海相望，每年有190多种珍稀鸟类在这里自由翱翔，成为深港生态保护合作的标志性区域，让人感受更为深刻的是，二者似乎本就是一个无法分割的自然生态系统；在生活方面，日常用水对于两地的居民更是不可或缺的存在，一条供水管道就能将深圳与香港连接起来。

记者们对于本次采访活动都有自己的收获与感受。但让本次采访团中所有人最为认同的是，一路走来，9个印证着深港两地交流合作的地点，诠释了9种不同的“深港情”，且每一种都是特别的。“深港齐步走”活动结束，记者们的脚步暂停下来，但深港两地的合作交流发展却永远不会停止。

5. 环球网消息：袁隆平团队在迪拜成功试种“沙漠海水稻”80多个品种均超出世界水稻平均产量

22日，青岛海水稻研发中心传来喜讯，袁隆平院士“海水稻”团队于2018年1月8日在迪拜启动项目建设，从5月到7月，试种的包括“海水稻”在内的80多个水稻品种分批成熟。经来自国际水稻所、印度、埃及、阿联酋和中国等5名专家组成的国际联合测产专家组对首批成熟的品种进行了测产，这些品种都超出了全世界水稻4. 539吨/公顷的平均亩产量（来自2014年FAO统计数据）。这标志着袁隆平“海水稻”团队此次在迪拜沙漠地区的试验种植取得了阶段性成功。

据介绍，在沙漠地区种植水稻存在多个方面的巨大挑战，其中包括极端昼夜温差、地下高盐度水位、低湿度、缺乏淡水、沙尘暴、缺乏土壤团粒结构、缺乏种植资源等多个方面。比如，迪拜在6—7月份地表温度可达54℃，昼夜温差最大可达30℃，沙漠地下7—8米即为盐度高达1. 6%的咸水，土地表层为细沙，地下50 —80cm即为风化岩石结构。为了克服这些困难，袁隆平项目团队除了需要选育出适应于当地积温带的水稻耐盐碱品种以外，必须采用一种被称为“四维改良法”的沙漠盐碱地改良技术，发展不同于常规水稻种植的植保体系，达到节约淡水资源、避免次生盐碱化、建立土壤团粒结构和智能化水肥循环等目的，将沙漠变成人造绿洲。

据悉，迪拜将与青岛海水稻研发中心合作建立“袁隆平中东及北非海水杂交稻研究推广中心”，承担面向中东及北非地区海水稻品种测试、工艺条件优化、技术培训和产业化推广等使命。

【想】

在播新闻的过程中需要注意哪些问题？你能快速播报出一条新闻吗？

附　录

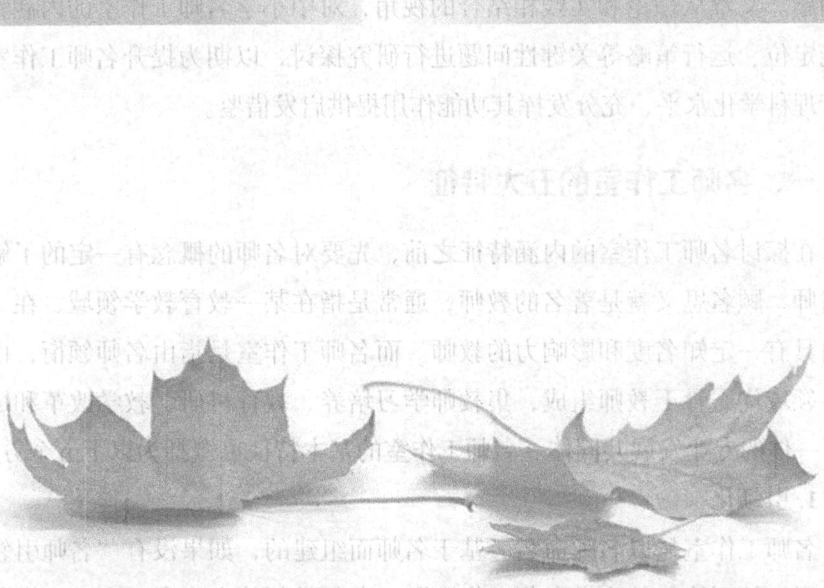

名师工作室建设管理的“五四三”

深圳市龙岗区易东晖名师工作室　徐　飞

名师工作室是由名师领衔的教师专业发展共同体，其基本特征为引领性、专业性、合作性、自主性和实践性，功能定位是带出一支队伍、带动一门学科、孵化一批成果、辐射一个区域，运行策略主要是注重目标导向、活动牵引、保障支撑、科学考评。探究中小学名师工作室的内涵特征、功能定位、运行策略，对加强名师工作室的建设与管理具有现实意义。

为了充分利用名师资源、发挥名师作用，近年来国内不少地区相继成立了不同层次和类别的名师工作室。名师工作室作为一个新兴事物，当前仍处于探索完善阶段，如何加强名师工作室的建设与管理，成为教育界关注、研究的重要问题。文章从理论和实践相结合的视角，对中小学名师工作室的内涵特征、功能定位、运行策略等关键性问题进行研究探讨，以期为提升名师工作室的建设管理科学化水平、充分发挥其功能作用提供启发借鉴。

一、名师工作室的五大特征

在探讨名师工作室的内涵特征之前，先要对名师的概念有一定的了解。所谓名师，顾名思义就是著名的教师，通常是指在某一教育教学领域、在一定区域内具有一定知名度和影响力的教师。而名师工作室是指由名师领衔，由同一学科领域优秀骨干教师组成，集教师学习培养、教育科研、教学改革和成果推广于一体的专业发展共同体。名师工作室的基本特征可概括为以下五个方面：

1. 引领化

名师工作室是以名师命名、基于名师而组建的，如果没有“名师引领”这一要素，就不能称其为“名师工作室”。名师是师德之表率、育人之模范、教育教学之专家，他们教学观念前瞻、专长特色突出、教学业绩显著、教研成果丰厚，深得学生的喜爱和家长的赞誉，也深得同事的钦佩和教育行政机构的认可，具有很大的社会影响力和社会认同度。名师工作室成立的重要目的，就是要充分发挥名师这一宝贵的、优质的教育资源的价值功用，形成引领示范和激励辐射效应，带动教师队伍教育教学水平的提高，促进教育教学质量的提升，推动教育改革发展的深入。

2. 专业化

名师工作室是教育教学专业的工作室，其专业性正是名师工作室的特质所在。基础教育的发展和教育改革的深入，对教师队伍专业化提出了新的更高的要求。与此相比，目前学历主义、行政主导、一般性研修、低层次循环的教师培养培训模式，难以有效适应多元化、高诉求的教师专业发展需求。在这样的背景下，名师工作室应运而生，就在于凸显了它的专业特质，即通过建立名师领衔的专业学习共同体、研究共同体、实践共同体、发展共同体，构筑了一种推动教师专业成长的新样态，提供了一个引领教师专业发展的新路径。

3. 合作化

“一个人，可以走得很快；一群人，可以走得更远。”名师工作室是名师和成员之间基于共同愿景组成的“合作共同体”，这是名师工作室区别于传统层级型教师组织的重要标志。作为一个具有共同价值追求、志趣专长的优秀教师团队，名师工作室成员之间是友好的伙伴关系，大家互相信任、互相尊重、互助互学、密切协作，分享彼此的思考、见解和知识，交流彼此的经验、观念与实践，营造了一种互动共享、合作共赢、共同成长的学习教学科研氛围，从而催生1+1>2的融合聚变效应，实现专业成长和教育教学的创新突破。

4. 自主化

名师工作室的存在发展离不开教育行政部门的倡导、帮助、扶持，但它不是行政组织，而是以教师的发展需求为核心，按照“自下而上”的原则组成的，以自愿参与、自主选择、自治管理为基本运行方式。虽然名师在工作室中起着关键作用，但名师和成员之间的关系不是领导与被领导、权威与服从的上下级关系，而是基于民主、协商的平等关系。因此，自主性是名师工作室的重要特征。它注重发挥教师的主体地位和作用，强调人格独立、学术自由、兼容并包，从而能够有力地激发名师及成员“我想发展、我在发展、我能发展”的使命感、动力和活力，形成自觉追寻和实现教育理想、自主推动专业发展的澎湃力量。

5. 成果化

名师工作室作为萌生、植根、成长于教学一线的教师团队，其使命和价值在教学实践，岗位和舞台在教学实践，成果和效益也在教学实践。名师工作室的组成、运行、发展，必须始终把实践性作为出发点与落脚点，把解决教育教学实践中遇到的问题作为根本任务，真正做到立足学校、指向课堂、为了学生，从而更好地为提高教师的教育教学水平，提升基础教育质量服务。

二、名师工作室的四大功能

1. 培育一支队伍

名师工作室是对传统教师培养培训模式的一种突破和探索。它是建立在名师效应影响下的一种新的教师培训培养模式，其首要功能就是带出一支高素质专业化的教师队伍。从各地的实践来看，名师工作室一般由三个层面的人员组成：第一个层面是领衔名师；第二个层面是核心成员，通常是优秀骨干教师；第三个层面是外围人员，一般是具有培养潜质的优秀青年教师。

这种人员组成的梯次性、连锁式，决定了名师工作室这个共同体在推动教师专业发展方面，既蕴含着“育名师”的功能，也担负着“带队伍”的重任：

一是成为促进名师自身发展的动力。名师工作室既是对名师的挑战考验，也为名师再成长再提升、真正成为“教育家”提供了平台和舞台。

二是成为骨干教师培养的基地。名师工作室的核心成员大多是在一个区域或一所学校的学科领头人和骨干教师，他们正处于从优秀走向卓越的关键时期，通过名师引领和指导发展方向，挖掘和提炼潜力特质，从而推动他们向成为名师的专业高峰挺进。

三是成为青年教师成长的摇篮。在参与名师工作室学习研修的过程中，青年教师不仅可以获得优质学习资源和诸多的实训机会，提高自己的专业水平和教学技能；而且能够通过近距离地与名师、优秀骨干教师接触交流，使自己在专业发展上开阔眼界、少走弯路，更好更快地成长。

2. 引领一门学科

提高教育教学质量，是名师工作室发挥功能作用的终极指向。名师工作室领衔名师和核心成员是本学科的精英和骨干，代表着一个区域学科教学的最高水平。积极引领学科建设，提升学科整体教学水平，是名师工作室责无旁贷的重要职能，也是彰显名师工作室影响力最重要的一面旗帜。

工作室应充分发挥名师的示范作用，开发团队的集体智慧，在深入了解学科发展动向、研究学科建设现状和问题、掌握学科教学现实需求的基础上，凝练出独到的教育思想、有效的教学方法、独特的教学风格，交流、推广优秀的学科教学模式，引领本地区甚至更大范围内的学科教学质量得到整体提高。同时，名师工作室应走在教学改革和发展的最前沿，成为推动教学改革的排头兵。工作室应直面学科教改攻坚任务，特别是课堂教学转型、新型课堂建构的挑战，寻求课堂创新本源，研究践行新课改的关键点，使之成为学科教改的实验基地、示范窗口，为推动教学改革做出应有的贡献。

3. 转化一批成果

科研成果是教师专业水平的重要标志，也是牵引教师专业成长的重要阶梯。新一轮课程改革强调，教师要由知识传授型教师向研究型教师转变。当前，教育教学中存在着许多亟待解决的问题。名师工作室要强化问题意识、坚持问题导向，将教育教学中的重点难点问题转化为研究课题，坚持以研促教、边教边研，营造科研兴教氛围，组织开展科研攻关。要强化名师工作室“要有名篇、名言”的意识，通过课题立项、发表论文、出版专著等，催生孵化高层次、高质量科研成果，打造教育教学研究品牌。领衔名师要主持研究课题，带动成员从事教学研究，每个工作室在一个工作周期内（一般为3年）至少要完成一项省级以上研究课题。要鼓励每个成员确定自己的研究方向，在开展个性化课题研究中，探索教育理论与教学实践融合的有效路径，提升自身的理性思维、学术素养和科研水平，从而实现从知识型向研究型、从经验型向专家型的转变，推动专业成长的自我突破、自我蜕变、自我超越。

4. 辐射一片区域

“一枝独秀不是春，百花齐放春满园。”当前，优质教育资源尚不充足，区域内和校际差异明显。名师工作室的设立，对于有效利用部分学校的优质教育资源，使之成为区域共享的“公共财富”，推动教育的均衡发展具有重要意义。名师工作室应把发挥辐射作用作为自身的重大使命，在以点带面、示范引领中彰显存在价值和影响力，促进区域内整体教育教学质量的提升。

在推动教师专业发展方面，名师工作室既要培养和锻造名优教师，让广大教师学有榜样、行有示范、赶有目标，激励更多的优秀教师茁壮成长，更要让工作室成员成为燎原的“星星之火”，帮扶和带领广大普通教师共同成长。在优质教育教学资源开发推广方面，名师工作室应充分发挥“共同体、辐射场”的作用，发挥其区域协作、整合、优化功能，建立系统的教学资源库，通过举办专题讲座、开展示范及公开课、参加送培支教、建设专门网站、开设微信公众号等多种形式，实现区域内优质教育教学资源的交流共享。

三、名师工作室的三大运行策略

策略一：目标导向

目标就是工作的导向，目标就是努力的方向。只有确立科学合理、清晰明确的目标，名师工作室才会沿着正确的方向前进。从实践来看，名师工作室作为一个团队，应在名师的主持下，经过成员的共同协商，制定共同的奋斗目标。这个共同目标应贯彻价值导向、行为导向、任务导向，形成一个从宏观到微观的完整目标体系，并在工作室的建设发展规划中得到充分体现，使之成为团队的共同愿景。

同时，在工作室成员的个体层面，应在工作室共同目标的指引、名师的指导下，认真分析自身专业的发展现状、方向、特点，确立自身专业提升的个性化目标，在此基础上制定出个人专业发展规划和具体计划，以此引领推动个人的专业成长。需要注意的是，无论是工作室的共同目标，还是成员个人的发展目标，都应切合实际、定位精准，不能定得过高或过低。具体来讲就是要做到“跳一跳，够得着”，使之既有可行性又有挑战性。

策略二：活动牵引

名师工作室要有效运行，仅有目标、光靠热情是不够的，需要有具体的活动载体来牵引。名师工作室应围绕建设发展目标，根据学科特点，研究制定切实可行、有序有效的活动计划，定主题、定内容、定方法、定时间、定地点，并抓好践行和落实。活动的设计开展，应遵循“学习—实践—研究—总结”的基本路径，区分理论学习、实践探索、专题研究、个性发展等模块，突出针对性、实效性，保证有的放矢、高质高效。理论学习，主要采取研读专著、专家讲座、研讨交流等方法，学习现代教育理论、学科前沿理论、教学科研方法等，更新教育理念，丰富学科知识，拓展专业思维，提升教学素养。

实践探索，主要采取学习考察、集体备课、听课评课、上课磨课、示范教学、送培支教等办法，持续改进教学行为，提高执教水平能力。专题研究，主要采取课题立项、个别指导、课例分析、小组沙龙、学术论坛、发表论文等方式，促进学研结合、教研相长。个性发展，主要是通过反思总结、著书立说等途径，对自身教育教学实践进行高度理性的审视解析，深入挖掘提炼教学思想，凝练出富含理论和实践价值、具有鲜明个性的教学主张和教学风格。

策略三：保障支撑

名师工作室的运行，需要强有力的保障做支撑。在组织保障方面，省、市一级教育行政部门应出台专门文件，从政策上明确名师工作室的人员组成、组织管理、相关保障等事项，并指定下属机构负责名师工作室的统一协调管理，委托所在地师资培训机构或院校成立“专家指导委员会”负责名师工作室的业务指导，要求名师和成员所在单位在工作安排和活动时间等方面提供相关便利。

在经费物质保障方面，省教育厅每年为每个名师工作室提供定量业务活动经费，工作室所在地教育行政部门也要给予一定的配套资金支持，主要用于开展有关教育教学和人才培养等活动，包括课题研究、举办讲座、跟岗学习、送培送教、学习考察、学术交流、网站建设、购买办公用品和资料，以及必要的工作补贴等；名师工作室所设单位应为其提供独立的工作场所，配备必要的办公设施。

在制度保障方面，除教育主管部门制定下发的名师工作室管理规定外，名师工作室自身也应制定相关的运行管理章程细则，明确目标宗旨、职责任务、日常管理、活动开展、经费开支、考核评价等方面的制度，确保工作室规范有序运转。

当然，在名师工作室建设与管理体系中，考评是其中不可或缺的重要一环，是衡量其质量效益的重要手段。要建立科学完善的考核评价办法和指标体系，使之成为引导和促进工作室建设发展的“指挥棒”。在考评时机上，一般以3年为一个周期，每年进行一次过程性考核，周期结束时组织一次终结性评估；在考评主体上，年度考核由教育主管部门组织专家组实施，终结性评估委托第三方机构进行；在考评内容上，主要根据工作室的职能、目标、任务，合理设置考评项目和指标，综合评估工作室建设发展水平、教师培训培养、教学科研成绩和辐射引领作用等方面的成效；在考评方法上，坚持定量评价与定性评价、发展性评价与鉴定性评价、自我评价与外部评价相结合；在考评结果运用上，年度考核主要发现存在问题、督促改进工作，终结性评估区分优秀、合格和不合格三个等次，“合格”及以上的自动进入下一周期的工作室建设，达到“优秀”的，予以表彰和奖励；“不合格”的，撤销该工作室。

名师引路能精进　向阳花木易为春

——易东晖名师工作室入“室”感悟

深圳市布吉高级中学　胡　鹏

2018年9月，我正式调入深圳市布吉高级中学工作，担任2016级高三（15）班的语文教学工作。我非常荣幸能进入龙岗区易东晖名师工作室学习，短短三个多月，似乎有三年多的收获。青年教师被戏称为“青椒”，青椒的生长需要阳光雨露、肥沃的土壤；青年教师的成长，自然离不开前辈教师的引领提携及良好的学术环境。

易东晖名师工作室就是一片适合教师成长、成才的沃土，工作室主持人易东晖老师，也无私地将他的光和热，播撒给了工作室的全体成员。

关于教学，我尚未“登堂”，更不敢奢谈“入室”了。但即便只是“接近”与“接触”，我也体会到了一位名师的带动与一个团队的协作之于一个教师成长的重要意义。三个多月的时间，在工作室的统一安排下，我听了四节公开课、两场学术报告，参加了五次市级、区级教研，一次区级青年教师基本功比赛，一次市级青年教师基本功比赛。当然由于时间冲突，我遗憾地错过了一些精彩的交流活动。这些活动，有很高的学术水准，内容丰富、教学理念新颖，对我这样的青年教师开阔眼界、迅速掌握更多的语文教学专业知识，有极大的助益。

犹记得参加深圳市2018年青年教师基本功大赛之前的一段时间，易东晖老师、刘谋健老师，工作室成员徐飞老师、车丽贤老师、彭绍菊老师、李青老师等诸位老师，利用课余时间，给了我大量的指导和帮助。从基本的教学语言、板书、仪表，到教学设计、教学反思等环节，他们用心地观察，精辟地指出我的优势与不足，给出了中肯的建议。在市赛的前夜，我的课题是苏轼的一首送别词《浣溪沙·彭门送梁左藏》，而且是第一个上场。这首词很简短，内容比较浅显，我并没有发现其独到之处，不知该如何更好地切入作品。易老师鼓励我从词的本身意蕴入手，带着学生快速地理解全词的艺术技巧与情感，毕竟只有二十分钟。在我拿出初步的教学设计后，易老师、刘老师又敏锐地发现了其中的问题：内容过多，涉及太多高考内容，不太适合用来参赛。几个人反复研讨、商量，一直琢磨到晚上十点多方才结束。第二天一早六点多钟，我又收到了易老师发来的信息："所给苏轼的两首词，如果第二首能用上尽量用上，都是送别词，可以对比阅读。结束语要设计好！时间安排要合理，教学反思最好提前做些准备，教学设想是在教学设计之前就有的。诗词是你的强项。要知己知彼，要考虑别人的做法，创新自己的教法。加油！把诗词每一句最后三个字拿出来，一共18个字，也可以组成一首有趣的短词，再扩展来讲也很有趣。课堂一定以学生为主体。"我心中甚感温暖，顿觉有了方向和力量！从容赴赛场。我能顺利取得青年教师基本功比赛的龙岗区一等奖、深圳市二等奖，他们的付出是很重要的一个原因。

名师引路能精进，向阳花木易为春。有名师的指引，有工作室团队的支撑，我相信自己可以在语文教育这条路上走得更快更好！

名师引领　前行有方

——易东晖名师工作室学习心得

深圳市布吉高级中学　刘 阳

《礼记·学记》中有一句“独学而无友，则孤陋而寡闻”，道出了学习中同伴的作用。自从加入易东晖名师工作室以后，我得到了主持人易老师及名师工作室各成员、学员的指导和帮助，越发体会到这句话的深意，也收获了很多的感动。

一、聚焦核心理念，用理论指导实践

每一位名师都有自己独特的教育理念，易老师亦是如此。易老师为我们提出“高效魅力课堂”的理念，并详细阐述其内涵及教学设想。所谓“魅力”，可指教师的人格魅力，可指教学手段的魅力，也可指师生合作激起的魅力，还可以指评价语言的魅力。魅力的内涵如此丰富，每一个学员都可结合自身的优势，打造自己独特的魅力，从而形成自己的教学风格。如何实现高效魅力课堂呢？易老师用自己的教学经验启发我们，开展小组合作，让小组成员都参与到课堂中来，让小组与小组之间“斗”起来，学生“动”起来了，课堂也就“活”起来了。在易老师“高效魅力”的理念指导下，我每次备课都会问自己，设计什么活动才能让学生参与到课堂中？这一节课的“魅力点”在哪里呢？经过精心思考、设计的课堂，上课的效率也更高。

二、“引进来，走出去”，积极参加教研活动

易老师常说，教学切忌闭门造车，一定要多听听专家、同仁的声音，所以我们要通过“引进来，走出去”的方式开展教研活动。“引进来”，即引进名师来学校开展活动；“走出去”，即名师工作室的成员、学员去其他名校参加

语文教研活动。

2017年上半年，易老师邀请深圳市教研员葛福安老师为我们上诗歌教学示范课，葛老师教学中运用的带入法为我的诗歌教学指明了新方向。2017年下半年，在易老师的诚挚邀请下，广州市从化区语文教研员曾昭茂老师来我校讲座，为名师工作室成员、学员讲解2018年高考备考的新动态。通过这一系列“引进来”的活动，我们的教学目标更明确了，教学方式、教学手段更丰富了。

除了“引进来”，易老师还注意搜集各地的会议信息，积极为老师们“走出去”提供平台。我很有幸跟着易老师参加了“真语文”活动、首届“高精准”备考会议、从化六中学习交流活动。每一次走出去，都是一次头脑风暴，都能拓宽我的视野，提升我的语文教学能力。

如果说“引进来，走出去”是语文教学大咖为我们输送养料，那么名师工作室的成员、学员也会定期献上研讨课这样的精神大餐。每一次研讨，既是思维的碰撞，也是经验的分享和总结，我在这样的活动中得到了进一步成长。

三、多阅读、多思考、多写作，学无止境

孔子曾说“学而不思则罔，思而不学则殆”，阐述了学与思的关系。易老师常鼓励我们多读、多思、多写，要力争做一名学者型的教师。他曾经说过“教师要写，就会阅读；教师要写，就会实践；教师要写，就会思考，教师就自我更新了”。有了名师的指导，我会充分利用教学之余，好好读书，勤于练笔，读写互补，并坚持终身学习。

非常感谢易老师为我们提供这样一个平台，在这里，我既可以得到名师的引领，又可以向成员、学员学习，促进自己不断更新、不断成长。

魅力课堂　促我成长

深圳市布吉高级中学　袁　琳

德国哲学家雅斯贝尔斯在《什么是教育》一书中曾说过这样一句话："教育就是一棵树摇动一棵树，一朵云推动一朵云，一个灵魂唤醒另一个灵魂。"看完之后，便再难忘，它也成为我教学生涯中的座右铭。2016年，我有幸加入了易东晖名师工作室，在这里，遇到了易老师有趣的灵魂。他以一位名师的优点去影响其他老师的成长，以一位名师的长处去带动其他老师的进步，从而使得工作室的全体成员互帮互助，共同提高。

易东晖老师是正高级教师、特级教师、全国名师工作室百强主持人。他在几十年的语文教学生涯中积累了丰富的教学经验，一贯重视培养习惯、自主学习、魅力高效的课堂教学，形成了个性鲜明的教学特色，目前已培养出一大批考入北大、清华的优秀学子。

2016年1月，易东晖名师工作室成立，并笃定于"高效魅力课堂"研究。易老师要求学员"立足学生，研究课堂，魅力教学"，致力于研究学情，增强学生的阅读和鉴赏能力，实现课堂教学中的高效灵动。两年来，工作室针对学员的研究兴趣和方向进行了分工，从"诗歌""散文""小说""文言文""作文""复习课"等几大板块进行了理论学习和课堂教学实践的探索。

一、钻研理论实践教学

两年来，工作室成员勤于学习学科专业知识和教育教学理论，所读书目有《课堂上究竟发生了什么》《创意写作大师课》《教师如何做教科研》《高效课堂对话》《给教师的建议》等，撰写了大量读书笔记，丰富了自身积累，更明确了教学研究方向。在坚持学习的同时，老师们积极撰写论文、案例与课题，如姜俊燕、袁琳、车丽贤三位老师的课题《初高中记叙文衔接》入选市级课题，彭绍菊老师的《高中生时评写作》入选省级课题并成功结题，袁琳老师的论文《去除套路，写出真我》及《这件小事真不小——兼谈生命写作》发表在省一级刊物上。

二、学习名师汲取精华

这两年，易东晖名师工作室先后邀请到深圳市教研员葛福安老师、陈霞老师，专门做了“关于多种教学方式在语文教学中的应用”和“高三作文备考方向”的讲座，同时还特邀广东省湛江市教研员前来做了试题命题讲座，学员们都受益匪浅。

2017年11月，工作室部分成员赴深圳市明德实验学校参加“初中语文名师经典课堂教学”观摩研讨活动，聆听来自全国各地8位特级教师及教坛新秀的现场授课。同年12月，又赴湛江名校听了该校老师精心准备的两堂课。倾听名师们一堂堂精彩绝伦的优质课，领略他们对教材的深刻解读，感受他们对课堂的准确把握，体会他们对学生的密切关注，学员们感知到了很多新的教学方法和新的教学理念，成果颇为丰硕。大家纷纷表示，每一次听课都是满怀期待而来，满载收获而归。

三、引领示范辐射全市

除此之外，为切实发挥名师工作室在全区和全市的引领、辐射、指导作用，在市教科院的组织下，易老师还专门开设了《高中语文魅力教学》的专业选修课，收到了很好的效果。上个月，他还在横岗高中与龙岗区的黄志英、陈春明、张怡春、师修武等几位名师联合举办了主题为“高中语文课堂逻辑建构”的研修活动，对授课老师的教学进行了极为精到而深刻的点评，授课者与听课者都纷纷感叹：“听君一席话，胜读十年书”。

在名师的积极引领下，工作室各位成员也充分发挥了示范、引领、辐射作用。比如，赵玥琳老师的课程入选“深圳市好课程”，赵老师还多次被评选为“龙岗区优秀通讯员”；徐飞老师、袁琳老师、刘阳老师、李青老师都开设区级公开课各一次。在市微课制作比赛中，严小玲老师、袁琳老师、彭绍菊老师、李青老师、周游老师、刘阳老师均获区一等奖。在辅导学生参赛方面，严小玲老师、袁琳老师、刘阳老师等都培养出了龙岗区创意作文大赛一等奖获得者。

此外，工作室还积极引进新的学员，不断壮大自身力量，为打造出语文精英教师团队，提高语文魅力课堂的教学效率及引领教师终身学习打下了坚实的基础。

孜孜以求，贵在专注。易东晖名师工作室全体成员的共同目标是：把握住机遇和挑战，站在时代浪潮之巅，努力成为一个操守高尚、个性鲜明，能与先锋理念交锋、与先进技术接轨，有思想、有见地，激情迸发、魅力四射的教师！

合作发展　共享成果

深圳市布吉高级中学　易东晖

各位领导，各位嘉宾，各位工作室成员、学员：

大家下午好！

一元复始，万象更新，在这样一个激情澎湃、生机勃发的美好季节里，龙岗区易东晖名师工作室年终盛典如期进行，此时此刻，请允许我真诚地表达我们工作室由衷的谢意！

感谢布高校领导！是你们的远见卓识，支持我们搭建这个教育教学研究交流的平台，拓展了广大青年教师成长的空间。

感谢工作室里功底扎实、乐于奉献、团结协作的教师们！是你们的鼎力支持、积极工作，才使工作室具有前进的信心和力量。

我作为龙岗区引进人才，从2015年下半年来到布高开始，就把自己定位为让布高更多的优秀教师成为名师。还记得第一次见面会上，岳主任风趣地说，我终于见到活生生的正高老师。其实我就是一名普普通通的语文教师，只是遇上了好的机遇。2011年，江西省率先在全国进行职称改革试点，再加上我每年都有所积累，一不小心就上了正高。

在学校的关心支持下，2016年，我成立了布高易东晖名师工作室，还记得最初成员有徐飞、赵玥琳、彭绍菊、薛敏、王维军等老师，我要感谢他们的信任和支持，感谢陈校长为工作室授牌。2017年，我又成立了龙岗区易东晖名师工作室，我要感谢罗校长在升旗仪式上为我们授牌，现在我们已经发展成一个有26人的命运共同体。在布高我得到了许多老师的支持和帮助，我要再次感谢关心和帮助我的所有布高人！

“专业引领、同伴互助、交流研讨、共同发展”，是我们名师工作室的指导思想。工作室就像一个温暖的大家庭，大家在这里共同学习、交流、研讨。

工作室一直发挥着名师的示范、引领、辐射作用，一大批青年教师正在不断成长，工作室真正成了名师成长的摇篮。在大家的共同努力下，过去的一年我们取得了一定成绩。

过去的一年，工作室开展了一系列活动。我们走出去，在可园学校观摩了激情语文课堂，在深圳二高参加了新课标南方论坛，在重庆八中走进了语文新时代，在从化四中观摩了原生态的高三语文复习课。我们又请进来，在布高，我们请来了深圳市教科院葛福安和陈霞老师，他们分别为我们奉献了魅力四射的精彩作文讲评课和富有底蕴的关于构筑语文阅读指导体系的讲座；读书月，我们聆听了王木森特级教师富有魅力的读书报告；我们邀请了广州市从化区教研员曾昭茂老师来校做高考指导讲座；我们开展了系列教育教学活动，邀请了华附特级教师陈春明老师来指导评课。我们立足课堂，大胆进行教学创新设计，徐飞、刘阳、袁琳、彭绍菊、刘静、胡鹏等老师的高效魅力课堂给我们留下了深刻印象，徐飞老师的示范课得到了教科院陈霞老师的好评。我们参加了在横岗高中召开的龙岗区高中语文名师工作室联合教研活动。我们总结经验，固化成果，召开了课题论文写作研讨会，彭绍菊老师为我们奉献了一堂精彩的培训课。我们配合学校，参加了东升学校的帮扶活动。我们还让帮扶活动走出了深圳，参加了龙岗对口帮扶汕尾海丰实验中学的活动。

过去的一年，大家在工作室一起研讨、交流，相互促进，共同成长。在课堂教学上，工作室全体成员立足课堂，站稳课堂，认真提升课堂教学艺术，我们秉承共同发展的理念，将团队的共同愿景和个人的专业成长有机融合，互相支持，共同发展。我们力争让每个老师达成学有专长、教有风格、研有建树、师有魅力的目标，使工作室真正成为研修的平台、成长的驿站、辐射的中心。

在工作室的共同努力下，我们的研修成果《栽好梧桐树　引来雏凤栖》在《语言文字报》的“教师周刊”上发表；另外，该成果还在全国中小学名师工作室创新与发展联盟首次年会上，被评为全国名师工作室发展建设成果一等奖。在这次年会上，我们工作室还被评为全国优秀名师工作室。我们编著、参编的著作有两部，《高中语文高效魅力课堂》专著顺利出版，并且被国家图书馆永久收藏；我们开发了五个课程；我们有五个省市级课题获得结题。在教师竞赛方面，我们收获颇丰，特别是胡鹏老师代表龙岗区参加全市语文教师基本功大赛，勇夺二等奖，这是布高语文组的第一个大奖。在微课制作方面，工作室老师也多次荣获区级一等奖，他们是刘阳、李青、袁琳、周游、刘丽凡等老师。工作室徐飞老师获得市高考先进个人称号，孙旭虹老师获得市高考学科先进个人称号，张海云、掌健平老师获得区优秀教师，姜俊燕、易东晖老师获得区优秀班主任，赵玥琳老师荣获区宣传先进个人称号，严小玲老师被评为校年度教师。我们可喜地看到了何庆芳、余昕蓓、丘明盛等青年老师的不断成长。我们由衷地感谢车丽贤、韩惠萍、陈永丽、韩慧萍老师在工作室建设方面的付出，我们还要感谢李建卫老师对工作室的信任，使我们工作室永葆青春活力！

总之，2018年，我们带好了一个团队，以团队引领教师共同发展，这是一个特别能吃苦、特别能合作、特别能战斗的团队；抓好了一个专题，在实践中探索了高效魅力课堂的打造艺术；我们还做好了一次展示，以研讨会、报告会、公开课、现场指导等形式，有目的、有计划、有步骤地传播了先进的教育理念和方法；最后我们还拿出了一批研究成果。

2019年，新的机遇，新的挑战。我们这个26人的命运共同体即将再次扬帆远航，我们深知，我们不但要“一枝红杏出墙来”，更要“满园春色关不住”；我们深知整体大于局部之和的道理。下面是我经常思考的几个问题，与工作室全体学员、成员共同分享。

1. 制定目标，积极提升自我

强化学习意识，提升理论水平，多读一些好书，多学习别人的思想，这样会让自己才思不绝，情操高雅。许校长在昨天新进教师表彰大会上关于教师专业发展的讲话精神，我深有同感，教师专业发展首先要学习，然后是反思，最后要有毅力。昨天还有老师说到，荣誉也会过期，要及时清零。我们要每年有追求，每年有规划，每年有收获。

2. 关注课堂，专研教育教学

积极做好教学常规工作，大胆求索，积极科研。我们要多交流，把自己的情感植入课堂，让课堂“活”起来、“动”起来，展现语言的魅力。老师的每一个眼神、每一个动作，看似微不足道，却可能把教学的影响力深深地刻在学生的心目中。

教师在任何时候都要记住，我们不只是在“教书”，而且是在“育人”；

不只是管理，而且应“放纵”——欣赏学生、信任学生、放手学生，让教育走一条自然生长的路。我们要树立一种新的教育信仰：全面关照每一个孩子的成长需求。教师首先要面对的是学生，而不是知识，你不是在教学科，而是在教孩子；带给孩子一生最大影响的，不是你教了什么，而是你怎样对待他们；孩子就像玫瑰花蕾，有不同的花期，最后开的花，与最早开的一样美丽。

比如，我们可以对一节好课应该具备的要点进行思考，一节好课是否应该具备这几个特点：首先是问题意识，没有问题，这节课是否是好课；其次是合作意识，没有合作探究，这节课是否是好课；再次是展示意识，没有展示，是否有期望之中、意料之外的惊喜；最后是导学意识，没有导学，这节课是否能顺利达标。

3. 不断反思，开展问题研究

教学反思的过程是教师借助行动研究，不断探讨以解决问题，不断提升教学实践的合理性，促进教师专业发展成果。问题研究是教师进行反思的有效模式，能真正促进教师的成长。叶澜老师说过：“一个教师写一辈子教案不一定能成为名师，如果一个教师写三年反思有可能成为名师。”

比如，关于建构教学模型，第一，我们要有情境的设计，要设计一个能结合现实的情境，让人看到是合理的、可操作的，语文教学尤其重要；第二，每节课都争取设计三个目标，第一个是基础目标，第二个是拓展目标，第三个是挑战目标，每一个目标在你的备课中要体现；第三是滚雪球的问题，老师必须设计出一个能让雪球越滚越大、越滚越高的问题；第四是实现途径的问题，这个问题能帮助你在课堂上让学生产生思辨和争论；第五是要让学生完成对问题的改编和创造，当学生在改编和再造题目的时候，允许没有答案，但是允许你假设，允许你质疑，允许你提出解决办法。

4. 要乐于示范，互相助力成长

要想走得快就一个人走，要想走得远就要一群人走。一个人自然有一个人学习的好处，但是一群人在一起更容易产生一种氛围，好的氛围能够把事情推往好的方向发展，因此每个人都要互相助力成长。

各位老师，名师工作室就是我们的家，我们每一位教师都怀揣着共同的理想聚集在这里。我们这个家里也有矿，这个矿就是合作共赢的成果，希望我们不断地去深挖。老师们，燃烧我们的卡路里吧！让我们合作发展，共享成果，在教书育人的事业上，描绘出精彩的一笔！让我们的教育思想、教育个性，在名师工作室这片沃土上尽情绽放！让我们携手一起迎接布高教育的美好春天！

后记

“来了就是深圳人”，这是我2015年9月走出宝安机场航站楼，看到的印象最深的一句话，也是除了“改革开放”“效率就是生命”“世界之窗”之外，在内地生活了45年的我，对深圳的第一直观感受。“文明、多元、包容、高效”，这座充满朝气的城市像一个巨大的磁场，吸引着我来这里施展拳脚。

“栽好梧桐树，引得雏凤栖。”2016年12月，我在龙岗区教育局的支持下，在布吉高级中学易东晖名师工作室的基础上组建了龙岗区易东晖名师工作室，工作室旨在培养名师和产生示范、辐射、引领作用。工作室人数也从建立初期的7人发展到现在的将近20人，并且不断有新人申请加入。我带领这支80后教师占总人数七成以上的队伍搞课题、做科研、磨课程，并乐在其中。目前工作室已有10多人取得了20多项省、市级荣誉。在2017年9月全国中小学名师工作室创新与发展联盟首届年会活动中，工作室被评为全国先进名师工作室，我也被评为全国名师工作室优秀主持人；2017年5月发表于《语言文字报》的工作室成果《栽好梧桐树　引得雏凤栖》获得发展建设成果全国一等奖。本书主要记录了工作室成员、学员们的论文成果、课程研发、教学设计、教学反思、教学成果……一节节公开课满载着对事业、对学生的豪情与奉献，一个个课题浸透了反思与智慧，一批批学生见证着青春年华的渐渐流逝……

“路漫漫其修远兮，吾将上下而求索。”感谢龙岗区教育局对名师工作室建设的大力支持，感谢布吉高级中学罗丹校长为本书出版提供的各方面的支持，感谢本人主持的名师工作室全体老师的帮助，特别感谢徐飞、赵玥琳、严小玲、刘阳、彭绍菊、袁琳、丘明盛等老师。

易东晖